心理医生来看我

［德］扎比内·韦里·冯·利蒙 著
黄超谟 译

文匯出版社

新经典文化股份有限公司
www.readinglife.com
出 品

目 录
Contents

前言 / 1

导言　发现灵魂 / 5

本书指南 / 11

第一章　边缘系统：灵魂所居之处 / 13

传递给你的信息 / 20

特殊的身体器官 / 32

灵魂依附的纽带 / 35

寻找过去的踪迹 / 43

第二章　一致性理论：灵魂如何保持平衡 / 63

灵魂的基本需求 / 69

我的模板，你的模板 / 85

为何灵魂的运行与脸书相似？ / 88

灵魂的克服策略 / 91

人格品质 / 97

人格障碍 / 100

当患者看起来毫无异常时 / 121

从人格障碍到应对方案的转变 / 124

第三章　生病：当灵魂出现问题时 / 127

灵魂的策略 / 129

恐惧的神经生物学机理 / 136

焦虑症 / 140

当灵魂极度痛苦时 / 158

第四章　心身医学观：灵魂是怎样从身体里消失的 / 207

欢迎来到近现代 / 209

双心医学中的心脏和灵魂 / 214

这个时代的慢性疾病 / 217

附录：ACE 研究 / 218

冲动情绪如何"劫持"我们？/ 222

灵魂与免疫系统 / 224

这一切都是想象出来的吗？/ 227

莫名的疼痛 / 230

重视灵魂的必要性 / 233

第五章　平衡：灵魂如何找到支撑点 / 235

心理治疗：探寻自我的冒险之旅 / 237

花费：医疗保险及自付费用 / 245

难关：治疗过程中的障碍 / 250

药物："快乐药片"的作用 / 254

治疗师的专长领域 / 259

对创伤敏感起来 / 266

灵魂的守卫者 / 267

心理卫生学 / 274

结语 / 281

致谢 / 283

参考文献 / 287

重要研究成果 / 293

推荐阅读 / 295

名词索引 / 299

前　言

　　在二十岁出头的年纪，我根本没有考虑过读心理学，而是选择了一门"实实在在"的学科——企业经济管理学。这个学科的研究内容看起来既有规律可循又简单明了。我曾希望我的生活也像这样简单地进行下去。我们大学的经管系在二楼，心理学系在四楼。我们一直对心理学抱有偏见，于是总是戏谑道："楼下的少年们无时无刻不与算术方程为伴，楼上的疯子们却在整日钻研伪科学。"可我的内心深处偶尔会有一个轻柔的声音出现："也许楼上同学所学的专业是我的知识盲区呢？他们会不会真的了解我生命中一些连我自己都不知道的东西呢？他们真的能把我和其他人都看透吗？"这些想法让我惴惴不安。实际上，我对自己了解不多，甚至不知道要追求什么。不过，我知道企业经济管理学必定不是我的追求，因为它毫无乐趣可言。临近毕业时，我选择了中断学业。

　　后来，我换了许多工作，与男友携手步入了婚姻殿堂，并生下了两个孩子。在孩子都还未到上学的年纪时，我们的婚姻却走到了尽头，这真是我人生的重大转折。更让人心碎的是我还被确诊患有恶性肿瘤。生活并不如我所料想的那样有规律可循，更不是简单明了。这是那时我能想明白的一切。

在住院期间，我与病友相处了很长一段时间。我从未如此接近过他人的内心世界，他们内心的焦虑、绝望与挣扎，都是我之前从未认识到的。我突然发现一个特别有趣的现象——虽然每个人承受的病痛大抵相似，应对方式却迥然不同。

有的病人很乐观，有的病人则一直处于绝望中。有的病人对每种治疗方案都怀有疑虑，有的病人则安之若素。有的夫妻因其中一方患病而分道扬镳，有的夫妻则变得比从前更加亲密。我发现，有人会在和持有不同想法的人长谈后改变观念。悲观主义者可能会因此重获信念，鼓起勇气与命运斗争。当他们和伴侣重归于好后，这种看似无解的局面就会出现转机。

这些现象让我陷入思考，不能自拔。我在这些现象上耗费的精力甚至超过了我对自己病情的担忧：为什么人类是这样的呢？这背后的心理机制又是怎样的？一个人要经历怎样的事情，才会对生活怀有更多希望呢？是什么给予我们勇气、同理心或希望呢？为什么有的人放荡不羁，有的人焦虑不安？为什么这个世界会有胆小鬼、利他主义者和自大狂？他们是怎么变成这样的？人类的品性是一成不变的吗？

于是，我终于找到了适合自己的领域。我想尽可能多地探究这些奥秘！我很清楚下一步该怎么做。在住院期间，我就填写了入学申请。几个月后，我再次出现在母校的走廊里，自嘲此前的傲慢，心想：祝贺你，扎比内！你现在终于成了四楼的疯子。

"疯子"的生活真是太有趣了。我的第二次大学之旅与之前完全不同，我充满热情地投入学习，吸收所有的知识。我开始学习焦虑产生的源头和机制，了解人们为何会抑郁、焦虑、得成瘾性疾病。我学习了人体感觉的原理，并且知道了它是如何左右我们的生活的。相应地，我也学习了如何控制感觉，让人更加舒心地生活。我还了解到了个人的经历是如何塑造人的品性及控制人体感知的。

这些知识令我的生活出现了转变。我对身边的人更加好奇了，总是想要探究他们内心的驱动因素。那种感受就像是一块幕布掉落，光线落入昏暗的角落。我不仅开始学会观察人的行为举止，还越来越能够理解背后的动因。面对不友好的图书管理员，我不再那么容易被激怒，而是开始思考究竟是怎样的人生经历让她变成这样。在这种思维模式下，我很友好地回应了她的粗暴言行。之后，我就发现她开始逐渐变得友好。有时候，一件小事就能带来良性的连锁反应。

通过学习，我发现在完美主义和权力占有欲的背后是对认同感的苦苦追寻，而仇恨的背后则是屈辱的经历，施暴的背后是被伤害，偏见的背后是内心的焦虑。我领悟到，只有更深入地了解灵魂的运行机制，才能从根本上改善我们的生活。我们可以学会更从容地处理棘手的状况，这样才能降低对自身的伤害，更宽容地善待自己和他人。

千百年以来，我们都认为灵魂只是抽象的存在。如果灵魂是抽象的存在，人们为何还要重视它呢？直到今天，这种观点才得到了彻底的扭转。科学界正越来越深入地探究灵魂的本质，试图纠正人类先前的错误认知。就人类现在的认知而言，灵魂是一个更为具体的存在，是一个具有繁杂功能的器官系统。我们可以观察到灵魂的存在，理解灵魂的形成过程、运作机制以及各种心理疾病的发病机理。我们可以查明病因，并为此设计治疗方案。

很多心理问题都是可以解决的，前提在于我们要采用全新的视角，深入了解这个特殊、无形却能控制人体系统的器官。只有这样，我们才能了解它的运作机制。本书依据本人的工作经历及最新的脑科学研究成果，试图通过一种轻松诙谐的方式，传达一种全新看待灵魂的视角。读者一般会认为，心理治疗师需要的标准装备只是摆放在桌子上的一盒纸巾。这种想法并不可笑，这不过是一种偏见罢了。

导　言

发现灵魂

一百多年前，一种神秘的流行性疾病蔓延至整个欧洲。病人体态虚弱、脸色苍白且身形瘦削，因而人们将这种疾病称为消耗性疾病，即后来所说的结核病。结核病的发病人群主要集中在大城市。尽管这种疾病通常无药可治，却被视为一种浪漫主义疾病。在文学作品和现实社会中，它被认为是温柔感性的人所患的"时尚疾病"。因为病因十分诡异，所以没有合适的药物医治。有人怀疑得这种病是因为遗传、吸入受污染土壤释放出的气体或普遍的道德沦丧。

1882年，罗伯特·科赫在显微镜下观察到了真正的罪魁祸首——结核分枝杆菌。这是一种杆状细菌，大小为2至5微米，是一种引起结核病的病原菌。人们突然意识到，这种疾病并不那么神秘，而且具有传染性。人们通过施行简单的卫生措施，很快控制了结核病蔓延。在病原菌被发现后，世人对结核病的态度彻底改变，由其产生的浪漫情调也烟消云散。

我们通常只相信眼睛能看到的东西，比如显微镜下的细菌或超声仪中的胎儿。一个事物只有被证实存在，人们才会相信其是真的，才会真正重视起来。

仅仅几年后，一位来自维也纳的年轻医生就以这种思路进行探索，试图解密另一个引发疾病的关键器官——灵魂。灵魂被认为是神秘、超验的，有时还是永垂不朽的。只要尚无确切的定论，就存在很多可能性。灵魂看似生活在体内，又不属于体内真实可感的一部分，而更像是一个腼腆的有机体，不存在固定的模样和状态。不过，这位维也纳的年轻人将它设想得更具体。他确信，人类的行为举止、思维及感觉都不会脱离肉体存在，所以灵魂更应该是大脑中真实的一部分。他很清楚，灵魂是一个器官。他认为，人们之所以看不见灵魂，只是因为没有人去探索发现而已，而这就是他想做的工作。

他解剖了大脑，并勾勒出神经纤维。他发现，脑细胞之间明显有相互连接的网络。他推测，人类的情绪和心理都通过这个网络表达。他想探索这个网络机制与灵魂之间的关系。为什么人们会感到悲伤、快乐、愤怒或痛苦呢？当人们感到振奋或开心时，都发生了什么？为什么会出现强迫症、人格障碍或恐惧症？我们如何治愈这些病症？

这个维也纳人研究的这类疾病，至今仍然困扰着人类。他确信，如果精神障碍从大脑中产生，人们就必须对大脑进行医学诊疗才能排除障碍。他花费几年心力去研究和采证，可惜无果而终。灵魂仍然被认为是一种抽象的结构，并非真实存在的事物。灵魂仍是一个神秘的、不可窥见的机体。

为了使灵魂"现形"，这个维也纳人后来决定另辟蹊径。他创立了一门学科——也是一种治疗方法——并因此闻名于世。他就是精神分析学派创始人西格蒙德·弗洛伊德。弗洛伊德曾经以神经生物学家的身份开展研究,这一事实至今仍鲜为人知。弗洛伊德放弃了这一路径,也没有创造能够证实他原始假说的时代。

直到今天,人类才步入这样一个时代——科学家正前所未有地认识大脑。了解得越深入,人们就越清晰地认识到:弗洛伊德曾如此接近真理,尽管只是触及真理的表层。

灵魂"藏身"在当时人们无法用显微镜观察到的大脑结构中。直至今日,人们借助扫描电子显微镜数十万倍的放大倍率,才能让灵魂的精细结构显现出来。借助近几年新兴的功能性磁共振成像技术,人们终于可以踏足弗洛伊德梦寐以求的研究领域。人们可以观察大脑工作的状态,即大脑在进行外部感知、思想活动及情绪感知时的状态。我们所能观察到的东西令人震惊。

我们正前所未有地认识大脑

在20世纪80年代,大脑还被科学家视为刺激-反应过程中一种简单的有机结构,如今人们却惊奇地发现它是人类目前所知的世界上最为复杂的有机结构。这个有机结构起源于子宫内的细胞群。在孕期第五周,胎儿甚至还未长出完整的手臂,就已经有了大脑。胎儿体内每分钟产生大约二十五万个神经细胞,这个过程令人难以置信。大脑细胞内微小的线粒体的单位耗能是肌肉细胞的十六倍。大脑细胞之间平均每秒创建一百八十万个新的连接。人们根本不需要用莫扎特的音乐进行胎教,因为这个过程在大脑内能自然而然地发生。

在出生时,婴儿大脑中就有约一千亿个神经细胞,它们为接受外部信息时刻待命。每一个声音、每一次触摸、每一段经历都会激活神经细胞。神经细胞之间相互连接，并形成回路。庞杂的神经网络系统有助于每个人形成独特的个性。如果将大脑的所有神经细胞拼接成一股绳子，它可以绕赤道十五圈。神经回路的传导过程很漫长，这并不是对人的侮辱，而是一个重要的事实。

总而言之，这个庞大的神经网络不仅限于培育人类的思维能力和运动机能。人类的感觉、目标、愿望和希望都从这里产生。人们也可以在这里找到弗洛伊德曾经探索的有机体——灵魂。同样，哪些人害怕蜘蛛或喜爱仓鼠，为什么人们即便没有饥饿感也知道要吃饭，为什么人们总是无法摆脱对手机的依赖，这些问题的答案都可以在大脑中找到。

当人们更深入地了解事物时，事物本身就会失去恐怖感或神秘感。灵魂确实只是蜷蜒于大脑中的灰质，并且可以用医学手段进行检测，这一事实可能会让人们感到失望。有人说，灵魂终于走下神坛，因为心理学家能够用实验和表格来测试智力、学习能力和反应能力。从某时起，灵魂就变成了中枢神经系统的一个功能单位，也就是一种"心理活动"。这种观点并没有降低灵魂的神秘感。灵魂并没有因为被深入研究而显得越来越客观实在，反而散发出更加迷人的气息。因为灵魂作为一种物质性的成分，却能产生非物质性的思维和感知。尽管灵魂依赖于大脑功能而存在，而且我们能够观察到大脑结构，但是这并不意味着我们能获知被观察者的真实想法或感受。我们可以探究灵魂的神经化学结构，却不能获知关于强烈情绪（比如爱与恨）的一切信息，也无法检测人们在倾听舒伯特的C

大调交响曲时的感受。

灵魂不只输出大脑运行结果，也不只对心理活动进行科学建构。灵魂与大脑相连，但是不受大脑牵绊。灵魂可以从逻辑上进行解读，但仍有很多谜团尚未解开。灵魂是有机体，但依然保持着神秘。我们对灵魂的探索逐步深入，却仍然无法解释所有谜团。灵魂充满秘密，有着完全未被发现的生命历程，这就是灵魂的生活。灵魂很警觉，时刻保卫我们的生活，给予我们安慰和庇护。在人们做的每一次决定的背后，都有灵魂的身影，因为灵魂的反应速度超乎想象。灵魂产出世界上最有效的药物，组织并管理着人类记忆。灵魂很迷人，却也很多变。灵魂是我们身体的一部分，是一个真正的器官，这完全符合弗洛伊德的假想。

如今，我们不仅了解灵魂如何发挥作用，也知道它何时会受到伤害。当肝脏积累过多毒素时，人们就会患肝脏疾病。同样，灵魂也会因为痛苦的经历而患病，比如失败、受挫和被拒绝等经历就等同于灵魂的毒药。每段经历都会让大脑结构发生改变，因为各种经历都会促使细胞衰老或再生。长期处于痛苦状态中会彻底改变大脑结构。

灵魂不仅与大脑结构有关，还与人体的其他器官有联系，主要是与免疫系统及心脏相连（通过轴来实现）。大量研究表明，愤怒、生气、悲伤和绝望等情绪会通过这种连接对心脏产生影响。抑郁、焦虑等情绪会增加心脏患病的风险，其风险系数大致与吸烟或饮食不健康相当。研究表明，离群索居且缺少可信赖亲友的人更有可能死于心脏疾病。在很长一段时间里，人们在治疗某类心脏疾病时都无法从心脏本身找到病因。但是到了今天，人们会将灵魂的因素考虑在内，并获得了令人惊奇的治疗成效。

我们早已懂得通过打疫苗、进行健身和采用健康的生活方式来保持健康。但同时，我们也不应该对灵魂置之不理。焦虑症、抑郁症或成瘾性疾病都不是从天而降的。得这些病的病人通常此前就有过长时间的痛苦经历，这类经历甚至可以追溯到婴儿时期或更早。

我的很多病人都是到了无法忍受的地步才来向我求助的。我们习惯于长期忍受精神折磨，因为心理疾病不像身体疾病那样受到重视。我们可以在心理疾病成为慢性疾病之前，即在早期就开始进行多方面预防。在发展成抑郁症前，我们可以打断沉思，避免消极的念头出现。在出现持续性的怨天尤人的情绪前，我们可以重建受损的自我价值感。在焦虑情绪过度刺激并扰乱大脑的"焦虑中心"（杏仁体）前，我们可以阻断焦虑情绪的产生。在孤独感折磨心灵前，人们就应该想办法消除孤独感。在压力情绪攻击免疫系统前，我们就应该阻断压力的产生。

有时候，人们只相信"眼见为实"，这不一定正确。这本书不仅能帮你感知灵魂的存在，还会引导你去重视它。读完这本书后，你也许会发现灵魂的存在并不是一种浪漫主义，但你却会更关注它。

本书指南

如果你想知道人类为何会有灵魂，请参阅第一章。从一大堆无序的神经细胞到形成独特的人格，这是一个漫长的过程。至于何时出现关键性进展及需要哪些组成部分，也请参阅第一章。我们的身体有需求，灵魂亦然。灵魂为生存保驾护航，维护心理健康。第二章将介绍灵魂的四个基本需求。

人类的思考、感受及行为决定内心的基本信念，即产生所谓的"图式"。图式对人格影响很大，以至于人们会产生心理学家所说的人格障碍。第二章将介绍人格障碍的类型及产生的原因。

有时候，逃避问题比面对问题更简单，所以我们经常使用逃避问题的方法。但是逃避以及不合理的应对策略都会导致心理障碍的产生。如果你想知道为何人们会轻易地掉入这种陷阱，请参见第三章。

第三章明确指出，焦虑症、抑郁症及强迫症都不是凭空出现的，而是源于思维模式和应对策略。如果不听从灵魂的声音，灵魂就会通过身体反应来警告我们。研究发现，很多慢性身体疾病的真正病因都出在灵魂上。第四章告诉我们必须对心脏疾病、免疫系统疾病及疼痛疾病进行深切的探究。第五章将告诉我们为何心理治疗是应对精神疾病的最佳方案,以及心理治疗如何发挥作用。

第一章
边缘系统：灵魂所居之处

有时候，我们不妨停下来，后退一步，问一下自己：我究竟身在何方？当然，不是让你在职业生涯的晋升道路上后退一步，更不是让你在超市结账的最短队伍里后退一步。这里的后退一步，是针对本源上物种多样性的发展之路来说的。因为在这个问题上，总有一些错误的认知大行其道，比如"人类源于猴子"的说法。不知出于何种原因，生物学家修正的版本没有获得广泛认知，即"人类不是来源于猴子，人类本身就是猴子"。

尽管如今我们发明了煮蛋器，会开着小轿车去上班，但我们仍然只拥有一个低等的灵长类大脑。具体来说，就是灵长目的类人猿亚目。此外，我们还是哺乳类动物和脊椎动物，这让我们成了鼩鼱和盲鳗的近亲，因为它们有着与我们相似的大脑，至少在结构和功能上相同。

人类能制定出营业税法，能建造节能型房屋，这都归功于大脑皮层。大脑皮层是大脑中的"奋斗者"和"机灵鬼"。有的脊椎动物拥有发达的运动肌肉，可以快速赛跑；有的脖子很长，能吃到树冠最高处的可口叶子。人类拥有大脑皮层，就可以设计出精彩的《江南style》的舞步,也知道如何将欧元换算成英镑。我们要想知道自己有多聪明,就必须深入了解大脑皮层。

为何有人在被别人从眼皮底下抢走停车位后会在几个小时内都难掩怒火,只因为他必须将车开到下一层的停车场去?其实只是因为人类大脑深处的脑干周围存在一个很特殊的功能单位——边缘系统。你可能会对此很感兴趣。

数千年来,人类一直在寻找灵魂所居之处,最终定位于边缘系统,至少当代科学家是这么认为的,因为边缘系统具备一切被认为属于灵魂的元素。[1]从生物解剖学来看,灵魂长度为几厘米,有着聪明的"邻居",并且很久之前就存在了。在人类5.43亿年间的进化过程中,边缘系统基本没有产生变化,这种状态想必会一直持续下去。

如今,地球上几乎所有事物都在发生变化。恐龙的后代演变为鸟类,参观火山要开始收费了,城际高速铁路的列车车厢里还能安装无线网络,只有边缘系统处于亘古不变的状态中。相比于大脑皮层能随着时间进化、有时会进行更新换代的情况,灵魂似乎是一成不变的。这种更替迭代的模式就像更换足球教练。如果球队战绩不佳,教练就会下课。相反,如果球队的战绩一直良好,就应当坚持阿尔弗雷德·拉姆塞[①]所说的——永远不要换掉一支获胜的球队。

[①] 阿尔弗雷德·拉姆塞(1920—1999),英格兰足球教练,1966年率领英格兰国家队夺得历史上唯一一次世界杯冠军。——编注(本书注释若无特殊说明,均为编注)

寻找灵魂之旅

如果我们了解人类拥有的是怎样一颗大脑，就会明白为何其结构会如此精妙。很多人认为大脑的用处在于思考，但是生物学家会摇头叹息道：只是为了走出去。在远古时代，走出去就意味着冒险。大约三百年前，法国哲学家布莱士·帕斯卡写下一句名言："人类不快乐的唯一原因，是他们不知道如何安静地待在自己的房间里。"

帕斯卡或许没有料到这句话会拥有广泛的适用性。因为这句话不仅可以用来讽刺帕斯卡当时在巴黎认识的先生女士们，还可以送给所有的脊椎动物，甚至可以送给那些连脊椎动物都不是的多细胞生物（脊椎动物的前身），比如最新发现的冠状皱囊动物。

这种多细胞生物或许是人类最古老的祖先，因为它存活于5.4亿年前。据各方推测，这种生物曾过着伊甸园般的生活。它们只需要瘫坐在地上，就有食物从天而降。不知出于何种原因，它们的这种生活模式并未延续下去，它们必须迁徙。现代人类出走或许也是出于同样的原因，要么是因为食物不够，要么是没抵抗住外界的诱惑。

如果有人为亚当和夏娃离开伊甸园而感到可惜，那就不应该忘记冠状皱囊动物的遭遇，因为它们过得也不容易。作为冠状皱囊动物的后代，脊椎动物也面临着同样的困境。尽管脊椎动物生活的地球很美丽，却危机四伏，因为共同生活在地球上的还有其他那些正在觅食或相互敌视的生物。

为了保证"走出去"的计划不至于过早夭折，带有"预处理器"的大脑会不断地告知我们外界所发生的事情以及应对的方法。大脑的"预处理器"包括彼此相连的脑部以及诸如周围神经系统一样将全身联系起来的结构。实际上，神经系统不仅存在于大脑里，大脑只是一个交汇处。事实上，神经系统通过"感应器"触及全身。脊髓和周围神经系统的存在并不是为了填补结构漏洞，而是为了真正地汇总所有信息，包括刚踩到海胆的大脚趾所传来的信息。

众所周知，收集好信息仅仅完成了这项工作的一半。另一半工作就是评估信息。大脑将这项工作交给了边缘系统中的感觉机制。这样的分工十分有意义，因为如果是由大脑皮层来接管工作的话，它发出的信息是这样的——草莓、人类、扶手椅、棕熊等。同样的事物，感觉机制所做出的信息报告就是——美味、特别、舒适、有生命危险等！感觉机制不仅报告它所看到的事物，还对相关信息进行评估。

就生存而言，感觉能力比思考能力重要得多。如果我们穿行于这个世界却无法感知它，我们不仅会迷失其中，还会处于一种十分危险的状态中。我们或许会觉得，感觉机制的存在只是为了让人类体验浪漫。实际上，感觉机制是世上最强大的抗风险系统，它会用尽全力为生物体保驾护航。

对有利于生存的行为，比如性爱、进食及与家人团聚等，感觉机制会启动最高阶模式进行激励。对于所有不利于生存的行为，感觉机制都会发出诸如饥饿、否决、失落或厌恶的信号。灵魂感觉机制的多样化令人叹为观止，如产生嫉妒、羡慕、仇恨及愤怒等情绪。但在这些感觉的背后却只存在一个问题：这个事物是有益还是有害？

对于散发异味的食物，人们会捂住鼻子，因为食物可能已经腐坏。人与人之间之所以会产生爱情，是因为有利于传宗接代。人们产生愤怒感，是为了进行自我防卫。人们会感到屈辱，是为了变得警觉起来，因为人们或许正面临着被逐出集体的危险，而脱离集体会令人迷失。人们产生嫉妒和羡慕的感觉，或许是因为被夺走了重要的资源。人们产生好奇心，是因为学到更多知识有利于生存。

对于十分重要的事物，人们就会记下来，如此灵魂就可以节省大量的精力。灵魂不必每次都重新评估，只要比对相似的经历即可。比如，人们不会在来到红绿灯路口前才惊奇地询问规则，而是淡定地等绿灯亮起，因为以前的经验让边缘系统形成了对红绿灯规则的全面了解。这样做会更有效率，因为会使反应速度更快，但由于过往经历带来的滤镜效果，人们的感知呈多样化且做不到完全客观。

虽然我们坐在同一个电影院里，但是每个人看到的电影都不同

不同的人见到狗会产生不同的反应，这取决于每个人与狗相处的不同经历。如果你曾因吃提拉米苏而沙门氏菌中毒，你或许会觉得它不似从前美味。人们的感受会被打上灵魂评价的烙印。灵魂的评价取决于生命中所经历的事情。人们将经历存储在个人记忆中，而这些信息对灵魂成长至关重要。

人们甚至会因为浴室地板砖选哪种颜色之类的琐事与伴侣发生争吵。可以说，人们本来对同样的颜色就有着不同的感知，这样的争吵毫无意义。

千百年来，人类的感性一直让步于理性。人类曾经历过启蒙时代，也经历过经济人假设时代。我们从小就被教育不能过于感性，因为感性看似无任何规律可循。然而，如果我们认为人类在做决策时能够一直保持理性，那就大错特错了。感性在很大程度上会参与每一个决策过程。大多数情况下，感性甚至会起决定性的作用。在五亿年的岁月中，感性用它的力量引导并掌控着我们的生活。感性就是人生的罗盘，为我们的行动指明方向。

人们不要拒绝感性，而是要学会倾听它的声音，这样更有益于生存。因为感性是生活中最为可靠的探测器。感性的力量很强大。下文将会讲述它的秘密武器。

传递给你的信息

在连脊椎动物都未出现的远古时代，地球上发生了一些无比诡异的事情。在饥饿难耐时，一种细菌吞下了另一种小型细菌。但是，小型细菌并未被消化，而是安然无恙地栖息在大型细菌身上。实际上，小细菌的生活得到了改善，因为大型细菌体内环境很舒适。另一方面，大型细菌生活得也不错，因为它依赖小型细菌产生的含氢物质存活。

如果两个生物之间相互依附，这种关系就被称为共生。这两种细菌之间特殊的从属关系，被称为内共生。内共生学说的支持者认为，地球上的物种之所以能够繁衍生息，是因为经过一段时间的进化，生物开始生活在保护壳之中，而这种保护壳是抵御生存威胁的重要屏障。

如果这个说法是正确的，就会出现一个悖论。我们长出保护壳是为了存活下去。但是，这种保护壳不仅隔离外界环境，还会隔断与其他生物的交流，这样我们就永远无法得知其他生物经历了什么。这两种内共生细菌存活于几百万年前，而现在，我们还不时会在卧室里听到一个人问另一个人："你真的开心吗？"

因为我们各自生活在自己的保护壳之中，所以只有被提问者才能知晓关于自己的真正答案。研究人员一直对每一个人类个体背后的奥妙有着浓厚的兴趣。同样，研究人员也对人类喜怒哀乐的源头及其作用机制感兴趣。如今，科研人员仍然不能给卧室里困惑的提问者提供帮助，但却可以就感觉的基本机制给出很好的解读。不过请注意，这个解读不怎么浪漫。如果让神经生物学家解读爱情的产生过程，他们会认为这只是神经递质的突触信号的传导过程，这个解读顿时让人感到索然无味。

如果想要让激烈的情绪缓和下来，人体内必定会向突触发送信号。实际上，这个信号发送过程十分有趣，基本上类似于当代的人际交往过程。

试着想象这样一个场景：我坐在咖啡厅里，短信提示音响起。我读到一条这样的信息："凯瑟琳！他来找我了！我真是太高兴了！"这是我朋友发来的短信。我住在万纳艾克尔，而这位朋友在汉堡。在德国，这两个地方相距甚远：步行要三天时间，坐火车要三个半小时，而短信的传递几乎是实时的。大约二十年前，这种实时通信技术得以面世。我们都认为这种技术十分先进，灵魂却早已对这种事情司空见惯，因为灵魂内部一直都是这样沟通的。在产生某种感觉时，灵魂就会发出一条"短信"。因此，灵魂拥有无数条由神经元构成的传导线路。不过与地下电缆不同，神经元之间并非固定地连接在一起。神经元非常灵活，可以随时形成通路，存在无数种可能性。大脑实时形成的通路数量以数万亿计，可高达十九位数。

两个神经元之间存在突触间隙。这个间隙的宽度远不能和万纳艾克尔到汉堡间的距离相比，但在传递信息时仍是相当长的一段距离。大脑有时利用神经脉冲传递信息，但在大多数情况下采用的是化学信号。现代通信中，电信供应商将信号从一个服务器传递到另一个服务器，从而克服距离的障碍，而大脑则通过信使物质来实现这一过程。信使物质是两个神经元之间信息的化学传递者，也被称为神经递质。

《米其林指南》对顶级厨师从不吝赞美之词，但几乎从未将目光聚焦在上菜的侍者及负责清洁盘子的后厨人员上。其实，服务人员理应得到更多尊重。因此，让我们将大脑的功绩暂且放到一边，接下来的赞誉属于服务人员。随着神经递质的面纱被揭开，我们了解到，在这些孜孜不倦的"感觉传递者"中，最为知名的有多巴胺、去甲肾上腺素、血清素、皮质醇及催产素。

◎ 多巴胺：对新事物满怀期待与喜悦

大脑可以自主分泌多巴胺。可以说，大脑在运作一个"信使物质生产车间"，即一个专属化学实验室。在那里"调制"的一些物质，是世上最强烈且有效的物质。当我们躺在沙发上无所事事的时候，大脑就在实验室里优哉游哉地待着。如果突然门铃声响起，大脑就会启动。在提到信使物质的释放过程时，人们总会用"分泌"来形容，但更恰当的或许是"点燃"一词。因为一切都发生得非常迅速。在我们从沙发上跳起来并满怀期待地跑出去之前，人体就已经充满多巴胺。如果不是多巴胺越过了突触间隙，我们还会赖在沙发上不动。多巴胺有着"快乐激素"的美誉，但这个称呼名不副实。当人们遇到开心的事情时，多巴胺的作用并不是进行奖励，而是唤醒对奖励的期待。我们之所以飞奔着去开门，或许是因为有客人带着蛋糕来访，或许是快递员送来了我们网购的鞋子。没有多巴胺，人就不会产生欢喜的期待。

无论是在打开房门时、吃蛋糕时、与好友相聚时，还是拿起手机点开社交媒体时，分泌多巴胺的作用都在于鞭策与鼓励。事实上，我们之所以愿意外出，是因为有多巴胺的分泌，因为多巴胺向我们保证：尽管外面存在很多危险，仍有美好的事物值得期待。我们可以说多巴胺是"欲望的使者"，尽管神经科学家永远不会这样表达。当然，有时它也会带来滋扰公共秩序的不法行为。

我们很可能会读到这样的新闻——青少年举办派对无视法规，一百五十名来客扰乱整条街，却很少看到这样的新闻——老人因攀爬月台被捕。青少年比中老年人更敢于冒险，所以在大众眼中，青少年总是更鲁莽，中老年人总是更沉着。事实上，多巴胺分泌量的多少决定了这一外在表现。处于青春期的年轻人在顺利完成高风险动作时体内会产生大量的多巴胺。这促使他们不断寻找类似的刺激。然而，负责管理多巴胺的身体部位会随着年龄变化而变化。随着年纪增长，信使物质产生的效果就会降低。我们之所以会对冒险失去兴趣，是因为受体会对多巴胺的敏感度逐渐降低。

◎ 内源性阿片类物质：塑造灵魂的"最佳药剂"

现在我们来讨论灵魂的奖励系统！设想在前文的场景下，门外真的出现了一位快递员，他正是来派送你的新鞋子的，并且这双鞋子还很漂亮，完全满足你的期待，此时你的体内就会分泌内啡肽，即内源性阿片类物质。我们会立即产生快乐的感觉，一种纯粹的快感。在性爱、冥想和按摩中，我们也能够获得这种快感。人们能从黑市中购买到这种物质，不过那是非法的毒品。海洛因本质上只是一种人工阿片类物质。吗啡也能产生非常相似的效果，当病人深受病痛折磨时，医生会开出这一处方药。就像医生一样，大脑只在绝对有必要时才会分泌这类物质，在紧急情况下甚至会分泌出很大剂量。

医院的急诊室有时会接到各类不同的伤患，比如肋骨被钢筋穿透或手指被圆锯切断的患者。这些重伤者有时来到医院时却感觉不到一丝疼痛，这是因为身体暂时从"药箱"中支取了相当多的阿片类物质。

人体不仅会在身体疼痛时分泌出这类物质，在遭受精神折磨时也会如此，两者没有本质区别。大脑并不在乎问题出在大腿上还是心理上，它总在需要的时候及时"出手"，身体只是负责执行。有的病人在遭受严重的精神折磨时，会无意识地利用这种机制。他们给身体制造疼痛，以减轻精神上的痛苦，例如割破大腿或手臂的皮肽。这样一来，体内就会分泌阿片类物质，从而使心理上获得短暂的放松。但是，这种放松的心理状态不会持续很久，患者又必须通过再次刺激来维持。

内啡肽还有其他的作用。有时候，我们坐在沙发上时会突然冒出这样一个念头：呃，我应该给克劳迪娅打个电话，邀请她一起喝个咖啡！我们这么想，是因为我们想念克劳迪娅了，但我们不知道是灵魂给我们传递了重要的信息。因为人体分泌的阿片类物质很少，所以我们会有社交需求。内啡肽激励我们去寻求与他人的联系。当我们按照内啡肽的要求去做时，身体就会给出奖励。[2] 当我们处在群体中时，会感觉很幸福，因为群体生活是人类生存必不可少的。为了让我们记住这一点，大脑就会用最佳的"药剂"（内源性阿片类物质）来奖励我们。从这个意义来说，内啡肽还能帮助人类建立、维持彼此之间的情感纽带。如果这个过程不能顺利完成，人就会对某类物质上瘾，这类物质就成为情感纽带的替代物。

◎ 血清素：不仅是一种快乐激素

从人类进化史来看，快乐的人生有两个方向：一是献身于美好的事物，二是与不快乐的事保持距离。在这个前提下，多巴胺对我们说："多做让你快乐的事！"而另一种信使物质命令我们："停止做让你不快乐的事！"这种信使物质就是血清素。[3]

血清素大多在大脑里产生，但也可能在身体其他部位分泌，比如肠道。血清素传递有关情绪、睡眠、情感、记忆、食欲和体温调节的信息，还能在处理压力方面起到重要的作用。

在面临威胁时，血清素会发出信号让我们停止行动并等待。当血清素分泌量充足时，人就能够抑制冲动。如果血清素分泌量过低，人就更容易情绪失控。人体内血清素含量较低时更倾向于做出武断且违背计划的决定。性格冲动、有暴力及侵略性倾向的人群，他们的血清素含量更低。在缺少血清素的情况下，人可能无法控制自己的行动，也无法冷静下来，而是会愤怒地诉诸暴力。

杂志报纸上经常建议人们多吃香蕉，因为香蕉富含血清素，能给人带来快乐。这句话没错，但是吃香蕉的效果不大，因为香蕉中的血清素很少能直接到达大脑。血脑屏障会对血液携带的某些物质形成阻断作用，因为有些物质会干扰信号的精确传输。这种条件下，一些特定的物质就被致密的毛细血管壁阻挡在外。

血脑屏障这个"守门卫士"有时会让人摸不着头脑，因为它允许酒精、尼古丁和其他一些有毒物质进入大脑，但却不允许香蕉中的血清素通过。不过，有一种提高血清素含量的技巧是有效的。我们很多人都用过这个技巧，只是没有意识到而已。为了生产血清素，大脑需要用到一种"基础原料"——色氨酸。因此，想要大脑中的血清素水平变高，人们只要多摄入色氨酸即可。南瓜子、核桃及螺旋藻（旧称蓝藻）中就含有色氨酸。许多碳水化合物中也含有色氨酸，比如美味的甜食。人们在面临压力时，喜欢不断地吃蛋糕和巧克力，就是因为这些食物中含有色氨酸。大脑所产生的血清素是抵抗压力的灵丹妙药。

◎ 皮质醇：紧急状况下的好帮手

当我们傍晚在公园里散步时，如果有人突然从大树后面蹿出来，身体会迅速反应并在几毫秒内产生变化：瞳孔扩张、心跳加快、消化系统及大脑暂停思考。

我们本来只是想悠闲地散步，却被迫变成一个武士，一个或战或逃的武士。"战斗或逃跑反应"是人类最核心的生存机制，这个过程会引起皮质醇分泌。

在遭遇危险时，有的人即便能够保持情绪的稳定，身体也会瞬间变成马盖先①。面对危险时，你的反应不一定是单纯的战斗或逃跑，因为"战斗或逃跑反应"中还有静止不动这一项，通俗来说，就是"惊呆了"。其实，有的时候什么都不做比战斗或逃跑更重要。

边缘系统为人体设置应急机制，目的就在于应对危险的情形，比如遇到凶猛的剑齿虎时就可以启动这种机制。在当今社会中，四车道马路产生的噪音、提交工作方案的最后期限、电视播报的恐怖袭击的新闻或即将来临的家族聚会都会引发这个机制，因为身体会将这类精神负担评估为"处于压力状态"。当我们遭遇背叛、被过分苛求或遭人拒绝时，当我们与他人发生冲突时，当我们必须面对身体疾病或个人损失时，身体也会调整到适合应对相应情形的状态。

确切来说，皮质醇不是神经递质，而是一种肾上腺皮质激素，由特定神经递质传递的信号引起分泌。皮质醇能够加速体内新陈代谢，使人体获得充足的能量。皮质醇调节免疫系统，使身体能够调用应对这类情形的体内能量，同时改变心理应答状态。皮质醇是人体在紧急情况下的好朋友。

---

① 美剧《百战天龙》中的男主角。

然而，如果这类高压状态频繁出现或持续很长时间，或者当压力演变为慢性疾病时，皮质醇就成了人体的敌人。当大量皮质醇持续在体内流动时，就会对免疫系统进行攻击，导致人体处于持续的警戒状态。最严重的情况是造成大脑特定部位的细胞再生受阻或产生直接损伤。[4] 这在当今被普遍认为是抑郁症和焦虑症的发病原因。

◎ **去甲肾上腺素：我记下了！**

当公园的大树后面突然有人蹦出来时，我们的身体并不会传递出"先等一下，我在思考问题"的信号。这时，大脑的思考过程往往会戛然而止，这是去甲肾上腺素在起作用。当危险临近时，这种信使物质就会阻止大脑进行思维要求很高的思考活动。本来，一定程度的压力可以促进思考，但是压力过大则适得其反，这也是为何人在高强度压力下无法进行思考的原因，因为去甲肾上腺素阻断了这一过程。处在压力状态中时，去甲肾上腺素会认为此时思考不是最重要的任务。

人体内的各种资源应当时刻待命，为度过危机状况提供必要的帮助。去甲肾上腺素当然也为将来再次遭遇类似事件做好了准备。也就是说，去甲肾上腺素会让大脑牢牢记住危险事件。大脑或许永远不会忘记那棵大树，因为从它背后跳出来的人有可能袭击自己。这样一来，如果类似事件再次出现，身体就会得到更加有效的警告信号。

身体所经历的事情越严重，大脑关于这段经历的记忆就越牢固。大脑乐意在出现紧急状况时发出警报，这当然是好事一桩。但是，过于强烈的记忆并不见得是好事。如果过多的去甲肾上腺素作用于边缘系统的焦虑中心，则可能形成过度刺激。记忆对人体烙印之深，甚至会对人带来伤害。这种顽固的记忆或闪现有可能在没有外部刺激的条件下产生，而这正是创伤后应激障碍的典型症状。

◎ **催产素：不仅是一种爱情激素**

为了简化搜索，谷歌曾在几年前推出一项新功能——搜索联想。当用户在搜索栏输入第一个单词时，算法就能"联想"出用户所要搜索的内容并给出建议。通过这个功能，我们发现谷歌对用户搜索内容的看法十分有趣。例如，当用户输入"为什么"时，联想词是"我爱你""香蕉是弯的"等。得益于这项功能，我们也能从中窥探人们对催产素的看法。谷歌对"催产素"的联想词是"喷雾""效果""男人""购买"，这是谷歌显示的顺序。可以看到，人们对催产素的认知发生了惊人的改变。人们曾长期将催产素误认为是"女性的激素"，因为这种激素在分娩过程中很活跃，可以促进母乳分泌，但最为重要的作用是让母子之间产生爱。也可以说，催产素唤起了母性行为。婴儿每天都在大吼大叫，不时还会把母乳吐出来，夜里还会将人吵醒，而且它没有给整个家庭带来任何贡献。如果没有催产素的话，母亲或许早就想抛弃这个"讨厌鬼"了。事实是，母亲的大脑在分娩后一直"沉浸"在催产素之中，所以她会将这个"讨厌鬼"看得比自己生命更重要。

20世纪初，催产素的效用就被发现并得到了确认。人们曾以为，关于催产素的所有知识都被投入了医学应用领域。然而，事实远非如此，因为催产素还会在其他场景中起作用。例如，催产素在形成单一伴侣制中起到了重要作用。如果给男性注射催产素并同时给他看女朋友的照片，这种所谓的"依恋激素"就会刺激大脑的奖励中心，提高女朋友对他的吸引力。催产素的分泌让伴侣之间的依恋关系得到了维系，从而促进了单一伴侣制的形成。这个过程类似于"毒品"所起的作用，因为陷入爱情和吸毒刺激的是大脑中同一个奖励中心。这个理论可以解释为何人在分手或伴侣去世后会陷入深深的痛苦中，甚至会患上抑郁症，因为催产素分泌不足，导致奖励中心所获得的刺激过少而陷入了停滞。

自催产素的作用被公布后，人们一直抱着如获至宝的心情。人们想，这不正是我们在寻找的灵丹妙药吗？有了这个武器，不就能让对方回心转意吗？（尽管也可能因此得而复失。）即便没有人在身边，人们不也能因此获得拥抱时的踏实感和被庇护感吗？就像使用鼻炎喷雾一样简单，人们只要拥有催产素喷雾就能获得爱情与安全感，这岂不是一桩美事？如果这是一剂修补破裂关系的灵丹妙药，那么人们就不用费尽心思寻求复合。

催产素并不等同于激素，它可能诱发嫉妒和幸灾乐祸的心态，所以它在不同人体内所起到的效果大不相同。[5]对大部分人而言，催产素的作用在于使人冷静下来。当压力大到令人烦躁不安时，催产素会让人恢复平静。催产素是"压力荷尔蒙"①的克星，它能让血压

---

① "压力荷尔蒙"指当人们紧张时，身体的肾上腺释放出的去甲肾上腺素、肾上腺素等化学物质。荷尔蒙为激素的旧称。

和皮质醇含量降低，令人变得心平气和，更加放松。当人们没法镇静下来时，催产素就会悄悄发出信号，告知我们应该去寻求帮助。小孩子一直都是这样做的，当他们害怕或感到疼痛时，就会立刻开始找妈妈。妈妈来了，孩子体内的催产素含量就会上升，痛感和焦虑感就会得到缓解。成年人也在做着类似的事情。在劳累一天后，我们经常会叫上三五好友，一起欢度夜晚时光。我们能感受到与朋友相聚带来的快乐。可惜，催产素并不会随意分泌，因为每个人的分泌量及其所产生的作用大小受不同前提条件的制约。

除上述物质之外，乙酰胆碱、抗利尿激素或 γ - 氨基丁酸（简称 GABA）等也都是神经递质。人体分泌单一信使物质的情况比较罕见，更多的是多种不同的神经递质同时流经大脑。激素的分泌不是独奏，而更像是一个合唱团之间的协作，并且相同的递质可以作用于大脑的不同部位。不同递质之间的作用也会出现相互增强或抵消的情况。只有通过大量递质之间相互协作才会产生诸如陷入爱河之类的情感。我们用手绘的心形符号象征爱情，但其实大脑才是爱情的"发源地"。

但是，信使物质的效用及相互协作并非总是顺利进行。神经递质需要绝佳的结构作为发挥效用的场所。神经递质的数量以及信使物质是否到达，很大程度上取决于大脑的发育机制。这件事解释起来非常复杂。

特殊的身体器官

从出生那一刻起，人体内就开始发生一系列反应，这是在为独立生活做准备。新生儿的第一次呼吸，就使得肺部舒展并改变内部气压，继而使左右心房之间的卵圆孔关闭。瞬息之间，新生儿的血液循环就从胎盘管道中脱离，开启独立运行，继而所有器官都本能地投入工作。尽管新生儿在出生前完全依赖母体，但在经过新生儿期后，新生儿就能顺其自然地实现独立。新生儿的个头虽然小，但内部构造十分完整。肾脏可以过滤血液，肝脏可以分泌促消化的胆汁并为身体排毒，肠道能够将母乳转化为能量。除了大脑，新生儿的器官系统堪称完整。大脑是唯一未完全发育的器官。DNA 为人体打造了完整的脾脏、胰腺和十个手指，却在大脑发育到一半时就"撒手而去"。

如果将 DNA 的作用比喻成建房子，那么可以说它在竣工前就"抽身离去"，这简直令人恼火，但这对人体却是一桩好事，因为要把更有意义的事情交给大自然去完成。不管是非洲人还是亚洲人，不管是尼泊尔的六兄妹还是蒙古的养鹿人，肝脏都能顺利分泌胆汁。肝脏只要接受"上级指令"就能开展工作。大脑就不一样，它的作用在于使肝脏与其他器官之间互不干扰。大脑的工作是为身体服务。因此，大脑十分有必要尽可能熟悉身体所处的环境。与在沙漠生活相比，在热带雨林生活所需的知识和技能完全不同。大脑只有通过人生经历获得经验，才能逐渐熟悉生活的环境，进而更好地适应这个世界。

这样一来，培养孩子就需要投入大量的时间和精力，因为他们需要掌握相当多的技能才能独立自主。掌握语言、行为规范、道德准则、交通规则都需要时间，但只有花时间才能让他们最大限度地适应周围环境。如果生活在大城市，孩子就要熟悉四车道马路的交通规则。如果生活在热带雨林，就先要学会如何安全地穿越雨林。最佳的状态是，孩子能够遵守规则、融入社会且与他人友好相处。另外，孩子至少要有一位良师或益友，助他们在全新的环境中获得指引。

灵魂为生命保驾护航

就算造物主给大脑留下了大片空白，这也并不是一种缺陷，而是巨大的生存优势。当人们用显微镜观察大脑时，就会发现新生儿大脑并不存在真正的空白。人们必定会感到惊叹，因为新生儿大脑所拥有的东西比想象中要丰富得多。五个月大的婴儿能完成的最高难度的动作是将脚趾伸到嘴里。尽管如此，婴儿大脑的"基础设施"几乎与成年人无异。大脑在婴儿时期可拥有数以亿计的神经元，甚至会超过成年人。婴儿之所以没有能力参与对《每日新闻》的讨论，只是神经元之间还未形成特定的网络。

大脑的初步发育是比较粗糙的，首先发育完成的是神经元及突触。只有借助生活环境及人生经历，大脑才能进一步形成精细结构。所有的外部刺激都会引发电信号活动，从而使神经元之间产生连接。连接产生并巩固后，突触小泡会相向运动并相互接触。现有连接得到巩固，而不常使用的连接就会遭到废弃，这样整个系统才会最终形成回路，进而产生更精确更高效的突触矩阵。这个过程首要出现在边缘系统。[6]

儿童时期，神经元连接的"布局速度"非常快且十分持久。整个过程可以说是在"搭建"每个人不同个性的基石。有人说这个过程到达一定程度就会出现停滞，这是不正确的。关于"汉斯"的俚语便体现了人们对此的误解。长久以来，人们都认为："汉斯小时候都没法掌握的知识，长大后更学不会。"[1] 我们现在认识到，这只是一种偏见。大脑神经网络一直处于动态变化之中。实际上，人类大脑直至死亡都未完成发育，专家将此称为"神经可塑性"，意即大脑一直在持续发育中。你在读完这一段文字后，大脑就已经形成了新的连接，也就是说，每段经历都会给人带来改变。即便一个人到了七十岁，也可以去专科学校学习拉脱维亚语，或者尝试纠正自己怨天尤人的坏脾性，从而变得更加和善。这些都是大脑所能做到的。

人类善于总结，并因人生经验的增加而更加成熟，这是大脑功能积极的一面。但是，这些功能也有消极的一面，因为痛苦的经历会给大脑造成负面影响。相比于其他的器官能够"无视"外界的流言蜚语，灵魂的表现则像一个真正的软蛋。就算我们将肝脏称为恶毒的老巫婆，它也会照旧兢兢业业地为身体工作，持续分泌胆汁，为各器官解毒。大脑对外界看法的反应完全不同，它会将别人对我们所做的一切都"放在心上"。饮酒过度会伤肝，同样，灵魂遭到诋毁或虐待也会受伤。痛苦的记忆不会凭空消失，就像酒精对肝脏会产生危害一样，这类经历对灵魂同样有害。酒精会让肝脏坏死，扰乱新陈代谢，大脑的受损机制亦是如此。如果我们长时间将自己

---

[1] 德国俚语，意指儿童的学习能力比成年人更强。

认定为失败者，感觉自己丑陋无比并且一无是处，神经网络就会发生改变。神经连接会遭到干扰，突触——比如那些神经递质起作用的突触——也会受到损伤。也就是说，人体拥有大量带来奖励和动力的信使物质，但如果不能与相应突触产生联系，它们就没什么用。神经递质的传输决定了一个人是否有耐心、是否感到焦虑或有同理心。如果信使传输不成功，身体或许会出现动力衰减、食欲不振或对外界丧失兴趣的症状。如果缓解压力的神经递质无法奏效，身体或许会持续保持过度亢奋的状态。

出生时，我们的大脑只是一间"毛坯房"，只有经过身边人的协助，才能完成房子的"精装修"工作。每个人在出生时就具备说一门语言的能力，但这依赖于其他人传授，感觉能力也是如此。我们需要老师教我们如何正确地感受。

灵魂依附的纽带

我们将葵花籽埋在土里，可能很长时间都不会有任何变化。但如果将土壤温度提高 7 至 9 摄氏度，就可能会突然出现一连串的变化。葵花籽外壳会张开，根部会扎入土中，茎会向上伸展。即便如此，植物的种子仍在坚硬外壳的保护下安然无恙。一旦茎干破土而出，这株植物的生长状况就取决于地表的一切变化。自那一刻起，这株植物的生死存亡就交给了天气及环境。

虽然本书不是在讨论植物的生长，而是在讨论灵魂，但在生命的最初阶段，幼苗的发育和大脑的发育之间并无太大差异。大脑也长在"茎干"上，这个"茎干"就是脊髓。脊神经会随着脊髓从上到下逐步展开生长。脊髓发育之后就会出现脑干，后者负责调控心跳、呼吸及体温。

这些发育过程都是生存的必要条件。除此之外，人体会发育出边缘系统的第一批结构——情绪中心。这佐证了感觉的重要性，因为感觉的形成仅次于呼吸和心跳。但是，人体所有部位都开始各司其职还要经过很长一段时间。这一点也不难理解。对于尚需庇护的孩子来说，学会呼救比了解毕达哥拉斯定理更加重要。为此，孩子必须首先学会正确感知，比如对奇怪的动物、不友好的面孔，以及独处产生害怕的感觉。正如稚嫩的向日葵一样，孩子的一切发展都取决于环境。植物需要水分、光照、养料及适宜的气候，而婴儿则能够从妈妈那里获得所需的一切。他会获得保护、食物及关怀，如此才能茁壮成长。

阳光不会了解植物在获得光照时产生的变化。同样，大多数妈妈或许都不知道简单的陪伴能给孩子的发育带来怎样的变化。孩子摔倒后开始哭闹，妈妈会自然而然地跑过来安慰，并不会多想什么。事实上，孩子的妈妈提供了很大的帮助，触发了许多重要的神经传导过程。正如光合作用一样，人们很难感受到神经传导过程，但二者都是真实存在的。

孩子只有在与母亲或其他养育者接触时大脑才进行发育，早期发育主要发生在与灵魂相关的大脑部位。事实上，母亲的轻轻抚慰会对婴儿大脑的发育产生重要的影响。比如，婴儿感到紧张并且焦躁大哭时，这种抚慰会让紧张情绪得到缓解。每当婴儿感到被呵护或照料的时候，发育中的大脑结构就会变得稳固，基本上每一次接触都会带来新的变化，甚至一个充满爱意的眼神都可能带动整个神经网络的连锁反应。这个时候，除了催产素，身体还会释放内源性阿片类物质和血清素。孩子不仅会感觉安全，而且会变得安心。

与养育者的亲密接触能够提高孩子体内的催产素水平，起到调节压力的作用。这样，神经网络的连接线路及连接点就会得到增强。神经网络使用频率越高，连接就越稳定。大脑会不断练习这个过程，直到可以独立控制并引发这个机制，由此打下生命的基础。孩子对情绪的掌控程度会给今后的生活及身体健康带来至关重要的影响。

光照使植物内供应水分与营养的管道不断巩固。通过与养育者亲密接触，婴儿体内也会发生类似的变化。只有经过悉心照料，神经系统线路才会建立起来。良好的环境创造出理想的神经回路。受刺激的频率越高，神经回路就越稳定。婴儿早期的经历决定了神经突起在边缘系统的延展形态，后者能够调节大脑活动，并由此控制人体的情绪、感知和体验。大脑新生长的结构是对个人经历的反映。

如果孩子成长于充满爱的家庭，今后在获得别人的体贴和关爱时，其催产素水平就会上升。如果大脑在早期的重要阶段没有得到激活和刺激，其内部结构就会荒废。将来，这样的孩子就很难感受到体贴与关爱所带来的温暖。也就是说，他们的感觉机制不能够真实反映内心的美好感受。

环境决定成长

与人类一样，植物事先会对生长过程及成熟状态进行设计，尽管如此，也会出现意料之外的情况，这取决于环境的影响。环境越好，植物就越有可能枝繁叶茂，人类也是如此。个性特征的初步结构是由基因决定的，但它并非一成不变。关怀照料是调控个性的决定性因素。最终形成怎样的个性特征，很大程度上取决于养育者带来的影响。

我们可以这么认为，基因带给人类一切发展的可能，但最终主要是由个人经历决定哪些特定基因被激活并表达出来。

儿童与养育者之间拥有共同经历的重要性不言而喻。"性格洒脱的家长必定养育出性格洒脱的孩子。"这句经典名言常让家长难堪。这里必须再次明确说明，这句所谓的名言不仅十分荒谬，还会带来很坏的结果。如果没有养育出性格洒脱的孩子，父母就会感到内疚，并因此产生挫败感和压力。每个孩子的脾性都是与生俱来的，这在出生时就已经决定。孩子在婴儿时期就无意识地影响父母的养育方式，这是孩子的天性，但这又反过来影响孩子如何处理父母的反应。心理学家将其称为"亲子之间的相互适应"，这个过程有时很容易克服，有时则很难克服。如若不能克服这种相互适应，孩子就有产生行为障碍的风险。例如，性格内敛的家长会倾向于限制富有表现力及爱冒险的孩子，而性格开朗的母亲可能会对沉默的孩子比较苛刻。[7]

父母和孩子其实都没有错。

如果父母与孩子不能和谐相处，责任并不在任何一方，而在于双方脾性的不协调，这将会成为家庭生活的真正挑战。

有的孩子天生就容易产生负面情绪或言行鲁莽冲动。他们更容易陷入沮丧情绪，有回避与外界接触的倾向。如果这些孩子在成长中得到耐心的呵护，就很有可能学会掌控冲动的行为并成长为心态开放的人。如果孩子的父母不具备十足的耐心并且情绪化地回应孩子的行为，就会使孩子的成长陷入一个恶性循环。这些孩子最终会被定性为问题少年，并且很难再被善待。

很多德国人小时候都读过埃里希·凯斯特纳[①]写的冒险故事。在凯斯特纳的《两个小洛特》中，两个基因相似的孩子却走上了完全不同的人生道路。这都是因为不同的养育者抚养孩子的方式不同。如果母亲在孩子叛逆时没有表现出足够的细心和耐心，孩子的个性最终会变得更具攻击性。如果母亲悉心照料孩子，便有可能将天性顽劣的孩子培养成性格温和的人。品性的养成是基因和个人经历相互作用的复杂过程。在个人经历方面，父母的关爱是重要的调节因素，通常能引导孩子往特定的方向发展。[8]

个人经历——包括正面和负面的——对品性养成的影响作用因人而异。相比较而言，在家人之间存在共情的和睦家庭中成长起来的孩子，也更容易受负面经历的影响。这个结果让很多研究人员都感到印象深刻，并由此联想到花的成长过程。研究人员大致将孩子分为两种类型：兰花型和蒲公英型。[9]

蒲公英型的孩子可以随处扎根，个性坚韧，有能力在恶劣环境中茁壮成长，而兰花型孩子则像兰花一样敏感脆弱。如果兰花型孩

[①] 埃里希·凯斯特纳（1899—1974），德国著名儿童文学家。

子没有被善待，就会出现很糟糕的情况，甚至整个人生历程都会问题不断。但是他们在拥有优越条件的"温室"中就能够很好地"绽放"。如果兰花型孩子在没有压力的环境中成长，会比天性坚韧的同龄人发展得更好。相比较而言，蒲公英型孩子则在整个生命进程中都不易受外部环境影响，当然也包括积极的影响。

◎ 初生：一切都比我们料想得更早

个人对环境的敏感度不仅取决于基因，更与胚胎的发育过程有关。人们普遍认为，受到压力困扰的大多是成年人，但其实一个刚发育成型的胚胎也能感受到压力。

在大脑发育五周之后，胚胎中就已经形成了一个未来处理压力的中心。如果母体承受压力，会对胚胎大脑及个人脾性产生很大的影响。胚胎会根据这种情况，将外界环境评估为一个充满压力和敌意的世界，进而产生焦虑感，出现保守的态度，因为这有利于生存。这种观念不会在成年后消失，而是会伴随孩子一生，还有可能让他们产生社交恐惧并带来悲剧性的后果。

如果孩子在产前受到不良影响，但出生后受到悉心照料，孩子的状况就会好转。与母亲稳定且紧密的依恋关系可以减轻产前应激造成的影响，在这个过程中，催产素会发挥作用，与父母互动能促进其分泌，从而使其对"压力荷尔蒙"产生抑制效果。产前的不良影响可以通过后期关爱进行消除。如果没有受到关爱，孩子的状况就会恶化。如果新生儿的母亲缺位或依恋需求没有得到满足，便会持续带来新的压力,这样会加大消极的影响。

出生后的压力足以对孩子发育中的灵魂造成伤害。如果母亲缺位或关爱不周,还会对神经回路造成持久的损伤,因而对认知及情绪发展造成很大影响。不幸的是,依恋关系经常在这个敏感时期——灵魂特别需要关爱的阶段——出现问题。在别无选择的情况下,依恋关系也可以由母亲以外的角色来尝试构建。母亲的角色很难替代,但是值得信赖的养育者也会给孩子带来足够的庇护、关爱及安全感。

◎ 教育:一本影响深远的育儿经

总体来说,关爱式抚养还是相当新颖的育儿理念。当今很多已经成年的人都是在另一种完全不同的培育方式中长大。可以说,我们越往回看,就越会发现以前的育儿方式有多糟糕。

人们常常取笑现今的家长教子无方,皆因人们看到书店里长达二十多米的书架上都摆满育儿经。不过曾经有一个时期,整个德国都在用同一本育儿经,但那时的情况更糟,以至于这本书成了有些孩子一生的噩梦。这本书叫《德意志母亲和她的第一个孩子》。

该书曾是德国最畅销的育儿指导书,总发行量达到一百二十万册,作者是约翰娜·哈勒,她是一名医生,也是一名纳粹党员。该书在1934年出了第一版,发行量为十万册,受到了极大的追捧。哈勒在书中建议将婴儿隔离养育,直到孩子能够独立行走为止。她认为，孩子应远离家庭温暖的庇护，否则会变得软弱无能。孩子应当被教导坚韧，接受强硬的驯养方式，给予关爱是危险的。

作为纳粹的宣传工具，哈勒的育儿指导书本应在战后被迅速抛弃，然而，该书至少有一半的数量是在二战后发行售卖的。战后的版本剔除了有关纳粹的相关字眼，书名缩减为《母亲和她的第一个孩子》，但内容基本不变。这本书直到 1987 年仍在售。在超过五十年的时间里，这本书中所谓的"绝佳建议"，给孩子的灵魂造成了严重伤害。直至今日，有些家庭仍然受到哈勒写的书的毒害，使得这种粗暴的育儿方法一直阴魂不散。

父母们过时的理念

稳定的亲子关系之所以会出现破裂，可能会有很多不同方面的原因，比如对孩子的期望不合理或过度苛刻，社会环境混乱，父母有心理障碍等。很多成年人自己就没有接受过真正的关怀教育，所以也就不懂得如何去关爱下一代，这是一种常见的状况。孩子的哭闹不一定会激活母亲关爱孩子的条件反射，还有可能激发自我保护程序，比如挣扎、逃跑或愣住。是否会出现这些表现取决于母亲小时候所形成的神经系统。

孩子大声哭闹时，母亲有可能将孩子锁在房间里或者直接逃离现场，而不是去安抚孩子的糟糕情绪。母亲也有可能进行粗暴的干预，如果她将孩子的哭闹视为一种威胁，就会高声呵斥、摇晃、拍打，甚至杀死孩子。

无论出于何种原因，母亲的行为都会给孩子造成一生的影响。被忽视或被虐待会在很大程度上改变婴儿年幼的大脑。婴儿尚没有能力启动自我平静机制，所以大脑会长期被过量的"压力荷尔蒙"侵蚀。皮质醇浓度持续处于高水平对于敏感的神经元来说就是一剂毒药。这种情况下，大脑某些部位会出现严重衰退，外在表现通常是出现暴力行为或无法有效应对压力。他们的神经生物机制被重新调整，在有压力时会更快且更频繁地做出应答。他们会更容易强烈地感受到危险，在险境中更容易行为失控，并且更具攻击性。

父母的漠视会对孩子造成终生的影响，会让他们产生深深的无助感、无力感及"任人宰割"的感觉。这些孩子会很早就懂得这一切，并坚信自己对这种状况无能为力。年幼时糟糕的依恋关系大多难以修复，这可能会导致其他依恋关系破裂。曾在养育过程中被忽视的孩子，最典型的问题就是会在各种人际交往中出现障碍。这类孩子通常会对其他人的亲近行为感到害怕，但是却又十分期待得到别人的拯救或关爱。现在人们已经知道，早期的负面经历会对之后的人生都产生消极影响，不仅是心理上的影响，还可能患上免疫缺陷病、心血管病、慢性疼痛病或成瘾性疾病。

糟糕的童年会对一生带来影响，不仅是对自己的人生，还包括身边亲近之人的人生。

寻找过去的踪迹

与家人团聚可以很美好，但这通常属于别人的家庭，并非属于自己。人们理想中的美好场景就如同意大利电影的结尾：夕阳洒下柔和的余晖，一家人坐在老树旁的长椅上，品味着红酒和美食，放声欢笑。然而,现实是这样的:曼弗雷德叔叔一如既往地开着烂透的玩笑,吉塞拉阿姨总是一脸愠色,因为她一直感觉自己没有得到足够的尊重,表妹凯瑟琳又新交了男朋友。事实上,在场所有人都知道表兄马克的婚姻名存实亡,还知道哈里叔叔每天都借酒消愁。但是,人们只有在喝了白酒、午夜微醺的时刻才会讲起这些事。我们坐在那里,倾听着亲戚们的风流韵事,每个人都在庆幸自己没遇到这类荒唐事。但是,我们却隐隐感到有些不对劲。

任何人都不是孤立的个体。我们是生态系统、人际网络及家庭关系中的一分子。我们有叔叔、阿姨、兄弟姐妹和祖父母。我们的父母也有自己的原生家庭。正如我们这一代人一样,父母也曾依赖养育者的照料,也被打上了相应的烙印。他们可能从原生家庭获益,也可能受过伤害,甚至经历过生离死别。他们可能已经学会克服悲痛,也可能一直都还在痛苦中挣扎。父母有他们应对的策略和处事原则,这会伴随他们一生,并且会传承下去。我们和父母血脉相连,所以会从他们的经历中获得传承。我们的生命就是上一代人基因和经历的表达。或许我们心理上存在的一些问题,其根源不在于我们自身,而在于我们的父辈。寻踪觅迹是一件侦察工作,就像侦察员收集证据一样,心理学家会通过复盘"家谱图"来进行研究。

家谱图经家庭树状图轻微修改而来,但绝不等同于裱起来被挂在走廊上的画。家谱图上没有家徽或装饰边框,只会将家族的离异史、出轨史、疾病史和死亡史表达出来。家谱图让家族承受的苦难和面临的问题清晰地展现出来,描绘出一条贯穿几代人的线索,有一些家族悲剧——例如成瘾性疾病、家庭暴力、抑郁症及家族丑闻——已经固化成一种模式。有时候，人生的问题早在出生前就埋下了伏笔。

❖

案例：家谱图

情形描述

　　这位病人是在雇主的强烈建议下才前来接受心理咨询的。病人现年四十八岁，独居，是一家IT技术方案公司的部门主管。据他陈述，他的人生总是充满各种障碍。他无法理解其他人为什么总喜欢跟他发生冲突。他认为，需要接受心理治疗的应该是公司里的同事们，而不是他。老板将团队的问题怪罪到他头上，这令他感到十分委屈。他这次来接受心理咨询，只是因为这是一项不能推脱的任务。他害怕因此丢掉工作，所以才来了这里。

　　他十分容易陷入时间管理的焦虑中，并因此感到神经紧绷，出现胃疼和腹泻的症状，这让他的生活不堪其扰。他经常感到心神不宁，总觉得自己受到了不公正的待遇，并且总是不能控制自己的脾气。他感觉身边的人总是不理解他，并且会否定他的行为方式，不过他对此并不在乎，因为他从小就习惯了这种状况。他认为自己是一个刚强、坦率、以目标为导向的人，同时也是一位"孤独的骑士"。对于治疗效果，他没有明确的期望，只是不想因心理原因丢掉工作，他想着或许可以借此机会放松心情。

诊疗结果

他给人的初印象是一个神经紧绷、外表自信、面貌和善、疑心颇重的男子。在与人交往的过程中，他言辞辛辣讽刺，展现出犬儒主义般的傲慢态度和攻击性。他似乎总是感到不安、紧张。在前几次的面谈中，他不断提到雇主给他造成的委屈情绪，但他却只能通过贬低自己来进行自我防卫。随着后续咨询的进行，他的不信任感和消极态度逐渐消失，开始变得充满好奇心。病人的思想开始变得更加开放，并且更加关注自己过去的经历。事实是，对过去经历进行梳理总结对他而言是十分困难的，他对于童年和家庭的情况所知甚少，记忆也十分模糊。

随着心理咨询的深入，他在探讨十分棘手的话题时也能表现得更加自如了。对个人经历的自我反思使他清醒地认识到，他的行为模式在很大程度上受到外界干扰，而不是基于内心的需求。他逐渐意识到，他在心理咨询初期的种种表现都是心理困境在作祟。关于内心的纠葛，他没有给出进一步说明。他认为，带有攻击性的行为是为了抵御自卑感。这种自卑感的产生是因为他的自我价值感曾极度受挫。

家谱图展现出的生活简史

病人于1955年出生在一个小镇上，是家中幼子，有一个大他三岁的哥哥。他的母亲是一名家庭主妇，父亲生前是一家货运公司的总经理。他与父亲的接触较少，两人关系较为紧张。父亲恪守德国的道德观，从未放宽过标准。他从母亲那里得知，父亲在战后经历了很多苦难，自此变得"性情阴沉，处事严苛"，他一直盼望儿子能够出人头地。

病人也曾得到过母爱,但不知从何时起,他开始被忽视,被冷漠地对待。他一直不能理解,自己究竟做错了什么才使得母亲如此对待他。他与哥哥的交流比较顺畅,尽管两人性格截然不同。他与哥哥共度的时间非常长。在他十二岁时,这一现状被打破了,他的哥哥突然开始对他不理不睬。在他母亲眼中,似乎青春期的孩子都会这样,但是他并不这么认为。

在回想与其他家族成员——包括祖父母、叔叔和姑姑——的相处过程时,他也感到有些莫名其妙。他经常感到被家人漠视、排挤和鄙视,就像被当成了局外人。

他以优异的成绩完成了中学的学业,学习对他来说十分简单,后来,他又毫无压力地完成了大学的入学考试,大学课程对他来说也不难。他一直不能理解,为何家里的其他人会觉得学习这件事很难。他哥哥的中学生活和职业培训似乎也并不是很顺利。

他曾有过几个女朋友,但他在两性关系中很容易产生被束缚的感觉,他更喜欢不受约束的关系。他目前没有孩子。

他逐渐察觉到这个家谱图中存在信息漏洞。在对他的母亲、姑姑及叔叔进行访谈及通过书信对他奶奶进行问询后,可以确定的是:他名义上的爷爷不是亲爷爷;病人所展现出的个性与他的叔公(爷爷的弟弟,四十九岁去世)很相似,后者在整个家族中都被认为是天资聪颖且事业有成的人物,病人的父亲亦是如此，但是他的姑姑和叔叔们资质却比较平庸。

奶奶与叔公有过私通关系，后来还怀孕产子，这件丑闻几乎人尽皆知。不过，人们只会私下谈论这件丑闻，平时则会保持沉默。现在有个词叫"杜鹃孩子"，这恰好描述了病人父亲的情况，即他是被非血亲关系的父亲抚养长大的。病人的父亲早就以局外人的身份出现在家族中，或者说是被迫成了局外人，因为他在大家眼中是被烙上耻辱印记的孩子。

病人的外貌与叔公十分相似，但他从未因此产生任何怀疑。但在家人眼中，这种相似的外貌却会令人记起丑陋的家族秘闻，并由此联想到"家族耻辱"。于是，家族成员就会惩罚他，排挤他，并展现出抗拒他的态度。这种罪责感以"接力棒"的形式传到他身上。他很难理解其中的缘由，更无从抗辩。

他遭遇到了侮辱和不公平的待遇，但他没有机会争辩，于是也就无法弥合内心的撕裂感，更无法化解愤怒。为了获得身份认同，他无意识地陷入了这种无休止的挣扎中。对他而言，没有任何人是安全可靠的。在这个世上，只有成为"孤独的骑士"才可能完全掌控自己的命运。

阐释

两次世界大战的经历给病人的爷爷奶奶及叔公造成了极大的心理创伤，再加上父母本身的创伤经历，共同决定了病人会采取的生存策略——斗争。带有侵略性的行为模式可以理解为一种策略，目的在于尽量避免陷入需要进行斗争的困境。同时，这也有助于自我保护以及实现最大限度的自我掌控。

家族中各种形式的否定和归罪进一步加剧了病人的自我否定，比如产生"所有过错都在我身上，没有人会提供帮助"的看法。在后来的成长过程中，病人试图通过强势的行动力及获得高层职位来满足自我效能感及个人掌控欲。这能够弥补由无力感、渺小无能感、自卑感及无助感所带来的失落情绪。由于缺乏合理的学习模式，病人没能形成有效的共情能力，并且不具备自我照料、自我认同及独立解决问题的能力。

在他的家族中，所有人都对这件事有所耳闻，而且大部分人都知道内情，即他的父亲是叔公的儿子。随着年纪增长，病人就会受到家族成员无休止的排挤，最终像他的父亲一样，成为别人眼中的"杜鹃儿子"。他就像一个不属于这里的物体。就像他的父亲一样，他不得不接受外界强加在他身上的局外人角色。无论是在上小学、中学、大学的时候，还是在恋爱中，他都像是一个局外人。他活在一个别人为他设定的角色中。

不幸的是，他的父亲让这一悲剧进一步加深了。病人像他的父亲一样，独自承担生活的压力，并取得了事业上的成功。在外界看来，他父亲内心的孤独感是令人难以察觉的，但早有种种迹象侧面印证了这一点。他想要获得归属感、安全感和庇护感，但他只能压抑自己，因为他难以承受被人拒绝的风险，不敢轻易冒险。他父亲就这样越来越孤僻、顽固，他更是重新踏上了父亲的老路。父亲的行为模式和人生观念也以这种"接力棒"的形式被传到了下一代。

家庭秘闻就像流动的沙滩，而他却想要在上面站稳脚跟。他还算幸运，因为他还有在世的家属可以询问，并获得答案。

如此，他才能去更好地面对这段过往，并调整现有的处事模式。

缘起

复杂的家族关系会为个人经历带来负面影响，让人们的处事方式缺乏有效性，而且会产生长久的屈辱感，同样，复杂的同事关系也会产生这些影响。病人对别人和自己都缺乏怜悯之心，不会采取合理的行为方式，也不会调节压力，这就促使他只能通过提高个人工作能力来巩固个人地位。

此外，他还想获得一个稳固的人际关系网，从而获得归属感。他通过冷嘲热讽及攻击性的行为来消除压力，排解内心的不适感。相对疏远的人际关系令他无须全身心投入就能获得对依恋关系的强烈需求。

他的计划

通过探索家族史及梳理个人经历，他整理出了一条贯穿家族史的清晰线索。现在，他终于决定切断这种"接力棒"式的传承。

◎ 上一代：与父辈的相似之处

有的人终其一生都没有意识到自己正在重演父辈的一生，有的人则在十五岁时就明确表示，他们不想重走父母的人生路。他们曾通过叛逆的行为表达抗议，自己成为父母后却也会对孩子说：只要你还在这个家里吃喝拉撒，你就得听我的安排！

我的诊所里经常会出现这样的场景：病人正在描述他的人生经历，却突然停下来，表情错愕，然后十分震惊地说，天啊，我父亲也说过同样的话！其实，能够认识到这一点，就有着重大的意义。

人们总感觉重复上一辈的行为就是陷入了人生的深渊，但并非如此，这是任何个体都无法摆脱的过程，因为这个过程深深地烙印在每个人的基因之中。心理学家将其称为"社会学习模型"，因为人们都依据特定的模型进行社会学习。这个模型对于灵魂的发育会起到关键作用。

让我们借助两只章鱼的实验来阐释这个概念。研究人员在实验中发现，甚至在章鱼中也存在"社会学习模型"，并且运行得十分顺畅。[10]

实验过程如下：将第一只章鱼放置在水箱里，并向它展示不同颜色的球。如果它撞击特定颜色的球，就会获得一块鱼肉的奖励。如果它撞击了另一个颜色的球，就会受到痛苦的电刺激。与此同时，让第二条章鱼在旁边的水箱里观察所发生的一切，并思考应对策略。当实验员将两个水箱对调，第二只章鱼很快就学会了只去撞击能获得鱼肉的那种颜色的球。第二只章鱼仅通过观察就能领悟实验的目的，并不需要进行二十多次的基础训练或特定的奖惩训练。

人类通过观察学习

世界上有太多值得我们学习和体验的东西。通过观察的方式进行学习，这对灵魂来说是一个正确的选择。有时候，这个方法并不能有效地实施，原因在于：人们没有对这个方法可能带来的不良后果提高警惕，有时甚至极度压抑、忽视或误解这种影响。如果所有知识都要人们自行探索，那会耗费相当长的时间，另外，如果每件事情都要亲自体验，人们会感到十分煎熬。因此，大脑学会了另外一种节省时间和精力的办法，也就是对于大多数事物，大脑只是通过观察来学习！比如，想要打开一瓶红酒，我们不必去发明开瓶器，只需要顺手拿来一个已有的开瓶器，因为我们在观察别人时学会了这种做法。我们不需要亲身体验火焰的炽热，只要通过别人告知即可。通过观察来学习，这是大脑最为聪明的一招，因为可以通过观察别人的行为来扩充自己的能力和知识。大多数时候，我们的观察对象是父母。

孩子总盯着父母并不仅仅是因为喜欢父母。孩子的观察会比特工还要仔细，因为他们想要学习。当看到妈妈咬柠檬时皱眉的表情，他们就会对这种黄色的水果打上问号。如果妈妈一直抱怨邻居，孩子就会对邻居产生不好的印象。当看到一岁多的孩子捧着香蕉模仿大人打电话的场景时，我们都会忍俊不禁。如果不小心把香蕉弄到了地上，他还会大声说"该死的！"。这时，我们却再也笑不出来，因为我们意识到孩子模仿的不只是良好的行为习惯。

这正是问题所在。孩子不仅观察妈妈使用柔顺剂或者品尝尼斯堡豆蔻肉丸这些日常琐事。他们还观察父母在争吵中的行为表现，他们的政治立场，他们待人接物的态度，他们对失落情绪的处理及驾驶习惯等。此外，父母如何树立威信，如何克服无助感及其他负面情绪，都逃不过孩子的眼睛。在原生家庭中，我们习得了价值观、道德品质及行为规范，并内化为个人的行为举止。我们丝毫没有注意到，通过这种方式，我们已经顺利踏上了人生道路。

年幼时，模仿的过程都是未经批判性思考的。孩子认为，学习的榜样都是伟大的，这些榜样能够准确分辨是非黑白。到了青春期，孩子开始批判性地看待事情，他们不再全盘接受，而是会对父母本身，对他们的决策能力及行为举止提出质疑。孩子不会再因为妈妈要求自己成为一名芭蕾舞演员而立马照做。

每个人或许都想抹去上一代的痕迹。不过，在原生家庭生活的十五年会给我们留下永远的印记。人们可以颠覆此前的认知，让行为举止不带过去的痕迹，但是有些根深蒂固的行为模式会在很多场合中突然显现。

人们的行为方式可能完全不同于原生家庭中父母的行为，比如在教育孩子的问题上，他们往往会做出不同的选择。尽管如此，人们也可能因为经历意外事件而陷入父母的惯性思维中。人们之所以会这样，大多是因为处于情绪化状态中、有时间管理的压力或者被某些事情突然勾起了相关的记忆，从而突然陷入此前既定的行为模式中。人们有可能大声呵斥孩子，尽管他们从未想过会这样做；人们可能会变得过于严苛，高声捍卫个人权利或者对伴侣吹毛求疵。人们这样做并不一定是因为某些事情值得批判，而只是因为原生家庭中母亲就是这样做的。

为了避免重蹈覆辙，人们首先必须认识到这些行为不是自己想要的，自己只是在延续父母的生活。我在接诊面临婚姻危机的病人时，发现其中的激烈冲突与矛盾本身的关系不大，更多源于早前的经历。通常的情况是，人们都在重新经历父母的悲剧。因为没能学习到有效的应对策略，所以才会重蹈覆辙。如果他们看到过父母离婚时激烈争吵的模样，他们也有可能经历同样的过程，尽管他们离婚的原因与父母完全不同。

来到这里的病人中，很多人一意识到自己在走父母的老路，就会产生非常激烈的抵抗情绪。我常常听到病人在绝望地哭诉，因为他们正在竭力走不同的道路："我想要干净利落地离婚，绝不要像父亲那样。我恳请得到您的帮助！"干脆地处理离婚需要拥有良好的感知力、清醒的头脑和明确的自我认知能力，尽管这个过程令人劳累，但是可以实现的。

◎ **战争带来的创伤：延迟的受害者**

我们几乎无法想象，直到今天，第二次世界大战仍在威胁着我们的生命，无论是在公园里、回家的马路上、地铁里，还是在医院里，隐患处处存在。仅在二战的最后一年，德国全境就被投下了50万吨炸弹，其中哑弹的数量多达27万吨，这也就意味着，随时可能有哑弹爆炸。直至今日，仍有10万吨哑弹没有被发现。我们在哑弹上面建造住宅、中小学校、花园和道路。我们在哑弹上生活、玩耍、散步，却完全没有意识到哑弹的存在。有时候，我们被堵在路上，是因为前方发现了哑弹，必须立即清除。我们或许会因交通堵塞而生气，但很快便会忘记这件事。

最近，人们不再消极等待，而是开始积极寻找战争留下的隐患，因为哑弹的威胁并没有随着时间的推移而解除。恰恰相反，引信生锈会使排雷风险增加。在战争结束七十年后，哑弹仍然威胁着人类的生命。

精神痛苦有时源于个人经历，有时则是群体事件的反映。有的事件会影响整整一代人，甚至波及后世的子孙。

人们经常不能理解为何如今精神疾病比从前更加常见。在很多情况下，精神疾病的存在根本与现代社会没有关系，甚至可能是第二次世界大战造成的。我接诊过很多中老年病人，他们至今还有战争后遗症。我接诊过战后出生的一代，他们没有亲历过战争，但他们是战争的间接受害者。人们能从他们身上清晰地感受到战争的影响。就像那些引信生锈的哑弹一样，在战后几十年的今天，很多噩梦般的记忆才浮出水面。

总体来说，关于这个领域的研究还是太少，不过目前仅有的几份研究都足以令人震惊：在二战中出生的人中，有40%到50%的人有过创伤经历，并且数十年来一直遭受着精神和肉体的双重折磨。其中的大部分人都亲历过战争，遇到过轰炸、饥荒，或被驱逐、囚禁过。那时，他们还是儿童或青少年，身体尚未发育完全，非常容易受到伤害。他们在那个年纪还未掌握有效的应对策略。

让人更加痛心的是，这些有过创伤经历的孩子通常得不到他们需要的陪伴：父亲缺位，母亲也因为事务缠身或本身有过创伤经历而无法成为孩子依靠的对象。[11]

祖先的历史

历史和政治研究很早就开始关注纳粹大屠杀的幸存者及其后代的心理问题，相比之下，战争给德国造成的社会心理创伤却在很长一段时间里都是禁忌话题。罪责感、耻辱感及责任感成为解决这个棘手问题的拦路虎，这又使得他们的心理问题愈加严重。人们已经从大量的相关研究中了解到，这个群体不仅要忍受心灵上的折磨，他们的生理状况也令人担忧。儿童和青少年时期的创伤经历会提高心血管疾病、哮喘、生理疼痛、癌症、自身免疫疾病的发病率。尽管这个群体的病人有着严重的心理问题，却几乎没有人寻求心理医师的帮助。或许原因在于，这一代人相当于被迫认同并保持这种非正常的心理状态，因为普罗大众并不理解他们的遭遇，所以他们也就无法克服战争经历带来的心理问题。[12]

然而，这种不良的心理状态不只会在这个群体出现，还会成为战争的灾难性"遗产"，也就是会"遗传"给下一代。今天，战后第三代人终于开始应对这个问题。他们组织线上及线下的互助活动，分享有关的书籍和电影，以此来讨论这个话题。人们到今天才开始处理这一段创伤历史，也似乎是到了今天，这种行为才不会被认为是在淡化纳粹大屠杀的非人道暴力影响。我们必须修复这段创伤经历，因为年轻一代虽然没有直接遭受打击，却受到了间接伤害。

有整整一代人都是在遭受过战争创伤的父母身边成长起来的，也就是说，战争时代的儿童已为人父母。即便这一代人没有亲历战争，他们也或多或少地了解过父辈及祖辈的无助感及创伤经历，有过这些经历的人常常表现出缄默、爱使用暴力、情感冷淡、酗酒或滥用药物的倾向。据估计，德国现在有成千上万名战后出生的人在接受治疗。[13]事实证明，正如作家威廉·福克纳所写，过去从未消逝，它甚至从未过去。

如果一名病人因为他母亲没有给予他足够的关爱而遭受着心理折磨，那必然能从他母亲身上找到原因。我们必须弄清楚这位母亲到底经历了什么才导致她没能给予儿女足够的关爱。父母辈的经历有时十分特殊，会对后代每个个体带来不同的影响。

我诊所的一名女病人曾在第二次世界大战中被迫随家人流亡。她那时年纪还很小，为防止她哭闹，家人在夜里总是把她的嘴巴堵住。"嘘，安静！"这个命令在她的灵魂深处留下了不可磨灭的烙印。在一个本应喊叫的时刻，她却必须保持安静。这段经历不过持续了几周，却使得她之后有了一种特定的行为模式——过度克制、充满惶恐。"大声喊叫是有罪的，这会连累所有人。"这就是她被赋予的信念。尽管她现在处于安全的环境中，完全不同于以往，她还是不得不屈从于这种反应机制。这个命令句及"嘘"这个词的咝咝声已经深深印在了她的脑海中。"嘘"这个语气词被赋予了特殊含义，所以她之后都会对这种短促的咝咝声产生反应。不管在什么情形下，她都会因此感到不安。这种不安的情绪会形成一种反应机制，成为她今后教育子女的理念基础。

四十年后，她的一个儿子也有类似的表现。当时公司的情况一团糟，他有足够的理由向老板抗议，他也非常清楚自己必须站出来，但他却决定保持缄默，因为他害怕整个部门都会遭到报复。他没有意识到，这是母亲的恐惧传到了他身上，使得他选择保持沉默并屈服于现状。但是，她的孙子则表现得完全相反——他叛逆且张扬。这是因为父亲做不到的，儿子可能就会做到极致。有时候，问题本身会出现变形，向另一个极端方向发展。她儿子的沉默是延续了上一代的个性，而她孙子的抵抗举动则是一种极端化的表达。

如果不对心理创伤进行修复，它就会持续带来影响。心理创伤会静悄悄地躺在灵魂里面，就像地下的哑弹。武器装备公司开始对二战时遗留的哑弹进行定位并展开排雷工作，这样一来，哑弹对人类的威胁就会慢慢消除。如今，这已经成为建房子前必须进行的一项工作。我们对自身也应该开展类似的工作，去探索问题的起源，这样就不会给自己和他人造成伤害。我们不仅承载着前人的历史，还会对后代的生活产生影响。我们总是与他人紧密联结着，相互传播欢乐，也会给彼此造成伤害。我们可能经历美好的事情，也可能经历糟糕的事情。我们处理快乐与悲伤的方式也会传承下去。不同于先辈，我如今有能力去探究这种传承的本质。如果这种传承令人受到了伤害，就可以将这个线索剪断。这个系统中的每一个人都可能会使整个系统发生改变。个人的影响力要比我们想象中大得多，不管是在积极的方面还是在消极的方面。越来越多的研究表明，不仅是五官和外貌特征会得到遗传，内心的恐惧也会遗传下去。

◎ 表观遗传学：基因中的恐惧

樱花的香味是令人愉悦、放松的，几乎无人不爱，但美国亚特兰大的老鼠除外。当这些老鼠闻到樱花的香味时，就会惊慌失措。按理来说，樱花的香味本应只对它们的父母产生影响，因为它们的父母曾参与过这样一项实验，当研究员给它们输送樱花的香味时，同时对它们进行轻微的电击。[14] 一段时间后，只要它们闻到这种香味，就会产生恐惧。后来，这批老鼠繁衍了后代。尽管人们没有在第二代老鼠身上重复这个实验，但是它们一闻到樱花的香味就会产生恐惧。

这个老鼠实验为科学家们一直在研究的课题提供了例证。从前，人们认为基因是用以组建人体器官的，是一种被动且随机表达的蓝图。如今，人们认识到，外界环境对基因的影响非常大。人类的每一次接触、谈话和经历都不仅会让大脑神经结构产生变化，还有可能影响基因功能的表达。

基因可以决定个人经历对我们产生何种影响，反过来，个人经历也会使遗传物质发生改变，并决定将哪些基因传递给下一代。如果母亲遭遇过很多不幸，如被人暴力对待或被人虐待，就有可能让她的遗传物质发生改变，并传递给儿女。人体细胞会在身体产生反应之前介入。也就是说，大脑在这种情况下绝不会等到所有外部条件都成熟才行动，而是会提前为有机体可能遭遇到的危险做足准备。基因会明确"告知"身体："注意，你将来到充满敌意的危险世界。"相应地，人体的压力系统会从出生起就被调整到高度活跃的状态。

上述情况是有可能发生的，因为研究证明，基因比我们想象的更加灵活。DNA本身不会在这个过程中发生变异。不过，通过特定的外界影响，某些分子可以黏附在DNA结构上。这些分子的作用相当于一个开关，可以调控特定基因的活性。

在孕期内，胎儿的大脑及胚胎基因的核心调控系统会被校准。在孕期前半段，胎儿的大脑几乎会发育形成所有神经细胞。胎儿大脑的边缘系统、HPA轴（即下丘脑－垂体－肾上腺轴）及各种神经递质系统依据从母体感受到的压力及焦虑程度进行调整。孕妇在怀孕期间的特定经历及其焦虑的程度，会影响基因的表达并对孩子产生终生的影响。科学家将这一过程称为"胎儿编程"。

压力的产生及因此分泌的皮质醇会在这个过程中起到决定性的作用。母体在遭受压力后释放的激素，大约有10%会通过胎盘屏障传递到胎儿的大脑。如果胎儿的皮质醇浓度长期偏高，这个皮质醇水平就会被身体视为标准状态。身体的压力系统会据此做出调整，这就使孩子容易频繁产生焦虑的情绪。压力系统的出发点是好的，因为胎儿会根据母亲的压力水平预测出今后会遇到多少危险，这样能让身体快速调整到最佳状态。从根本上说，这是大自然赋予的一个进化优势。[15]

如果在孕期跟丈夫吵架或刚结束一段艰辛的工作，孕妇不用担心胎儿会因此变得过度敏感，因为胎儿能够自行缓解一次或少数几次焦虑经历。但是，如果母体长期处在压力之中，情况就会变糟。

基因组印记及其意义

人们特地针对经历过战争的那一代人的基因组印记原理进行过研究，因为人们认为这个群体受到的影响很大。[16] 1944年至1945年冬，荷兰被德国的纳粹军队占领。平民百姓遭遇到了骇人的饥荒。当时孕妇生下的都是个头小、体重轻的孩子，但是他们出生后的生存能力却很强。后来，这一代小孩却被检测出大多患有糖尿病、肺病、心血管疾病、动脉硬化和心脏病等疾病。他们的身体显然是通过基因调节，拥有从少量食物中获取足够能量的能力。在无法保证食物供应的战争年代，这有利于生存，但是在他们以后的人生中，这种生存能力就会演变为一种威胁。

研究人员仍在研究基因组印记的确切原理。这一原理看起来可以用来解释很多东西：人们长期以来一直认为，父辈中若有人患有创伤后应激障碍，后代的患病风险就会更高，同时，抑郁症及慢性疾病在这个家族中也更加常见。之所以会这样，或许不仅是因为亲属的行为模式会影响后代，更因为生物分子之间有相互作用。即便如此，也并不意味着一切都无法改变。显然，基因组印记在一些情况下也会毫无坏处。如果能够成功修复心理创伤，就会降低遗传的风险。

灵魂就像马赛克，由很多独立的部分组成。不同的零部件组成独特的个性。基因和经历相互作用，并受到家人的影响。身体对周围的世界施加影响，外界反作用于身体。这种经历也会成为身体新的部分，也就是构成机体的"新部件"。这些部件有的五彩斑斓，有的黯淡无光，还有的脆弱易碎。人们希望把其中一些藏起来，但也会因为某些部分而感到自豪。我们可以剔除或替换某些部分，但有些部分却不容易消失。大脑的可塑性体现在两个方面，一方面是诱发疾病或造成伤害，另一方面是消除或修复，没有什么是一成不变的，人们重视的事情会凸显出来。灵魂是一件永远不会完工的艺术品。

第二章

一致性理论：
灵魂如何保持平衡

尽管我们生活在一个日新月异的世界之中,身体内部却近乎神奇地保持着一种恒定的状态:体温恒定在 37 摄氏度左右、脉搏为每分钟 60 至 80 次,而且,我们完全不用担心吸入的空气能否满足血液所需的氧气量。在健康的状态下,身体就是一个运行流畅、精确校准的系统,唯一令人不适的就是外界持续的干扰。

走到室外时,我们会感到温度骤然变冷或变热;在工作中被上司大声训斥时,我们的心跳会比往常更快;在吃下一块松饼蛋糕后,我们体内的血糖含量会迅速升高,大大超过 100 毫克每分升的正常值。这种情况下,这个精确校准的系统就会彻底紊乱。

但是,这个过程十分短暂。外界出现任何细微波动,身体都会使出浑身解数,将体内所有参数调整到正常状态:释放激素,使血管扩张或收缩,调节 pH 值及水和电解质平衡等。身体在外界的持续干扰下仍能保持稳定,这并不是轻而易举的事情,而是一件耗时费力的工作。生物医学研究者将这个过程称为"稳态",即处于大致平衡的状态,而平衡过程就是关键。任何的稳态偏差都会带来疾病。如果体温升高 2 摄氏度，就会出现发烧的一系列症状；心脏每分钟少跳动 20 次，就会出现晕厥。

人们早就认识到，每个生物体都存在一种自我调节机制。只不过科学家在很久之后才发现，灵魂也存在类似的工作原理。值得一提的是，这个原理最早竟然不是从人身上发现的，而是在一头相当绝望的牧羊犬身上发现的。

这就是伊万·巴甫洛夫的牧羊犬。巴甫洛夫因研究牧羊犬而闻名于世，因为他在牧羊犬身上发现了一种现象，即"巴甫洛夫反射"或"经典条件反射"。巴甫洛夫在 1905 年进行的实验，几乎可以被认定为迄今为止引用率最高、最受推崇的心理学实验。

他在实验中观察到，牧羊犬并不是看到食物才分泌唾液，当它们看到端着食物走过来的工作人员时就已经开始分泌唾液了。巴甫洛夫想对此进行深入研究，于是每次喂食时都会敲响铃铛。一段时间后，只要铃铛响起就足以让牧羊犬分泌唾液。牧羊犬将铃铛声和食物联系在了一起。[17]

尽管有人对能否将动物实验的结论简单推演到人类身上提出质疑，这个经典条件反射实验的结论却甚少有人质疑。大家都有过类似的经历，每个人都会将特定的歌曲与场景联系在一起。只要一首乐曲响起，我们记忆中对应的场景就会在脑海中浮现。人们或许在公司里都有过这样的经历：中午十二点时，时钟的指针不一定会让员工分泌唾液，但会令人内心躁动，促使人们往食堂方向涌去。

巴甫洛夫发现了大脑中一个十分重要的学习原理，即将各种刺激联系起来并引起条件反射的能力。经典条件反射如此有名，以至于世人只知道巴甫洛夫所做的这一项实验。事实上，他是一位孜孜不倦的科学家,到晚年仍在工作,一生中开展了大量实验、研究工作。他的很多研究成果被沿用至今,其中一些学说还是在面世很久之后才引起重视的。[18] 巴甫洛夫提出的另外一个学说——灵魂必定也有一个稳态平衡系统——也是后来才受到重视的。

巴甫洛夫的牧羊犬

巴甫洛夫于1927年进行了一次后续实验。尽管人们没有对实验犬进行肉体上的伤害,却最终使它濒临绝望,并产生了严重的行为障碍。实验初始阶段,一切都很顺利:当巴甫洛夫向实验犬展示圆形的投影时,它就能得到食物。展示椭圆的投影时,就不能得到食物。实验犬很快就认识到了其中的规律。一出现圆形投影,实验犬就会表现得十分兴奋。这时,巴甫洛夫开始"使坏",他向实验犬展示的椭圆形和圆形越来越相似,使得它难以分辨其中的差别。实验犬开始困惑:应当为此产生期待吗?不应该吗?这个是圆形吗?另外一个是什么?什么时候才会被喂食?最终,这只实验犬陷入了深深的绝望之中。

巴甫洛夫当时没有意识到,他再次发现了一个非常基础的心理机制。他将实验犬的状态称为"实验性神经官能症"。神经官能症[①]曾是一切潜在行为障碍的统称,患这种病的人一般心理状态异常,有难以名状的痛苦。对于这种疾病的本质及起因,人们所知甚少。尽管这个概念几乎不具有概括性,它却没有从语言学或者心理学的使用场景中消失。一直以来,都有病人带着"神经官能症"的医疗

---

① 神经官能症是旧称,现在统一为神经症,是一组精神障碍的总称,包括神经衰弱、强迫症、焦虑症、恐怖症、躯体形式障碍等。

诊断来到我的诊所。从前,医生只会根据死板的诊治分类将病人诊断为发疯或者神经质,再也没有进一步的实际治疗动作。幸运的是,现在人们开始对研究这个病症产生兴趣了。

这项研究甚至能让参加过巴甫洛夫实验的实验犬恢复健康。究竟是什么让实验犬如此绝望?研究人员在巴甫洛夫实验结束几年后进行了深入研究。如今,答案已被揭晓,原因在于实验犬的大脑处于极端混乱的状态中。[19]如果巴甫洛夫有核磁共振扫描仪,就能够观察到实验犬的大脑有两种互不相容的程序并行。如今,人们对这只实验犬所处的状态展开了十分详尽的研究。这种状态有特定的名称和含义,有的人甚至将其视为灵魂生活最重要的功能之一。当外界发生的事情与内心的期待、盼望或迫切需求相去甚远时,灵魂就会陷入这种状态,即所谓的"非一致性"的状态。

在神经元层面,两个矛盾的过程是同时进行的。人们可以将这种"非一致性"看作一根橡皮筋:人们想要的或需要的,会令人感觉美好,这会将人拉向其中一个方向。人们实际得到的,却将人拉向另外一个方向。人们所能感受到的,就是两者之间产生的内在张力。在不同的情形中,这种张力会以恐惧、渴望、愤怒或悲伤的情绪表现出来。张力越大,这个状态产生的精神折磨越大。

正如身体在不断受到外界影响而趋向于失衡时会调动一切力量使自己恢复正常,灵魂也一直在平衡这种张力。灵魂在寻找"一致性",心理学将其称为灵魂的平衡。与身体一样,内部秩序对灵魂来说也十分重要,它是系统稳定必不可缺的一环。[20]只有处在平衡状态下,人们才会感到舒适、满意,才会保持健康。因此,有些神经生物学家和心理学家认为对一致性的追求是灵魂最重要的任务之一，是让生活充满活力的最强助推器。

众所周知，身体总是试图维持一种标准的状态。那么，灵魂的标准状态是怎样的？

灵魂的基本需求

对于一些不开心的遭遇，人们能够进行消化。比如，你期待在圣诞节收到一对袖珍银耳环，最后收到的却是不粘锅，那你必定感到很不舒服，甚至有点暴躁，但是这种情绪的非一致性是可以承受的。"灵魂橡皮筋"的张力处于松弛到中度拉紧的状态，并且这种张力会随着时间自动降低。

然而，有些事情产生的张力是让人难以承受的。比如，当人们非常强烈地想要获得认可却遭到了否定时，对灵魂而言，就是非一致性产生的痛苦状态，因为有些东西是人们特别想得到或者真正需要的，这是不可妥协的。

人类的身体不会轻易做出妥协，有的事情是为了生存而必须要去做的。人们必须吃饭、喝水、呼吸和睡觉。人们可以说，满足身体的最基本需求是为了维持正常的状态。这些事不属于愿望的范畴，人们也不会因为没有得到满足而感到失望。因此，造物主为身体设置了强烈的预警信号。人们可以长时间闭门不出，不间断地观看网络视频，同时将外面的世界忘记，但是，肚子一定会在某时响起，提醒人们身体饥饿或者疲惫了。身体有很多"检测器"，可以感知何时处于能量不足的状态。如果基本需求未被满足，我们就会产生补足需求的动力。如果没有巧克力吃,我们还可以忍受,但却不能不吃饭。这就是愿望与基本需求的区别。

就像身体需要吃饭、喝水和睡觉一样,灵魂也有基本需求。如果基本需求没有得到满足,灵魂就会生病。原因在于,灵魂的基本需求得到满足与身体健康一样,都是保障生存的基本条件。然而,灵魂基本需求的机制并不容易被人们理解。人们无法忽略饥饿的存在,也能轻易认识到饥饿的后果。但是,灵魂的基本需求潜藏在潜意识中。潜意识通路就像一个单向车道,当大量信息和信号从潜意识向意识的方向传输时,反方向车道就会发生堵塞。因此,意识不能轻易地反向检查潜意识。尽管这种传输从很多方面来说是十分高效的,却导致潜意识就像美国陆军装甲兵司令部所在的诺克斯堡一样封闭。人们只能通过不断地试错,才能认清支配身体行动的潜意识。

弗洛伊德率先提出了满足灵魂基本需求的建议,这一点被后人广泛引用。弗洛伊德将坚韧、成就和能力列入需求列表内,而有些心理学家还将声望、地位、荣誉和权力列入。对于什么是灵魂真正的基本需求,心理学研究领域一直存在争议。伯尔尼大学心理学教授克劳斯·格拉维从神经科学理论的视角出发,对需求进行了细化分类。他认为,只有像饥饿与口渴一般根植于人体神经系统的需求才是基本需求。同时,人们可以用简单的证伪问题来区分:如果这个需求没有被满足,灵魂会生病吗?除了得到肯定答案的需求,其他的都只是一种愿望。愿望与需求十分相似,所以经常被混淆。譬如,一个三岁的孩子在超市收银台哭闹着说一定要吃甜甜圈,这种举动看似与生存有关,其实不然,父母更了解情况,他们会跟孩子说,这段时间他摄入的甜食量已经超标,坚决不能再买甜食。但是,对于一些事物,如果父母执意不满足孩子,就会对孩子造成一辈子的伤害。

为何权力或成就也是一种基本需求呢?格拉维对此提出质疑,因为这对很多人而言并不重要。有很多人一生籍籍无名,却依然逍遥快乐。当我们注意到巧克力和红酒的销量时,或许会认为这些也是很重要的需求。事实上,人们却不会因为得不到巧克力和红酒而长期遭受痛苦。人类有很多需求,但并不是每一个未被满足的需求都会使人们出现精神类疾病。

格拉维研究认为,灵魂生病的人都是基本需求未被满足的人。[21]这个观点可以在我的心理治疗实践中得到验证。格拉维只列出了四种基本需求:

1. 实现自我价值。
2. 拥有依恋关系。
3. 拥有掌控感与自主性。
4. 追求快乐、拒绝无趣。

如果基本需求得到了满足,会给一生带来良性影响。这些经历是隐藏在体内的强有力引擎,能够增强人体感知、思考及感受的能力,最主要的是影响人们的行为举止。即便这一点如此重要,很多人几乎还是不了解自己的基本需求。现在,我们应当多去了解它。

◎ 自我价值：生命的基础

首先，要告知大家一个不太愉快的信息：人们的性格、相貌、个人能力都没有自己想象的那么好。

这令人很难接受吧？

好消息在于，人在评价自己时稍微夸张一点，是心理健康的标志。大多数人都会这么做，因为这样会让人感觉良好，尽管有时这样并不受欢迎。自吹自擂的做派不会受到社会的广泛认可，不过，对于这种世俗"偏见"，灵魂也会嗤之以鼻。在自我评价和自我介绍时，如果能够将自己描述得完美一些，灵魂会感到无比舒畅。

但是，这也是人们体现自我感知的表现。在讲述个人情况时，人们一般会描述得比现实状况好一些。人们会淡化消极的一面，或干脆对此闭口不谈。对于个人经历，我们会更多地提到积极的成果，而非消极的后果。人们习惯于认定自己的能力高于平均水平。比如，大多数人坚信自己的驾驶技术很好，但是实际数据却正好相反。在有些方面，人们显然更习惯于自欺欺人。修图、化妆、染发，这些都是灵魂的兴奋剂。

这些做法不仅无伤大雅，甚至还有很多益处。积极的自我幻想能让灵魂处于乐观的精神状态中。在这个世界上，人们特别需要乐观主义。如果不稍微"欺骗"一下自己，人们看待世界的方式就会完全不同（注意：这很糟糕！）。我们会整天想着，自己总有一天会面临死亡，我们爱的人也终有一天会离开。到了一定的年纪，我们的面容开始衰老，皮肤开始出现皱纹。我们甚至有可能患上癌症、老年痴呆或者其他疾病。看看周围，也没有什么比人类的处境好一些。世界在走向深渊，生态系统遭到破坏，海洋里到处都是塑料，而时尚界又开始流行露脐装。但是，正常情况下，这些会影响到我们吗？我们每天早上起床，慢悠悠地吃几块面包，然后去上班。我们还在精心规划周末，甚至开始为退休后的生活做打算。对于日益恶化的环境，我们大多会选择忽视。我们之所以表现得如此淡定，是因为轻微夸大的自我价值感使灵魂成为虔诚的乐观主义者，使我们真正对自我能力产生自信。灵魂会让人这样想：哎，一切都会好起来的！或者这样想：这又不会影响到我！这些想法不仅能让人们安心生活下去，而且会让人时刻保持身心健康。

高自我价值感有利于心理健康，不仅如此，轻度不现实的自我认知可能会带来"自我应验预言"[①]。有高自我价值感的人会对自己及个人能力更有信心，更敢于挑战自我，从而出现更乐观的情绪，更大程度地增强信心。如果灵魂持续保持愉悦的状态，就会形成一种良性循环，让灵魂处于一种良好的状态。

每个人都对实现自我价值有着强烈的需求，想要获得别人的喜爱，体现出自己的价值，展现自己独一无二的一面。实现自我价值是人们赖以生存的基础。可惜的是，这种基本需求经常不能得到满足，很多人都被迫在这种不稳定的状态下继续生活。不难想象，这样的人很容易出现心理疾病。自我价值感缺乏或受损会成为抑郁症、

---

① 指个人先入为主的判断影响到行为模式，以至于这个判断最后真的应验。

焦虑症及饮食失调的元凶。有些研究者甚至将自我价值得不到满足视为所有精神疾病的源头。也有研究者认为，如果自我价值得到保障，人类社会就会更加美好。[22]

与此同时，正因为人类自我价值感无法被彻底满足，才出现了这么多的相关产业。这些产业提供了各类产品，承诺能提升人们的自我价值感。面霜承诺让人青春永驻；疾驰的跑车会给自己和旁人带来一种"充满活力，成功有为"的错觉；成为帆船俱乐部会员可以向旁人展示自己独特的品位，这常常成为精英人士的选择。英国作家劳里·佩妮曾说过一句十分经典的话：如果全世界的女人在清晨醒来后都感觉身体状态良好，那么世界经济会在一夜之间崩盘。

自我价值的作用

对心理学家而言，自我价值是一个最为关键的词，但在专业领域之外产生了很多误解。其他相似的词如"自我意识""自信心"或"自我接纳"等，几乎也被人不加区分地频繁提及。这些词都只是自我价值在心理学层面的部分体现。[23]

如果仍然对自我价值的概念有疑惑，就必须通过仔细倾听内心或观察他人来获得答案。高自我价值感的人，会从积极的一面定位自己。我们注意到，这样的人进行自我评价时都会倾向于接纳自己。在进行自我评价时，具有不良自我价值感的人则会表现出批判和消极的态度。

自我价值可以理解为对自身的态度，这种态度是如何产生的呢？

自我价值会被不同的事物影响，其中，社会环境的影响非常大。自我价值的形成基于他人对我们的评价、看法或所作所为，其中最为关键的部分源于原生家庭。大致来说，惩戒式的家庭教育会削弱自我价值感，而给予支持和宽容的家庭令孩子的自我价值感更加稳定且不容易被动摇。

在离开原生家庭后，自我价值感在很大程度上取决于个人的人际关系、社会融入程度、事业是否成功或是否拥有稳定的生活伴侣。这就不难理解，为什么没能实现上述目标，如遭遇挫折、失业或离异等，就会极大削弱自我价值感。心理受伤会进一步成为灵魂受伤的源头，这已经成为心理治疗工作中屡见不鲜的棘手问题。

◎ **依恋关系：生命中的他者**

人类若想生存下去，就不能缺少陪伴。亲密稳定的人际关系是固有的生物性需求，这种需求可以确保婴儿出生后安全地存活下去。幼小脆弱的婴儿依赖他人照料才能生存。长大后，这种与他人连接的需求并不会消失，而是将伴随终生。通过大脑的扫描图像，可以窥探人们在经历相思之苦时、被人拒绝时或面临重大变故时的感受。与爱人分手或被他人孤立时，人们会感到无比绝望，这种感觉就像身体出现疼痛，因为这两种感觉都是在大脑同样的部位产生的。

即便妈妈只是对木偶做出亲昵动作，六个月大的婴儿也会表露出不悦之色。婴儿会通过做小动作或号啕大哭来夺回妈妈的关注。稍大一些的婴儿甚至会踩踏、乱扔木偶。但是，当妈妈看书或写字谜答案时，孩子的情绪就不会那么激动。因此，我们可以推论，每个人都需要在群体中占有一席之地，会产生羡慕及嫉妒的情绪，并通过强有力的手段捍卫自己的权利。

在今天看来，以上认知是很容易理解的。但是，这种认知成为普遍常识才是不久前的事，因为上一辈的认知完全不同。即便在心理学领域，关于深层次依恋需求的研究也很晚才起步。长久以来，人们都认为在母婴关系中，食物的供给比母亲的爱抚更为重要。20世纪50年代末，美国心理学家哈利·哈洛做了一项实验，试图证实上述观点，结果却出人意料。

哈洛将几只幼恒河猴分为三组：第一组与母猴隔离，由实验师负责定期喂食，同时使其完全与其他生物隔离；第二组配备一个由铁网制成的"假母猴"，身上挂着奶瓶，以此给幼猴提供奶水；第三组除了配备一个铁网妈妈外，还配备一个绒布妈妈，后者身上没有奶瓶，只有一个头（模拟母猴头部制成）和带有体温的可以依靠的身体。

第三组幼猴虽然经常去铁网妈妈那里吮吸奶水，但是其余时间都待在绒布妈妈身边。很明显，绒布妈妈让幼猴更有归属感。哈洛还设计了另外一个实验：用可怕的巨型怪物吓唬幼猴。受惊吓的幼猴没有逃到提供食物的"铁网妈妈"身边，而是逃到了提供庇护和温暖的绒布妈妈身边。这个实验表明，母爱的意义不仅在于提供食物。

哈洛对猴子进行了长期的观察研究，实验结果让人十分难过。三组幼猴在成年后都出现了显著的行为障碍，独自长大或在铁网妈妈身边长大的猴子更加严重。在与其他猴子相处时，它们表现出强烈的攻击性，也更加内向。它们的交配能力也受到了影响。特别引人注意的是，这些猴子中的雌猴在产下幼猴后，几乎不懂得如何喂养或关爱幼崽，甚至对自己的幼崽做出攻击性行动或暴力行为。总体而言，既无铁网妈妈也无绒布妈妈陪伴的猴子表现最糟糕。它们尚未成年就出现了重度行为障碍，几乎对外界刺激没有反应，且出现了情绪饥饿。它们的动作单一，表情呆滞，总是冷漠地蜷缩在角落里。

心理学家将这个实验现象称为"母爱剥夺"。"剥夺"一词源于拉丁语，这个词语令人不适，却一针见血，这正是发生在实验室的恒河猴身上的经历。这些恒河猴和它们的后代都被剥夺了母亲的温暖与关爱，而这正是它们迫切需要的东西。这也意味着剥夺了它们将来以健康的心理状态生活的可能性。

童年与依恋行为

童年时代破裂的依恋关系会对孩子终生产生不良影响。将受到影响的孩子与生活在稳定依恋关系中的孩子进行对比，会发现在不同生活阶段，后者在各个方面展现出显著的优势。后者表现得更加自信，自我效能感更强，抗压性更强，在处理人际关系时更加游刃有余。在老师和同龄人眼中，后者更善于开展社会活动，善于与人打交道，更受人喜爱且人缘更广。后者能够更有效地控制冲动的情绪，善于表达自己的愿望及感受。[24]

童年的依恋关系对之后的其他关系也会产生很大的影响。这种关系不仅包括与伴侣及子女的关系，还包括与朋友、同事及其他人之间的人际关系。如果与他人保持足够良好的关系，独居者也可以保持内心舒畅与身心健康。我们要认清什么是稳定可靠的依恋关系，然后亲自感受这一切。

依恋关系不一定只存在于父母与孩子之间。有时，父母会因各种原因缺位，最重要的是要有另外一个人来替代。孩子身边的某些人也可以替代父母与孩子形成依恋关系，比如老师、育婴员或祖父母。如果他们给予悉心的关爱，也能满足孩子对依恋关系的需求。

身体习惯摄入比所需更多的能量。正常情况下，身体会调节到节能模式，以消耗最低卡路里的状态来维持身体"运行"。灵魂有时也会这样做。

美国有几家医院会为"瘾君子家庭"的新生儿提供一项"拥抱护理服务"。因为这些新生儿的父母缺位，而护理人员几乎无法满足新生儿对陪伴、抚摸和安抚的需求，所以就由志愿者来接替这项任务，志愿者的作用不是一个可爱的毛绒玩具能够替代的。定期获得情感关爱的孩子身体发育得更好，免疫力也更强。

如果没有获得足够的关爱，人们可能会长期出现焦虑、疼痛、孤独及无助等情绪。如今，不良的依恋关系被视为心理障碍和成瘾性疾病形成的最重要因素。

即便童年的依恋需求得到满足，一次短暂的禁闭经历也会令人出现心理障碍。我们从实验中得知，老鼠与其他啮齿动物被隔离数日后就会出现强烈的压力反应。类似的研究结果还可以从隔离的囚犯中观察到。在被隔离数日后，大部分囚犯都会出现创伤后应激障碍症状，比如做噩梦、惊恐发作或者自残等。

◎ 掌控感与自主性：将主动权掌握在手中

来到我诊所的病人中，大多都有过令人震惊的经历：被殴打或虐待、遭遇自然灾害或经历过严重的交通事故等。我经常听病人说："我能够承受身体的疼痛，但无法应付那种无力感。"人们之所以会产生无助感与无力感，是因为不再拥有足够的掌控感与自主性，而这是灵魂的基本需求之一。

灵魂是"掌控狂魔"，想要时刻掌控周边环境，甚至想对每一个场景进行掌控！毋庸置疑，"任人摆布"是最糟糕的状态。失去掌控感无异于让人感到有性命之忧。这种感受对灵魂的伤害比身体疼痛更加严重且持久。如果感到疼痛的同时失去掌控感，这种疼痛感会更加强烈，为了应对这种状况，医院为做完大型手术的病人提供了一种方案，即让病人自行注射药物，这种方案一度被认为是异想天开。病人使用医院提供的镇痛泵自行注射镇痛剂的方法被称为"患者自控镇痛术"。

事实上，这种疗法投入实践后，不仅没有出现药物滥用的现象，反而降低了用药量。这里有两方面的原因，一方面是病人能够在疼痛加剧前迅速进行处理。另一方面，病人在疼痛和焦虑的状态下，对掌控的需求会被立即激活。病人会感到有能力掌控局面，这比束手无策的状况更令人轻松。

每个人都需要对所处的局面拥有掌控感。这种感觉不仅会在极端情况或遭遇生命危险时发挥作用，在日常生活中也能发挥作用。自我效能是在童年形成的。每个人的人生都在不懈追求着什么，并试图检验这是否能带来成功。人们会依据经验,形成基本认知,并据此判断某件事情是否值得去做。如果一个人的个人行为总能有效地发挥作用,这个人就会变得自信并形成一种"我能胜任!"的自我认知。心理学家将其称为高自我效能感。

具有高自我效能感的人对生活的满意度更高。他们的幸福感更高,自我信任度更高,抗压力更强。在某些情况下,他们会将压力视为能够战胜的挑战。他们将挑战的任务视为可控的。在感到不满意时,具有自我效能感的人更擅长做出改变。他们坚信,能够通过调控自我行动去实现目标。他们在实现目标的道路上展现出特别"坚韧"的个性,表现得极度顽强、坚持。[25]

与具有高自我效能感的人相反的人被称为逃避者。这类人看待困难的视角完全不同。他们不会将困难视为挑战,而是视为一种威胁。他们害怕被困难打败,而不会想着如何去克服它。

如果对掌控的基本需求总是无法得到满足,人们就会形成一种被心理学家称为"习得性无助"的心理。20世纪60年代,美国心理学家马丁·塞利格曼观察到了这一现象。塞利格曼在巴甫洛夫的经典条件反射实验上做了一些拓展。他将第一组小狗绑在钢制格栅地板上,施加一定强度的电击,在这种情况下,小狗是无法躲避这种难忍的电刺激的。第二组小狗同样被施以电击,但是小狗可以碰触开关,进而躲避电击。第三组是对照组,不对这些小狗进行特殊处理。在后续实验中,实验员将三组小狗依次放到一个箱子里,箱子内部被一块低矮的障碍物分隔为两部分。障碍物两边分别是有电端和无电端。只要小狗从有电端跳到另一端,就可以避免被电击。第三组小狗很快就逃到了安全的一端。第二组中遭受了电击、但是通过碰触开关躲避了电击的小狗也能顺利逃到另一端。但是，第一组小狗经历过尝试逃脱无果的悲剧，所以这一次就表现得十分悲观，没有一只小狗因为电击尝试逃跑。小狗们一直静静地躺着，无奈地忍受着疼痛。因为它们习得了无助。

无能为力感和对掌控的需求

这个问题并非动物所独有，在人类身上更是体现得淋漓尽致。这一点既有大量的研究可以证明，也可以在我的诊所病人身上得到印证。一个人越频繁地经历不可控的局面，也就越坚信自己对外界的伤害无能为力。无法满足对掌控的需求，这无疑是给灵魂投下的一剂毒药。人们不仅会在重大事件或惨烈事件中产生无力感，有时候，遗失一大笔钱财、被欺骗或被解雇都足以让灵魂受伤，让人感到无能为力的遭遇对未来的人生是有百害而无一利的。

在对掌控的基本需求中，还包括另外一个很强的内心渴求，即对自主性的需求。每个人都有一个希望得到别人维护与尊重的自我边界。这是不容他人践踏的"私人领地"。每个人都想自由地发展，形成独立的人格，自主选择人生。

人类对自主性的热切追求在儿童身上就可窥见。在孩子长到一定年纪前，都会将自己与母亲视为一个整体。但之后，孩子就会逐渐意识到自己是一个具有自我意志的独立个体。正是从那时开始，他们希望得到别人的关注和尊重。"我要自己来做！"这句话让很多父母感到无奈。孩子坚持要自己整理衣服，自己拉拉链，如果父母在旁边站着等半个小时，就有可能上班迟到。不管怎么说，这样确实能够满足孩子这项十分重要的基本需求。

正如破裂的依恋关系会让人受伤一样，自主性得不到维护也会令人沮丧。面对自主性逐渐增强的儿女，如果父母对此施加惩罚，孩子就有可能因害怕失去依恋关系而放弃对自主性的基本需求，延续对父母的依赖。大体来说，各种基本需求一直是互相矛盾的。人类毕生都在追求亲近感与依恋关系，同时也迫切地想要远离这一切，变成一个完全独立的人。

宗教、政治、占有欲过强的伴侣，这些都会剥夺人的自主性。偷窥或探听隐私就是对他人边界的蔑视。偷窥伴侣的日记本、手机或银行信息，都是对伴侣自主性需求的践踏，这可能会让灵魂孕育出偏执狂的个性。

◎ 追求快乐，拒绝无趣，追求一切美好的事物

人们有时很难意识到前述三种基本需求的存在，却总能深刻体会到第四种基本需求的重要性，并且总是与之打交道。心理学家格拉维将这种行为称为"追求快乐、拒绝无趣的需求"。更直白地说，就是不断追寻能够带来快乐的美好事物，避开所有糟糕的、让人痛苦的事情。用"享乐主义"这个概念来形容这种需求再恰当不过了，但这个概念被污名化了，因为它通常会被人视为过度自私的代名词。从灵魂的角度来看，关注自身的舒适感十分有必要，而且很有意义。

第四种基本需求得到满足会让人身体更加健康。进食这一行为有利于人体保持体温恒定，但我们通常会避开有可能伤害身体的食

物。为保证该机制持续运作，人体具有一个非常有益的反馈系统，由疼痛系统、厌恶反应系统及恐慌系统组成，其中每个系统都对应特定的神经细胞结构。身体和灵魂的协作机制一目了然。灵魂通过该机制守卫身体健康，成为我们的卫士，这对人类生存十分重要。

只要其中一个系统出现故障，人们就会面临危险。美国大脑研究学者拉尔夫·阿道夫斯在他的病人中观察到了一种现象。一位病人因为大脑炎症导致厌恶反应系统受损。他无法产生任何恶心的感觉。即便喝变质结块的牛奶，他也会觉得味道很棒。没人愿意产生恶心的感觉，但是这种感觉机制不可或缺，因为它能在偶然中拯救性命。

闻到臭味时我们会捂住鼻子，感到寒冷时我们会冻得发抖，遇到危险事物时我们会主动避开。这些都是对人类"追求快乐、拒绝无趣"的基本需求的满足。我们追求舒适的状态，所以要逃避不愉快的情境。

有的学者将人类的冒险归类为充满乐趣的事物，即便冒险与另一条基本需求——拥有掌控感与自主性——相矛盾。这是造物主的构思：拥有安全感固然重要，但是一直处在安全的环境中，人们就会感到无聊。因而，人们有很强的冒险欲望，到国外旅行、阅读侦探小说、进行科学研究或创造都能让人们觉得十分快乐。

有的学者还把玩耍的乐趣纳入了这一基本需求中。其中，以"给小白鼠挠痒痒的人"而闻名的情感神经研究学者贾亚克·潘克塞普就十分认同这个观点。众所周知，实验室的动物都不快乐，但有一个特例,潘克塞普实验室的小白鼠经常会发出"欢笑"声。潘克塞普发现,实验室的小白鼠们一起玩耍时经常会发出一种特别的声音,这种声音他和同事都经常听到。直到有人走近,突然问道:"它们不会在咯咯地笑吧?"这时,小白鼠发出的声音才会停止。

欢笑是开心的标志,这长期以来都被认为是人类专属的特性。潘克塞普却在观察实验室的动物时得出了不同的结论。他使用最简单易行的方法,就像是平常逗孩子一样给小白鼠挠痒痒。同时,他启动了一种能够将小白鼠的高频率声响"转译"出来的机器。人们如果在网络上观看这个实验的视频,一定会毫无疑问地断定:小白鼠在疯狂大笑。潘克塞普的小白鼠还会十分欢快地在人的手上跑来跑去,因为它们还想获得更多的快乐。

当小白鼠疯狂大笑时

小白鼠不会喝啤酒、喝咖啡或抽烟,因为这些是人类特有的行为。我们可以因此想到一个根本性的问题:为什么人类会做那么多非理性的事情,即便大脑的机制已经明确将这些对身体有害的事物列出?

原因在于,我们可以对需求进行改写,也就是改变对事物的喜好。任何人都不会在出生时就想到,红酒多美味呀!小孩子厌恶所有苦的东西,也不愿意吃大多数种类的蔬菜,因为所有苦的东西都可能有毒。这个反射弧早已形成。尽管如此,几乎所有人都会在将来的某个时刻发生改变,爱上那些出生时十分厌恶的食物。实际上,大脑的预警系统是拒绝红酒、啤酒或咖啡的。即便如此,这些东西还是成了人类最喜爱的消遣品。

另一个原因在于，人类的各种基本需求不是简单地按顺序出现的，而是平行存在的。各个基本需求之间有时会出现混战，因为它们想同时被满足。比如，当我们与朋友外出游玩时需要第一次尝试喝啤酒，在这种场合下，对获得集体归属感的需求（即依恋关系的需求）占据上风，我们就会突破厌恶反应系统，喝下啤酒。尽管啤酒是苦的，我们却觉得很好喝，因为我们想要成为集体的一分子。学者将这个现象称为"口味的二次习得"。人们越是频繁地将啤酒与社交及欢乐联系在一起，就越有可能改变对啤酒的态度，并对它做出正面的评价，啤酒的含义就会发生改变，从本应拒绝且完全不喜欢的饮料变为带来欢乐的事物。[26]

我的模板，你的模板

涉及基本需求的人生经历对灵魂产生的影响大于其他任何事物，它在人生的任何阶段都是至关重要的。人们的基本需求是否及如何得到满足，都会影响人们的基本信念及思维模式。

模板就是这样一个东西。大脑对模板的喜爱胜过其他一切事物。人们望向天空，几乎都会不自觉地寻找动物形状的云朵或者不同的星座。模板就是大脑了解世界的窗口。人们学会了通过模板来了解世界，比如苹果长在树上，水会弄湿东西，以及鸟儿会飞等。这是人们内化于心、永远不会忘记的三个基本知识。德国有一句谚语："汉斯小时候都没法掌握的知识，长大后更学不会。"这句话也被人们内化为一种知识模板，但是这个谚语并不正确，因为人的一生都在学习人体、生物结构及社会的模板。

除此之外，人们也有心理模板。心理学家将之称为"认知图式"。从根本上来说，图式与模板的作用是一致的，都是为了指导人的现实生活。图式是人类认识自我、他人及世界的参照系。它跟人体或生物结构无关，完全来源于个人经历，并且主要通过涉及基本需求的相关经历产生，它会在人生中不断得到增强。人们将图式分为自我图式和关系图式，两者都可以是积极或消极的。

"图式"这个名称并没有什么特别之处。自我图式指的是关于自身的基本认知。关系图式是对于人际关系的基本认知。图式不是人生经历本身，而是从各种经历中归纳出来的结论。

例如，当人们经常从生活环境中获得对自我身份的肯定和认同，即自我价值的需求得到满足时，人们就会形成积极的自我图式。同样，如果拥有良好的人际关系，就能够形成一个积极的关系图式。

如果频繁遭到贬低或惩罚，进而产生一种遭人阻挠或欲求不满的感觉，我们就会得出结论："我不值得被爱。"长期的负面经历会令人形成以下图式：我是一个失败者，我不重要。这种反馈从家庭或人际关系中产生。消极的关系图式会覆盖其他的东西。我们从此就会得出"人际关系不可靠""我们经常在人际交往中被忽视"或"只有精心维护，人际关系才会稳定"的结论。

这样的图式经常在我的病人身上出现，有时还会恶化，他们会产生这样的想法："与人交往都是危险的。"持有这种想法的人长期处在内心煎熬的状态中。一方面，他们也像普通人一样，对人际关系有需求；另一方面，他们断然拒绝与人交往。他们会产生一种想法：

"我必须学会独处,因为没有人愿意关心我。"

灵魂的图式完全不同于人生中习得的其他模板。人们不只在认知层面(即依赖于数学或生物学原理等的逻辑层面)进行存储,在涉及自身和人际关系时,我们总是立足于情感层面,即带有强烈的情绪化倾向。我们不仅会将模板本身存储下来,还会存储形成模板时的情绪和当时的背景。这些事物都会深深地烙印在神经系统当中。

前一秒,我们还在心无旁骛地解答算术题。下一秒,"我是一个失败者"的图式就立刻被一些事情所激活。这时,一股强烈的、难以忍受的感觉就会立即涌上心头。这种状况完全是自动的、无意识的,更是情感层面的。人们认为,只有十分强大的图式被激活,才会对一件事情产生激烈的反应。有些人对特定事情的反应总是比他人更加激烈,这常常让旁人无法理解。人们习惯于指责反应过激的人,斥责他们是傻子,给他们贴上疯子的标签。真实情况很有可能是,他们是在完全自动的心理机制下做出了反应,原因是某件事突然唤起了极其严重的心理创伤经历。

此外,图式很大程度上将决定你的人生如何度过。它决定着个人的成就和社会关系。换句话说,它决定人们怎样经营生活。如果人生是一场马拉松的话,图式就是路旁的助威者。在拼命奔跑的过程中,我们无法看见它,但是能听见它的呐喊。它可能会对你喊道:"你可以做到!"但也可能喊道:"你注定要失败!"这对你的人生至关重要。

图式由"特殊材料"组成。人们通常在童年时就形成了特定的图式，后来基本不会发生变化。图式具有很强的韧性和稳定性。[27] 不幸的是，图式会随着时间推移而被愈加强化，因为人们在看待现实世界时总带着滤镜。图式的运行方式，有点像硅谷工程师的算法。

为何灵魂的运行与脸书相似？

美国人伊莱·帕里泽是一个持进步主义观点的人，但他对保守派的心理动机很好奇，几年前，他在脸书上添加了很多保守派的好友。有一天，他发现这些好友好像都停止更新动态了。于是，他开始点击查看他们的主页，结果被吓了一跳。保守派的朋友们一直都在更新动态，只是脸书将这些内容过滤了。脸书从帕里泽那里收集信息，并据此判断出帕里泽对持有不同政治立场的人发表的观点不感兴趣。帕里泽对此感到很疑惑，所以进一步研究了这一现象，得出了著名的过滤泡理论。

过滤泡的作用原理是这样的：脸书、谷歌及其他大部分网站推送新闻到客户端时，都没有全盘打包，而是只通过算法推送用户最感兴趣的内容。这种算法逻辑是从用户的行为习惯中得出的，即根据用户浏览过的网页、点击的文章或分享的链接，分析用户的阅读倾向。算法会评估所有信息，对用户形成一种认知。这种认知其实也是一种图式。有的用户看到的是财务报表，有的用户看到的是烤蛋糕的攻略，因为这些内容一定合他们的口味或者与他们的世界观一致，其他绝大部分信息都被过滤了。

人们也可以说，是这些聪明的媒体在抄袭大脑的机制，因为大脑也是在不断接收那些能够让我们的世界观更加坚定的信息。人们时刻处在海量信息的包围中，如果不过滤而全盘接收，早就被信息潮所淹没。因此，信息过滤是有必要的。大部分信息都被过滤掉了，留下的只是与我们的期望、兴趣及理念相吻合的信息。

认为女司机驾驶技术很烂的人，在遇到被女司机追尾的交通事故时，就会加强这种偏见。然而，他们其实无数次看到过女司机驾轻就熟地开车的情景，只是这些信息都被他们不假思索地抹去了。这是一个关于性别偏见的典型例子。一百七十多年前，美国心理学之父威廉·詹姆斯早已下了定论：人们所获得的经验只是从自己选择关注的东西中得到的。这种现象被称为"确认偏误"。当涉及灵魂的图式时，这种现象就会更加显著。

如果自我图式是消极的，比如产生"我能力不足"的想法，那么我们所关注的信息大多会佐证这一点。即便别人就事论事、提出建设性的意见，我们也会认为这是别人在贬低自己。另外，我们会对自己的失误过于介怀，却几乎不去正视自己的成功经历。

大脑习惯于关注自身而非现实本身。这种事情看似无法理解，却完全可以进行科学解释。大脑研究学者认为，内心世界与外界之间的联系十分有限。神经传导系统将看到的、听到的或注意到的事物进行信息输入，这一部分仅在整个神经活动中占据极其微小的比例（0.1%）。这就意味着，大脑只关注身边所发生的事情的很小一部分。大脑将超过99%的注意力集中在自身。大脑对现实世界的认识更多源于内心世界，而非外部世界。[28] 大脑认为图式无所不能，所以源源不断地建立新的图式。大脑借助图式，可以快捷、有效地运作，这比直接根据现实情况进行分析更加有效。大脑无须不断地对新事物进行学习、分析并据此做出反应，它只需将眼前的事情与此前已有定论的往事进行对比。如果能够精准掌控大脑，人们甚至在事情发生之前就知道该如何做出反应。

"气泡"里的生活

虽然人们不断进行专注力训练，而且这还一时成为潮流，但是大脑却认为这样做没有必要。大脑源源不断地"撰写脚本"，时刻准备应对突发情况。大脑不喜欢惊喜，而是喜欢符合预期的事情。不符合预期的事情会让大脑固有的模式失灵。大脑有"超前"的意识，所以自己挠胳肢窝时并不会发笑，尽管每个人都喜欢被逗笑。在产生了挠胳肢窝的想法时，大脑就已经知晓并预测到了接下来会发生的事，所以就失去了惊喜感，也就无法达到逗笑自己的效果。

幽默是一种特殊形式的惊喜感，会让大脑感觉到愉悦。除此之外，大脑无法接受意料之外的事情，也比较敏感，特别是涉及灵魂时。因此，大脑中有一个对比和校正的特殊工具，即大脑中的"比色仪"。[29]

这个名字听起来有些令人生畏，却是一个让人无法忽视的神经组织。"比色仪"不断产生期望值，主要作用在于比对当下发生的事情是否与我们的某个图式相吻合。比如，是否让人记起了"我不重要！"这个心理暗示。

"比色仪"的工作模式十分有趣。从神经结构来看，它实际上是边缘系统、整合皮质及其他脑区（比如负责学习和人脸识别的脑区）之间的交汇结构。甚至可以这样说,"比色仪"的运作过程是由灵魂与大脑中负责人生经历、知识框架、评估能力及行为策略的脑神经协作完成。换句话说,"比色仪"直接调用图式并管理身体的言行举止。

我们可以选取普通的一天来观察"比色仪"的工作模式。比如,我们偶遇一名男士,虽然他面目和善、行为友好,我们却有可能立即避开他。原因在于,这位面目和善的友好男士激活了"他会伤害我的心灵"的图式。过往的经历让一部分人对这类友好和善的男士形成了特定的图式反应。这种反应是通过类似的"按钮"激活的,激活速度比思考的速度更快。边缘系统的传导速度为120米每秒,几乎是感知传导速度的四倍。

灵魂的克服策略

我们的基本观念不仅影响灵魂,而且会对一个人的人生产生影响。基本观念就潜藏在人们所做决策的背后,决定着应对事情的策略。如果思想偏保守,人们就会将选票投给保守派;如果对动物抱有同情心,人们就可能会选择不吃烤鸡。观念总是决定着行为。

根据图式,心理学家将人类的行为分成两大类。拥有积极的自我图式及关系图式的群体倾向于采取"适应性策略"。也就是说,这一群体的主要行为是在已有经验的基础上进一步发展。拥有"我值得被别人喜爱"这样积极的自我图式及关系图式的群体,他们在经营人际关系时更善于敞开心扉。他们认为爱是自然的、美好的，所以他们的图式很有可能一次次得到正面确认和增强。他们是幸运的。

拥有积极自我图式的群体通常能从马太效应中获益，尽管这看起来不怎么公平。该论点源于社会学，原理在于个人当下的成功并非通过努力获得，而是基于此前积累的成果。很明显，如果人们在中学获得了好成绩，就更有机会上大学，也就会在求职中掌握主动权。人们有遗产继承，便可以把钱投资出去，从中获得更多资本。优势是可以叠加的，在心理学上也是如此。人生中一个微小的先发优势——比如从快乐的童年中获得了很多美好的回忆——也能使人生发展为赢者通吃的模式。获得一次成功，也就有进一步成功的可能，人们将这样的现象称为马太效应。这个名字源于《马太福音》中的名句："凡有的，还要加给他叫他多余。"

要命的是，不幸的人生亦是如此，早期的劣势会让人积累更多的不幸。心理疾病大多源于对自身、人际关系或现实的消极看法。消极图式一旦被激活，就会带来不安全感，带来焦虑、逃避或对现状的错误解读。这时，人们会产生难受的情绪，一切身体行为都在迫使我们回到正常的状态。

众所周知，身体不愿意长期处于非标准状态，它会持续通过动态平衡等方式消除外界影响。灵魂也是如此，它一直在试图调整到标准的状态。灵魂一直想要达到均衡的状态，想要让自身满足，它采取的方式被心理学家称为"因应"，即"克服策略"。

为了消除不良情绪，每个人都会采取不同的克服策略。将其进行更精确地分类，就可以得出三种不同的选择方式：

1. 屈从
2. 逃避
3. 补偿

值得注意的是，这类策略与身体应对危险情况的生理反应类似：愣住、逃跑或战斗。当人们了解到消极图式也会带来危险，因为它会对灵魂产生威胁，那么这种反应的相似性就不会显得与众不同，而是十分合乎逻辑。

人们采取的策略主要由个人性格决定。保守内向的人会倾向于选择屈从。性格暴躁的人会倾向于过度补偿。选择策略绝不是一个有意识的过程，而是在无意识和完全自动的情况下发生的。

◎ 屈从

如果人们听从图式的指挥，就意味着认可图式的正当性。人们不会试图否定或推翻个人信念，如此一来，图式就会不断固化。只要一想起往事，就会迅速联想到与之对应的痛苦感受。因此，触碰到图式时，他们通常都会做出过激反应。有时候，一件小事也会成为导火索。如果某人的图式是"我不重要"，那就会特别关注伴侣对自己的关心程度。有时候，伴侣只要分神查看一下手机的天气预报，都会令两人陷入争执。

储物柜的门锁坏了，里面的东西就会随时散落出来，消极的图式与这种场景类似。对于同一件事情，不同的人有着完全不同的解读和评价。深陷于图式且对图式言听计从的人，都习惯于下意识地寻找与父母中做出伤害行为的一方行为举止相仿的伴侣。即便在群体中受到欢迎，他们也会回避人际交往。他们会长期固守个人信念。在听到别人对自己说出示好的话语时，他们甚至会感到不舒服。他们习惯于拒绝接受赞美之词，尽管这些正面评价会让他们受益。对他们而言，这些赞美之词没有可信度。他们会觉得这些话就像"水是干燥的""苹果长在泥地里"一样，因为这些评价与他们的图式不一致。个人的自我感觉越消极，他们对赞美和鼓励的抵制就越强烈，这是一种十分棘手的情况。

人们总是在寻觅与自我认知相符的信息，总在无意识地将外界信息与自我认知进行匹配式的比较。自我价值感偏高的人希望得到别人的认可，而自我价值感偏低的人则几乎一直在寻找消极反馈，并对自身进行消极的评价，这就是自我图式的作用结果。

致命的是，这种做法令人感到和谐、美好，因为这会给人带来熟悉感和安全感。心理学家将这种现象称为"寻找合适的反馈"。人的自我价值感会长期处于不稳定的状态，并可能导致严重的后果。

◎ 逃避

当面临生命危险时，逃避是最直接的方法。即便是单细胞动物，碰到酸性液体时也会收缩身体。逃避是一种条件反射机制。这种机制十分有意义。如果感觉某个事物会带来伤害，人们一般都会选择逃避，因为没有人想在同一个地方跌倒两次。

对于长期采取这种应对策略的人来说，情况则更为复杂。他们不会直接应对危险，而是会将自身置于一种消极图式永远不会被激活的状态中。他们逃避所有可能激活消极图式的场合。他们禁止自己萌生类似的想法和感受。如果出现相似的念头，他们就会下意识地迅速转移注意力，通常会开始酗酒、吸毒，或者沉湎于工作，参与冒险活动等。

在情感关系中，逃避行为一般呈现如下特征：如果害怕遭人背弃，他们就会习惯于委曲求全，甚至不惜一切代价去留住对方。可悲的是，这种委曲求全的方式恰恰会让伴侣逃离，最不想发生的事情却恰恰会发生。

有些人会经常谢绝别人的邀请，因为他们的图式告诉他们："我是一个无聊透顶的人，没有人会对我感兴趣。"他们无论如何也不会出现在可能让他们感到忧虑的场合中。尽管这种方式能够避免风险，在短时间内满足自己对安全感与掌控感的基本需求，然而，这样会导致对依恋关系的基本需求长期无法得到满足。他们就有可能变得十分孤独。

人们越是频繁采用逃避策略，他们的逃避机制就越容易被激活。别人眼中正常的社交场合或让人感到愉悦的场合，会被他们判定为无趣，进而采取逃避策略，这将使他们很大程度上错失实现初始目标（即逃避风险）的机会。

如果有人的图式是"我是个失败者"或者"我不够讨人喜爱"，那他们就不敢与人搭讪，因为他们认为这样会遭到拒绝。久而久之，他们就会一直孤单下去，从而使"我不够讨人喜爱"的图式得到固化。[30]

◎ 补偿

这种克服策略亦可被称为"过度补偿",因为人们会竭力与图式的指令对着干。每当面对内心的真实想法时,他们会强硬地克制下来。这种"过度补偿"的策略能够让人从消极图式产生的无助感及挫败感中解脱出来。一般人们在遭受"情感剥夺"时都会寻求情感支持或心理援助。但是,选择过度补偿策略的人会采取一种强硬的逆反态度。自恋型人格经常会采取这一策略。为逃避"我一文不值"的图式,他们就会"虚张声势"。他们夸张的应对策略是想向所有人宣告"我聪明绝顶"或"我十分成功"。即便是那些自认为是失败者的人,也会竭尽全力去展现自己成功的一面。为了获得成功,获得别人的认可,他们会像奴隶一样卖命工作,有时甚至会因此陷入崩溃。

有的图式主导性很强,会给人发出十分严苛的指令,比如"务必成为最强者""务必成为最重要的人"或"不要再被批评了"。这是图式对自身发出的命令。最为致命的是,人们有时候会采用本末倒置的方式去做事情。他们追逐成功,不是因为可以从中得到快乐,而是想证明自己不是失败者。他们急于展现个人魅力,不是本身就想这样,是因为他们以为自己不这样做的话,就无法获得别人的爱慕。他们不是出于爱而关心别人,而是认为不这么做就会遭人抛弃。

这样的举动可能会对他们产生一些帮助,但是并不会让他们获得真正的满足。原因在于,激活图式引起的焦虑感虽然得到了抑制,但是真正的需求被忽视了,所以他们会一直保持不满足的状态。通过表面上的积极改变，比如获得成功或交到新的朋友，内心的痛苦可以持续得到缓解，但是这种心理机制和图式一直没有发生改变。想要克服心理障碍，人们必须从根源入手。

"克服策略"名不副实，因为这种策略根本没有去克服什么。实际上，不恰当的应对方式可能导致恶性循环。这种行为大多会成为个人非常典型的性格特点。各种应对举动不仅会形成一种策略，有时还会成为一种性格特征。

人格品质

众所周知，每个人都有专属的性格特征，这是如何形成的呢？灵魂的阅历造就性格。性格不仅展现出人的属性，还会传递灵魂的相关信息。心理学家就此进行过深入研究，有的人展现出十分明显的特定性格，以至于可被列入人格品质中。

某些人会明显具有下列某个或多个特征[31]：

认真负责、严谨仔细

雄心勃勃、信心十足

善于表现、情绪多变

小心警觉、生性多疑

变化无常、随性灵活

生性黏人、忠贞不二

谦虚克制、孤独自处

自我批判、小心谨慎

多愁善感、生性敏感

敢于挑战、冒险激进

如果按照上述特征仔细比照，我们很快就会发现，我们身边的亲朋好友会特别符合其中一项或多项。我们也可与自身进行比对。兴许很多人对自己的性格早就了如指掌了。

不过，很多人不了解性格特征会在多大程度上影响生活。人格品质会对个人生活和命运起到主导作用，因为我们总在筛选性情相近的朋友，为人处事的风格也受人格品质左右。

毫无疑问，如果某人将严谨认真的品质奉为圭臬，则会随时随地展现出这一点。他会用这种标准去衡量他人，将来也可能会选择需要这种品质的工作。人格品质对职业生涯、兴趣爱好及择偶观念都会起到引导作用。有的人喜欢大城市，有的人喜欢北海沼泽岛，这都与个人的人格品质有关。

虽然听起来容易让人混淆，但人格品质不等同于禀性，而是禀性与成长环境相结合的产物。

如果基本需求一直得不到满足，人们会尝试各种办法至少对一部分需求进行补救。即便是小孩子也不会轻易地全盘接受人生的际遇。人们依照个人的基本性格和聪明才智不断做出应对策略，至少会先用试错原则去做这些事。

有的小孩子拥有强烈的自我价值感，当他们迫切想要得到认同却又不能时刻获得爸爸的关注时，他们就会捣鼓一些小动作，以此获得认同。有的小孩子会突然吵闹或安静下来，有的会挑起眉毛或谎称肚子疼，还有的可能会做鬼脸或者创作出一幅特别漂亮的美术作品。如果其中一种方法奏效，他们就会牢记在心。有必要时，他们会再次采用这种方法。[32]

一旦某种方法奏效，他们就会不断使用，从而形成印在大脑中的思维模板。大脑的活动完全符合赫布定律，即"两个神经元如果总是同时兴奋，就会形成一个'组合'"。加拿大心理学家唐纳德·赫布在1949年提出了这一假说。相关神经元被激活的次数越多，彼此之间的连接就越牢固。每当人们发现一种行之有效的方法时，大脑就会形成一种新的神经通路。将来有必要时，该通路就会被迅速激活。大脑中的"羊肠小径"可能会很快演变成"四车道高速公路"。该过程的发生不一定是因为事件本身特殊或艰险，只是因为被不断重复。相比于常年忍受父母争吵，孩子更能承受父母离婚的事实。产生思维模板的条件越稳定，人的反应就会越死板，不管是在应对好事还是坏事时。就算早已远离最初的情景，人们的反应模式还是会一直延续下去。这种反应模式会伴随人一生。

如果一个人总是过分小心警觉或生性多疑，也许是因为从小就受到了严苛的管教，令他变得谨小慎微。如果一个人恪守法律和秩序，也许是他小时候就将严守规则与受到父母疼爱联系在一起。

即便每个人都或多或少有些特别的品格特征，大多数人还是能够依据生活中不同事情的不同要求灵活地应对。人们有时必须偏离个人风格。有时候，生性多疑并非坏事，但是也要有信任人的能力，这样才能与别人建立良好的人际关系。善于表现可能会引起人们的关注，但是在有些场合中也要克制一点。我们要有冒险精神，但也要具备风险意识。大部分人能够灵活地根据不同场合做出不同表现，在各种个性之间随意切换。有些人懂得适应环境，但是并非所有人都能做到。例如，有些人总是极度严谨，以至于总要掌控全局，并希望别人严格遵从他的标准。有些人过度腼腆，以至于习惯性地选择回避陌生人或群体活动。有些人十分自负，只会为个人着想，很难明白为何要关注他人的需求。

人格障碍

如果一个人有了人格障碍，这种状况通常会持续很久，有时还会伴随人一生。人格障碍本身并不引发痛苦，但是大概率会引发其他障碍和疾病，而这些疾病综合起来就被称为多轴障碍印象，会给患者的生活产生严重影响，因为患者的行为模式无法根据场合灵活变通。患者的社交、职业及人际关系将会严重受损。我通常见到的情况是，很多只出现一种人格障碍的患者在申请心理治疗时都会遭到鉴定人员否决，因为多轴心理障碍（比如焦虑、压抑或强迫症）无法得到证实或表现得不明显。只有患者承受巨大的压力、出现症状性的整体障碍且确有必要时，鉴定人员才会批准进行心理诊疗。因此，人格障碍本身不被认定为疾病。

我衷心希望将来心理疾病患者能在早期就被获准治疗，而不必熬到极度痛苦的状态，同时医疗保险公司能够承担早期预防诊疗的费用。

那么人格障碍究竟是怎样形成的？

有些人不具备在不同场合下做出灵活反应的能力，而是受制于行为模式。他们一方面不能适应环境，另一方面却希望环境反过来适应自己。这通常难以奏效，只会带来失望、愤怒和无力感。

心理学家认为，当思想与行为模式变得过于死板并出现重度环境适应障碍时，就不能称之为人格品质，而是一种人格障碍。在这种情况下，某种性格特征往往会表现得过于显著。人们可以将性格想象为音量控制器。性格的一丁点儿变化都可能升级为精神病理学问题，但这些都还属于性格的极端情况或强烈的变种。

人格品质主要展现出两三个主导性的特征，而且，确诊是哪种人格障碍是很难的。据现有数据显示，有8%到12%的人有人格障碍。医学诊断的分类系统将人格障碍分为十种常见类型（见表1）。接下来，我将介绍在我诊所中最常出现的几种类型。

表1

人格品质	人格障碍
认真负责、严谨仔细	强迫型人格障碍
雄心勃勃、信心十足	自恋型人格障碍
善于表现、情绪多变	表演型人格障碍
小心警觉、生性多疑	偏执型人格障碍
变化无常、随性灵活	边缘型人格障碍
生性黏人、忠贞不二	依赖型人格障碍
谦虚克制、孤独自处	孤僻型人格障碍
自我批判、小心谨慎	回避型人格障碍
多愁善感、生性敏感	分裂型人格障碍
敢于挑战、冒险激进	反社会型人格障碍

◎ 自恋型人格障碍

说到惩罚与诅咒，希腊神话的众神和英雄有着质朴的奇思妙想。神女厄科失去了说话的权利，女先知卡珊德拉的预言不被人相信，俊美少年那耳喀索斯无法自拔地陷入自我爱慕中。爱自己是好事，但是如果一直沉迷其中，就会变成一件麻烦事。那耳喀索斯想必也对此有所体会，他就是因为迷恋自己在水池里的倒影而掉入水中淹死的。现在还有一种花以那耳喀索斯的名字命名——水仙。后来，这种状况在人格障碍的分类中有了一个专业的名称：自恋型人格障碍。

在我们这个时代，每年因自拍死亡的人数超过了被鲨鱼袭击而死的人数。关于"自恋型人格障碍"的讨论无处不在。有些人经常被斥责为自恋狂，有些人甚至确定某任美国总统就是自恋狂，甚至有人喊出了"自恋狂时代已到来"的口号。从心理障碍的角度而言，自恋型人格障碍与上述情况有所不同。

自恋型人格障碍者可能会给人留下深刻印象。

他们会在聚会上占据主动，他们魅力四射、善于言辞、活力十足且光鲜亮丽。当然，这是他们所展现出的积极的一面。与自恋型人格障碍者短暂相处，人们可能会受到启发与鼓舞，因为他们习惯以目标为导向，雄心勃勃且思维活跃。与他们长期相处则会十分困难，因为他们想通过这种方式不断获得他人认可。自恋型人格障碍者深信自己成绩斐然、独一无二，并且想让全世界的人都这么认为。

他们认为自己无与伦比，但是身边的人给出的评价却迥然不同：高傲自大、孤芳自赏、妄自尊大、自私自利、以自我为中心。

自恋型人格障碍者认为，他们应当享有特权，可以不遵循某些规则和特定的传统行事。比如，他们认为长时间在超市排队有辱个人自尊，他们总认为自己应该站在前排，并且似乎无法意识到这种想法有什么问题。不管发生任何事情，他们都认为是别人的错。

自恋型人格障碍者很少对他人感兴趣，很难或完全无法进行共情思考。他们总是把个人需求摆在第一位。他人存在的价值只是为了赞赏或衬托他们的伟大。对于他人的批评或揭短，他们总会产生报复心理或表现得极度愤怒。这不难理解，他们的暴怒恰恰暴露了一个事实：他们并没有自己认为的那样非同凡响。自恋型人格障碍并非来源于诅咒，而是来源于教育缺陷。一般而言，这种障碍有两种完全不同的病因，这种情况十分罕见。

总体来说，自恋型人格障碍分为两种，一种是"脆弱型"，即容易受伤的类型；另一种是"坚强型"。脆弱型患者容易多愁善感。在自恋与装腔作势的背后，人们会发现一个伤痕累累、遭人嫌弃的可怜虫。因为不想让其他人了解真相，他们会长期迫使自己进行自我表演。不断隐藏自我是很困难的。有数据显示，自恋型人格障碍者在所有人格障碍者中自杀风险最高。脆弱型的自恋型人格障碍者早年往往没有得到足够的爱抚、认可与关爱。从基本需求的方面看，他们的自我价值感完全得不到满足。因此，他们长期处在自卑与失败的焦虑中。他们感到自己渺小且无足轻重。他们所做的所谓了不起的举动，都是在掩盖和缓解这种精神压力。脆弱型的自恋型人格障碍是较为常见的。

坚强型的自恋型人格障碍者的经历则正好相反,他们从小就受到过度的关爱和吹捧。如果父母一直极力吹捧孩子,会令他们变得自以为是。这样一来,孩子就会形成强烈的占有欲,对自我的定位会极度偏离现实。他们无法体会到他人也有满足自我需求的权利。如果有人尝试让他们认清现实,他们会将此视为生存威胁并进行反击。如果遭到批评或没有得到足够的重视,他们就会对他人进行贬损。由于批评声触发了对自身存在的极度怀疑,他们会通过激烈的反击来获得自救。

古希腊刑罚极富想象力,神话传说亦是如此。世人只知道那耳喀索斯溺亡的结局,却不了解传说的另一个版本:一片叶子从树上飘落,水面泛起波纹,将他俊美的倒影拨乱了。于是,他因为过度悲伤而离世,因为他不能忍受自己的模样变得丑陋。

◎ 回避型人格障碍

回避型人格障碍者的内心有着无法化解的悲观情绪。他们认定自己笨拙无比、乏味无趣、处处不如人。他们的自我图式是最糟糕的那种,总感觉自己在社会中格格不入,原因在于他们总是预先设定自己会遭到拒绝、批判和讥讽。他们害怕出丑或遭到轻视。他们的焦虑症十分严重,所以会在生活中极力避开可能出现上述情形的场合。

他们会从事与人尽量少接触的工作,挑选能够掌控的任务,因为这样失败的可能性会更小。他们会回避他人的邀请，避免形成亲密的人际关系，以此摆脱可能受人指摘和遭到背叛的焦虑情绪。他们常常找借口为自己的行为辩护，比如"我根本不适合那里""我没有什么话题可聊"或"我这个人就是无聊透顶"。

当人们惴惴不安时，就会表现得胆怯不安、面红耳赤、不知所措。回避型人格障碍者就会出现这种状况。更可怕的是，这种行为正是所谓自我应验预言实现的过程。在聚会上惴惴不安地躲在角落里并不能让本身就有问题的观念得到纠正，因为这不是一段愉快的经历。这只会让他们内心的想法一次次得到确认，他们会这样想："我就知道没人愿意跟我搭话！"回避型人格障碍者能够十分灵敏地捕捉到与自身思维一致的信息。这样一来，他们就会拒绝再次在聚会上露面。尽管如此，他们却承受着退缩带来的痛苦，因为他们别无选择。尽管他们逃避社交场合，但是每个人都有对社交、亲密关系及归属感的基本需求，所以他们会感觉十分矛盾。

◎ 依赖型人格障碍

"Dependent"的意思是依赖，这正是依赖型人格障碍者的心结。他们对被人照顾有着十分强烈的需求。他们十分焦虑，不能独立生活，即便是日常小事也要征求别人的意见和支持。相比个人意见，他们更重视别人的意见。他们很多时候甚至没有清晰的个人想法。总体而言，他们会感觉自己力量弱小、一文不值、能力有限。

他们长期处于害怕被人抛弃的焦虑状态中，所以经常表现得隐忍、屈从。他们会将自身需求放在他人之后，几乎很少表达自身愿望和诉求。他们想要迎合别人，却总是过度热情，愿意独自承担并不喜欢的任务。这种害怕被抛弃的焦虑情绪甚至会让他们屈从于任何事。

他们内心坚定的信念告诉他们：我无法保护自己，必须受人保护，我需要别人指导我如何去做这件事。

依赖型人格障碍者完全能够得到社会的认可。这类人会被评价为可信赖、可依靠、乐于助人、乐意配合。换句话说，他们很少给人带来麻烦。这样的人不仅能够成为"良好市民"，也能成为一些人的理想伴侣。为了与别人建立依恋关系，依赖型人格障碍者会展现出令人放松的个性：他们能够做出任何调整，完成对方交代的所有任务，悉心照顾对方。他们主要希望借此得到关爱与支持。如果对方也做出回应，双方就建立了一种"共生关系"。他们情愿将自身需求放在第二位，这有时会对一段关系的稳定起到重要作用。

依赖型人格障碍者所做的事对自身也有一定益处。他们不仅要让伴侣高兴，更想给老师或上司留下良好的印象，所以他们会努力追求上进。当遇到困难、需要请求他人协助时，他们不会感到难为情。他们会将帮助自己的人铭记在心。生病时，他们更愿意寻求医生的帮助并谨遵医嘱。他们通常会成为关爱孩子、充满爱心的父母。

他们面临的困境在于，为了受人喜爱，他们会付出很多精力，承受巨大的压力。他们有时会压制个人需求，以至于出现职业倦怠、抑郁症及心身障碍。这种状况经常出现在护理从业者或志愿者身上。因为他们从不质疑别人，总是乐于助人，所以往往身心俱疲。另外，他们的情感关系也可能出现问题，不是所有人都能忍受受到过度关爱的感觉。依赖型人格障碍者的这些行为可能会逼走伴侣。更加不幸的是，分手正是他们极力想要避免的。他们会在下一段关系中付出更多。这种情况会循环往复，而失败会来得更快。

被人抛弃的焦虑感源于童年的经历。有些孩子过早地与父母长时间分开，这对孩子来说是十分严峻的考验。有的孩子与监护人（比如父母）的关系不够稳固。对此，孩子会采取相应的策略，产生这一图式：只有将自己变得不可或缺，摆在从属的位置，才能让关系变得稳固。依赖型人格障碍者一般会拒绝他人施以关怀。他们认为，只有通过大量付出和无条件屈从才会让亲密关系维持下去。

◎ 强迫型人格障碍

对于社会而言，强迫型人格障碍者的存在真是太棒了。没有强迫型人格，核电站、计算机程序或航空客机或许都不会像现在这样可靠运行。强迫型人格障碍者是极其严谨的人，他们对细节和精确度有严格的要求，而且总是能恪守规则。

他们是完美主义者，有很强的秩序意识。强迫型人格障碍者绝不会满屋子找袜子。对他们来说，从厕纸到个人所得税单，所有物件都应该摆放在固定的位置上。他们有条理、讲效率。当朋友需要时，他们总能施以援手。虽然听起来有些相似，但是强迫型人格障碍不同于强迫症（见第三章），他们并不会受到强迫性思维或行为的困扰。他们的整体人格一般表现为：过度严谨、完美主义、怀疑主义、谨慎小心、思想坚定。

当强迫型人格障碍者找到与人格结构相契合的工作，他们就会感到十分满足：工程师能够最大限度地发挥对精确度的偏爱，质检经理能在喜爱的工作中得到报酬。如果强迫型人格障碍者沉溺于细节而将现实的工作抛之脑后，就会出现麻烦。这就是人格障碍对生活产生的不良影响。性格使然，他们会在工作中投入过多时间，以至于常常干扰到个人的生活，甚至会导致疲劳综合征出现。他们常出现睡眠障碍，因为他们即便在床上也会严肃地思考工作的事情。

如果他们将任务分配下去，或许压力就没有那么大。但是，分配任务对强迫型人格障碍者来说并非易事，因为没有人能够让他们放心，没有人能够把事情做得像他们那样严谨精确。因此，他们更愿意把所有事情揽下来。他们的上司或许会乐见其成，但是他们的妻子并不会，因为她们总是在家苦苦等待，而他们总是一如既往地早出晚归。

强迫型人格障碍者善于提前规划，因为他们总是对未来充满担忧。他们爱好收藏，喜欢攒钱。在非必要的情况下，他们不会轻易丢弃物件，也不会为自己或别人花钱。他们有些吝啬。强迫型人格障碍者往往事业成功，但是个人生活——特别是婚姻生活或伴侣关系——往往一团糟。他们在工作中的优点，却会成为家庭生活的绊脚石。

如果家人将厕纸放错地方，强迫型人格障碍者会感到如临大敌，并很快与家人发生争吵。在他们眼中，家里整洁的标准不允许被践踏。强迫型人格障碍者无法理解不爱整洁或捣乱的行为。他们固执的思维会成为生活乐趣或随性生活的绊脚石，这样有碍于与人建立长期的友谊关系。

回溯他们的人生经历,我们会发现强迫型人格障碍者从小就遭受着必须屈从他人的压力,经常服从指令行事,比如:"就按我们说的做,这样才不会把事情搞砸。"

这种经历会让孩子陷入极度恐慌,他们的选择不多,要么反抗,要么适应。当进行反抗过于危险或机会渺茫时,他们就只能适应。这样一来,孩子就会产生过度适应:为了不违背父母的标准和道德理念,他们会自觉形成一种预期性服从的心理,人们将之称为"习得性无助"。恪守规矩满足了强迫型人格障碍者对拥有安全感与掌控感的基本需求,因为这样能够避免因违背规则而产生的持续的强烈无助感。面对任何不守规则者,他们都极度想要进行谴责。

强迫型人格障碍者会意识到自我需求及情绪是不可控的,以至于对此进行否认或压抑。因此,他们对自身需求没有清醒的认知,他们身边的人往往会注意到这一点,比如他们的伴侣常常会因为强迫型人格障碍者无法表达情绪而感到困扰。

即便承受着过度的压力与负担,强迫型人格障碍者也是在情感关系破裂或出现严重生理疾病时才会求医。如果他们的家庭医生发现了身体与灵魂之间的关联,可能还算幸运。但并不罕见的是,很多患者长期依赖单一的身体治疗,直至最终住院观察。患者会出现注意力涣散与失眠等症状,进而产生极强的疲惫感,即躯体虚弱,常常还会伴随着疼痛折磨,主要是头痛和背部疼痛。大多数情况下,只有借助心身医学疗法,才能弄清楚身体疾病背后的病因——人格障碍。

◎ **表演型人格障碍**

人们习惯将表演型人格障碍者称为"戏剧天后"。即便没有实证研究支持,人们还是主要将这类疾病安在女性身上。对于这类患者而言,世间万物皆不普通。他们的生活似乎从不缺乏扣人心弦的情节,即便是到平常的药妆店购物都能演变为一场大型冒险。

表演型人格障碍者在讲述个人经历时会表现得极度情绪化、戏剧化且过度热情。他们大多以此来吸引听众,目的是得到期待的东西——别人的关注。另外一种方法是捏造事实和自导自演。表演型人格障碍者通常会花费大量时间和精力化妆。即便只是短暂外出购买面包,他们也会打扮得性感迷人。

从面包店出来时,他们带回的可能不只是一袋面包,还会有和面包店员结下的"友谊",后者往往会成为他们的好朋友。表演型人格障碍者能够迅速结识新朋友,不管是与牙医、银行职员还是新同事都能很快产生联系。

他们习惯将普通的人际关系过度解读,但实际上他们之间并没有这么亲密。别人毫不起眼的亲昵举动会被过度解读为发展亲密人际关系的信号。他们频繁进行搭讪,有着永不枯竭的谈资。如果能找到愿意倾听的观众,他们会兴奋不已。他们容易变得兴奋,但这通常是不持久的:表演型人格障碍者的情绪很快会走向另一个极端。

一件琐事就能让他们陷入狂躁。比如:该穿什么衣服?约会对象是更喜欢褐色裙子还是绿色裙子?这些问题能让表演型人格障碍者感到十分焦虑,因为他们没有生活在自己的世界里,而是生活在别人的评价里。他们喜欢跟世间万物产生联系,却从不正视自己的内心。他们强烈希望能够扮演别人生活中的重要角色，对自身想要的、喜欢的或感受到的事物几乎没有概念。他们几乎不懂得如何独处，因此容易陷入极度的无趣中。开派对、购物和聚会都是让他们愉快的事情，因为这样能够填补他们内心的空虚。

表演型人格障碍者对氛围有着独特的感知力，能够很好地感知、辨别现场的氛围。不管是在派对上，还是在与朋友聚会或与家人团聚时，他们通常一进场就能察觉出现场是弥漫着放松的气氛，还是紧张的、充满火药味的气氛，他们的判断通常都是正确的。当他们喜欢对方或者想要维护个人形象时，他们完全可以做到自我克制。但在合适的听众出现或个人产生强烈的表达需求时，他们会很快进入个人表演状态。

自恋型人格障碍者是在儿童时期就开始形成这种行为模式的。在内心极度空虚时，他们会感觉自己遭到漠视或背弃。为满足这一重要的内心需求，他们会扮演小丑、捏造故事或做出出格的行为，以此引起注意。这种博取关注的习惯，会在接下来的人生中留下痕迹。他们无法相信别人会主动对他们付出关爱，主动注意到他们。他们坚信，必须通过特定的手段来获得他人的重视和尊重。他们的脑海里总是萦绕着一个念头：我是最重要的那个人吗？我获得足够的重视了吗？我获得足够多的关注了吗？别人在专心听我讲话吗？我看起来漂亮吗？他们的箴言就是：一定要记住，必须一直保持竞争力才能给人留下印象。

他们深陷于角色扮演中，以至于无法识别和感知最重要的那个角色——自己。

◎ 被动攻击型人格障碍

人都会有愤懑的情绪，会想要抱怨别人和社会现状。一起发牢骚是社会的"黏合剂"。但是，对于被动攻击型人格障碍者而言，除了批判就没有其他事情了。他们总是愤懑不平，喜欢争论。他们总是抱怨自己不受尊重或不被理解，并且有一种全世界都在与之对抗的感觉。他们很容易对那些看起来一帆风顺的人产生嫉妒、猜疑心理。邻居的小轿车更宽敞，房子更漂亮，这些都被他们认为是不公平的。因为他们觉得自身遭遇的一切都是不幸的，为此，他们会不断地抱怨。

他们的愤怒通常集中指向权威。因为他们认为，大部分总裁、老师、教授或其他身居高位者都没什么能力。因此，他们常常拒绝进行社会服务或完成本职工作。他们通常不会直接表达看法，而是被动表达态度，如消极怠工或马虎应付。他们把不愿意做的事情抛之脑后。他们不会直接表达愤懑，而是通过拒绝、抵制、不听劝告的方式来表达。因此，这种人格障碍也被称为被动攻击型人格障碍。

这类人格障碍者都曾有过很多个人边界被忽视的经历。儿童时期，父母就对他们下指令、监控他们、限制他们的自由。父母打开他们的日记本或信件，窥探或以其他方式干涉孩子的隐私。父母打着教育孩子的旗号干涉孩子的生活，让孩子感觉被贬低、被羞辱或出丑，这会对孩子的心灵产生冲击，因为这是对自主性需求的极大伤害。

孩子通常不具备将这种愤怒恰当地表达出来的能力，所以他们长大后通常会出现消极反抗、抵制的态度或嘲讽、贬低他人。

他们不想再被侮辱，所以会对一切可能引起这种感受的情形极度敏感。他们有可能将别人无足轻重的请求理解为对自主性的侵犯，相应地就会表现出拒绝的态度。即便是类似于"这个电影你必须得去看看"的建议也会让这类人格障碍者解读为对自主性的干涉。

他们的内心深处有另一个图式：我受到了不公平的对待。因此，他们无法接受别人轻而易举地拥有一些东西。

◎ 偏执型人格障碍

偏执型人格障碍者的内心世界极度纠结。他们能时刻嗅到背叛和恶意的气息。他们总是时刻保持警惕，防止被别人利用或给自己造成伤害。他们认为别人的言行背后总是隐藏着什么，因此总是充满怀疑。他们极度记仇，对别人的误会、侵犯或侮辱无法释怀。他们的神经总是绷着一根弦，一旦感受到批评或冒犯的气息，他们就会动怒或变得有攻击性。即便是友好和关心的行为，都会被他们的猜疑心理机制所曲解。那些被他们曲解并因此与他们产生争执的人，都会被他们立即列入黑名单。

他们十分不愿意透露私事，害怕自己的信息会被他人恶意利用。即使是对朋友和同事，偏执型人格障碍者也会经常怀疑他们的忠诚度和可信度。他们还常怀疑伴侣不忠、欺骗自己。

偏执型人格障碍者有着个人边界长期被践踏的经历：被监控、惩罚、羞辱、虐待。因此，他们特别强烈地想要满足对自主性的需求。他们捍卫"个人领土"，对于来自外人的任何侵犯，他们都会表现得十分情绪化，有时也会很冷酷。他们被以下信念引导着："我必须时刻保持清醒，这样才能保证没人可以侵犯我的领土""我所能信赖的人只有自己""外人只希望我的情况变糟"。

酗酒会使这种人格障碍愈加严重。很难说是酒精导致人格持续转变，还是这种独特的人格早已存在，有些人只是想要获得内心的安宁才开始酗酒。这类人通常被身边的人视为敏锐的观察者，富有激情和进取心。但是，多疑及有成见的行事风格通常会成为建立一段令人愉悦且稳定的关系的障碍。他们孤独地活在充满猜忌的个人世界里。

◎ **边缘型人格障碍**

随着大脑研究与心理学跨学科研究的深入，关于边缘型人格障碍的归类已逐渐清晰。这类人格障碍者属于情绪的交叉性[①]患者。与过去不同，有的学者已经不再将这种障碍归类为典型的人格障碍。近年来，心理学上将其称为"混合型人格障碍"，即这种障碍不是由个人认知及行为策略引发的，有神经生物学方面的原因，也有个人行为的影响。

或许，其他人格障碍亦是如此，只是目前还没有从大脑神经层面研究它们而已，比如回避型人格障碍就很可能与之类似。人们就

---

① 心理与生理的交叉。

边缘型人格障碍进行了大量研究，研究显示这些患者大脑的运行方式十分独特。他们负责评估负面图像、文字及人脸的大脑区域的反应机制更加强烈。血清素系统（由血清素及其受体组成）的变化更加频繁，前额叶皮层不够活跃。实际上，这两个系统在调节情绪时都能起到关键作用，这或许能够解释患者的极端情绪。

这类患者的典型表现是，对可能遭到拒绝或抛弃的情况过度焦虑。这个现象不仅出现在我诊所的患者身上，大部分边缘型人格障碍者都有这种表现。这一现象与医学影像相吻合：大脑成像显示，这类患者的大脑实际上对遭人排挤的反应更激烈，即便在完全安全的情况下，他们也会保持警惕。边缘型人格障碍者将无情绪的、欢快的面部表情解读为愤怒或悲伤，所以很容易将他人的情绪解读为针对自己，即便这完全与他们无关。

即便是微不足道的事，也能让他们极度恐惧、愤怒，产生负罪感、羞耻感或明显的自我憎恶。这些情绪会相互叠加、增强。边缘型人格障碍者会陷入极端的状态：他们不能将一起涌入的情绪归类识别，所以会陷入慌乱，这通常表现为身体疼痛。而且，他们一般不具备应对这种状态的能力。[33]

与他人打交道时，能够评估并掌控自己的情绪十分重要。我们一般都能够做到不与他人太过亲近，但如果有需要的话，也能学会如何与别人变得亲近。我们能妥善处理矛盾，能够应对失落和被拒绝的情绪。但是，对边缘型人格障碍者而言，这些只会持续带来焦虑。

用自杀威胁他人或者企图自杀、自残、酗酒、吸毒、暴饮暴食、与陌生人发生无保护性行为，这些都是此类患者消除或转移焦虑情绪的代偿措施。

对于身边的人来说，他们大多无法预估哪些行为会给边缘型人格障碍者带来焦虑感，所以他们的行为都是无意识的或无针对性的。这就会让边缘型人格障碍者独自承受痛苦。他们有时会将身边每一个人都极端理想化，有时则会极端贬低身边的人。这种转变可以在几分钟内产生。

边缘型人格障碍者喜欢做"关系测试"，也就是不断地对身边的人——尤其是自己的伴侣——进行试探。在一个案例中，女患者在知道男友即将参加一场期盼已久的老同学聚会的前提下，却故意发问："你今天会留在家里吗？我身体不太舒服。"之前她就频繁给男友设置这样的"道德陷阱"。她心想："如果他坚持赴约，无疑就是在与我作对。"接下来他们之间的冲突就会像这种情绪一样难以捉摸。大多数时候，患者也是在拿自身的价值感冒险。于是，患者的无助感、愤怒感、对自我的怀疑以及悲伤的情绪都会被迅速激化。只有双方互相回避，患者的情绪才会得到些许缓解。边缘型人格障碍者本想用这种方式惩罚对方，最终却会引火烧身。

❖

案例：边缘型人格障碍

在首次面谈中，这名二十六岁的女患者就已展现出十分明显的心理危机迹象。她一直在哭泣、抱怨、手舞足蹈、谩骂，最后甚至晕厥了。她已经被个人情绪左右，以至于无法用语言表达原本的诉求。过了一段时间，她才恢复平静，并开始讲述她对可能遭人抛弃、被人贬低、误解的状况的极度焦虑，特别是在两性关系中。

她刚与男友分手，这是她自己造成的，但这并不是她的初衷。她曾渴望得到男友的深情爱护。她时常情绪失控。当她无法忍受时，就会用刀刺伤大腿，这能让她冷静下来，得到解脱。她感觉自己就像陷入了一场噩梦之中，无论怎么挣扎，她都无法从中解脱。

她会将男友的物品从窗台扔到大街上，这种事情发生了不止一次。在两年的交往过程中，大约出现了七次。每次都是同样的结果，每次都会发生激烈的争吵，接着就是通过融洽的性行为及做出承诺来达成和解。尽管如此，同样的情节还是不断上演。

她也会进行自我批判，有时还会自残。她甚至有过轻生的念头，并将这种想法告诉了男友。她很容易受到伤害，并连带着出现过激反应。

容易使她出现情绪波动的典型场景有：男友外出与朋友聚会，让她一个人留在家；她煮好饭后，男友却没有食欲；男友想去看足球赛，却不想带上她。在上述情形下，她就会对爱情产生极度的怀疑。在向男友理论时，她甚至会向对方扔杯子和盘子，以及进行恶毒的言语羞辱。有一次，她甚至用刀威胁男友，尽管她从未想过要伤害他。

她希望能通过心理治疗更好地掌控情绪，让自己不要总盯着事情最坏的一面，减少遭受侵犯的感觉。

生平经历

她家一共有四个孩子,她是家中长女。她的父母是教师,家教十分严格。她很小就负责照顾弟弟妹妹,经常得到大人的赞扬和认可。在她眼中,父母待人有礼,对子女关爱备至。她曾有过一些要好的玩伴,但很少有空与他们相聚。在她的回忆中,幼儿园和中小学时代都是美好且无忧无虑的。

刚开始上文理中学时,一切都很顺利。十三岁时,他们搬家了。她无法适应新的班级。她没有朋友,感到十分孤独。父母没有很在意这件事,只是教导她要主动去跟同学打交道。她曾很努力地尝试过,但还是遭到了孤立,甚至被霸凌。她每天上午都会胃疼、拉肚子,还因此被同学愚弄。九年级时,她被女同学们堵在厕所里,被她们吐唾沫,并遭到了辱骂。还有一次,同学把她的头按到了马桶里。她遭受着死亡威胁,却不敢反抗,只能默默屈从、忍受。

父母不愿意相信这些事实,说她夸大其词,并禁止她再提这些事情。她磕磕绊绊地从实科中学[①]毕业,之后便开始接受职业培训。她曾梦想上大学攻读医学,现在却只能当一名养老护工。

在十七岁时,她结识了第一任男友。这一任男友只是在利用她,欺骗她的感情,而且对她很冷漠。她结识的男人都对她不好,她也想不明白为何找不到真心爱她的人。她感觉自己不

---

① 德国近代着重讲授自然科学和实用知识的学校。

值得被爱，这让她非常悲伤、绝望。她曾幻想与现男友结婚，并且幸福地生活在一起。但是，他对她同样不好。

精神病理分析

在首次面谈中，她给人的印象是一位穿着时尚，十分吸引眼球的女郎。她外表看起来十分正常，真实的情绪和心理危机却被隐藏了。她看起来真诚友好，实际上却十分多疑。在进一步的交谈中，她不断出现悲伤、绝望和愤怒的情绪。很明显，她无法进行自我调节。她的讲述总是绘声绘色，并会对所描述的场景进行复盘，就好像她正在经历这一切一样。她无法有效地分辨当下与过往。

她会出现强烈的情绪波动，并会有愤怒、悲伤、无能为力等情绪。她坚信自己没有自杀倾向，并且签署了不自杀合约。她没有酗酒史或吸毒史。

行为分析

尽管患者成长于一个充满爱的温馨家庭中，但她的需求却没有真正得到重视。弟弟妹妹对她在家里的地位形成了威胁，使得她对依恋关系的需求受损。作为长女，她承担着父母的一些责任，尽管这样可能会满足对依恋关系的需求，却意味着她必须先为了妹妹牺牲一些需求。

学生时代噩梦般的创伤经历——那种被人贬低、排挤、施暴的经历——让她相信：她只能一直遭人欺辱，并对此无能为力，她不值得被尊重，不能够且不应该进行自卫。她所遭遇的困境不被父母重视，这促使她将人际关系理解为有害的、会被人肆意欺侮的、不可靠的且不受保护的。

父母庇护的缺位使她对依恋关系产生极大的失落感。将自己定位为受害者的认知就此形成。她对身边发生的一切事情都保持谨小慎微的态度。她的紧张情绪是在警醒她时刻保持谨慎。所谓的自我保护机制使她全部的注意力都集中在遭人贬低或侮辱的事情上，"我不值得被爱"的观念会不断增强。

她的心理极其脆弱，无法有效地处理失落情绪。这种情绪通常会突然爆发，她必须立即调节压力。如果不能顺利调节情绪，她就会用刀刺大腿或臀部来缓解压力。自杀威胁一方面起到巩固依恋关系的作用，另一方面也是为了让自己内心安宁、避免出现无力感。

这种心理压力会莫名造成情绪叠加，这是患者自己无法控制的。因受辱而引发自残的"反应链"被触发后，必须等到解压后才能停止。只有用刀刺伤自己时，她才会切实打消自杀的念头。

从行为模式层面可以清晰地看到，她很少或无法采取恰当的措施去应对创伤、压力和屈辱情绪。再加上她会产生诸如"我不值得被爱、我一无是处、所有人都要离我而去"的想法，这就形成了一种相互推动的恶性循环。

关于边缘型人格障碍者的研究表明，人们几乎在所有病例中都能看到极端的、令人毛骨悚然的细节。他们通常遭受过性暴力、身

体暴力，或被严重地漠视。他们的基本需求——安全、掌控、依恋关系以及自我价值——通常完全遭到了忽视。

如今，人们认识到惨痛的经历会导致大脑结构发生变化。尽管如此，人们对边缘型人格障碍的认知仍存在一个很大疑问：究竟是患者大脑的神经本身就出现了问题，还是惨痛的经历导致神经结构产生了变化？哪个才是决定性因素？

患者大脑的某些部位的运作不同于健康人群，但是可以再次校正到正常状态。有一类专门的新型疗法可以校正紊乱状态。目前，美国心理学教授马莎·莱恩汉开发的辩证行为疗法以及安东尼·贝特曼和皮特·冯纳吉开发的心智化基础疗法最为有效。在德国，辩证行为疗法的治疗效果被证明是最佳的。

如果患者还同时罹患创伤后应激障碍，可以采用另一种特定的辩证行为疗法。该疗法是基于行为疗法衍生出的。除此之外，还可以侧重进行容忍度及专注力训练。患者逐步学会感知、表达，最终达到对精神压力和情绪的调节。

当患者看起来毫无异常时

尽管人格障碍十分常见，却从未有人上门跟我说："我觉得我有人格障碍，您可以帮助我吗？"原因在于，通常没有人能感知到自己患有人格障碍。因为人体有一项十分独特的功能——自我协调，这就意味着，患者将人格障碍视为和谐且正常的。这种特征在所有疾病类型中绝无仅有。

在一些特定方面，心理疾病与身体疾病的差异并不大，比如人们通常都可以感受到它们的存在。得了支气管炎或脚趾骨折了，每个患者都会感觉得到。如果焦虑过度或患上了抑郁症，人们也会感到痛苦，并清楚地认识到：我哪里不对劲！这种情况也被称为自我失调，也就是人们将病痛视为一种异物和障碍。如果你产生了诸如"我完全无法理解我自己""我想要摆脱它""通常情况下我不是这样"的想法，说明你有了自我失调的症状。

对于边缘型人格障碍者而言，情况并非如此。人格障碍成了身体的一部分，以至于他们完全察觉不到哪里有问题。边缘型人格障碍者完全感受不到障碍，他们认为自己完全正常。怎么会感到异常呢？这是一种习惯性的应对策略。对他们而言，这是一种妥当且有效的解决方案。早在多年前，他们就开始采用这种方案。

大部分人格障碍者通常不会受到人格障碍的困扰，但他们大多有其他的心理疾病，因为人格障碍是滋生其他心理疾病的温床。患者会变得压抑，他们会克制自己的行为或者努力工作直到出现疲劳综合征，因为他们愿意自我牺牲或试图对失败者的图式进行代偿。因此，我们要确认每位患者的心理问题背后是否存在人格障碍，这是十分重要的，因为这一点在制订诊疗方案时必须考虑在内。

确保患者没有其他负面的情绪状态后，才可以对其进行心理治疗，因为这类状态会让患者不断与社会生活中的一切发生冲突。这类患者频繁遭遇同样的人际问题，却坚信问题出在别人身上。有自恋型人格障碍的老板希望能够管束执拗的员工。强迫型人格障碍者则想知道，如何才能让妻子变得像他一样整洁自律，因为在他的观念里，只有这样婚姻关系才能维系下去。

人格障碍者很少或几乎无法认知到自身存在问题。只有因为同一原因离婚三次、进入第四段婚姻时，他们才会自问：呃……或许这其中也有我的问题？

事实是，如果每个人都独自生活在孤岛上，或许根本不存在人格障碍的问题。强迫型人格障碍者可以建立一套不受干扰、秩序不会被僭越的规则。自恋型人格障碍者无论何时都是至高无上的，孤岛上没人会批判他。行吧，或许他们缺的只是观众。总体来说，人格障碍主要表现在社会环境中，在与他人的交往中凸显出来。最近几年，心理学家也将人格障碍归类为人际关系障碍。有些人格障碍者会在很小的时候就因自身问题与他人发生冲突，有些则后来才会遇到，有些甚至从未与他人有过冲突。有些人即便有人格障碍，也能够过上美好的生活，因为他们生存在友好的环境中。有些伟大的、受人敬仰的人一样患有人格障碍。

演员或政客天生适合暴露在镁光灯下，如果他们是自恋型人格障碍者，会觉得如鱼得水。对他们而言，完美的职业就在舞台上。相反，如果让回避型人格障碍者在会议上作报告，他们会觉得生不如死。强迫型人格障碍者如果在核电站工作，人们会十分感激他，因为他会每天进行三十三次标准的检测。重视严谨和精确性的强迫型人格障碍者成为外科手术医生，也是患者打从心底里希望看到的。但是，当他们看到妻子从上到下、而不是从侧面开始抹黄油时，就会与妻子发生争吵。这时，只有他们的妻子会讨厌这种人格。

人格障碍者对所有事情都有自己的要求，这有时会让其他人抓狂。他们频繁地与家人、老板、同事或陌生人发生冲突。尽管总是经历相同的事情，得到相同的反馈，他们却很难认识到自己的问题。在心理治疗中，让他们对自我和他人进行认知对比，对人格障碍者来说是个困难的治疗阶段。他们在开始时会拒绝承认自己有问题。

他们看问题的视角一直被心理机制有效地调控着，这使他们几乎没有理由去质疑自己。拘泥细节的人会清楚地看到每一处灰尘，生性警觉的人会注意到周围的风吹草动，但这不是充满暗示的心理活动造成的吗？

人格障碍者的自我协调使他们很难跟外人讨论自己在某个问题上可能存在的过错。但是，他们的伴侣、同事、朋友都能非常清晰地认识到问题所在。与"看不见"的人格障碍打交道通常让人很沮丧，即便是心理治疗师也会有这样的感受。这种治疗过程需要极大的耐心与支持，并要对患者体贴入微。

从人格障碍到应对方案的转变

大部分被诊断患有人格障碍的人都很难接受这一事实。毕竟这不只关乎人格的一部分，而是与整个人格有关。谁会愿意听到自己的整个人格有障碍这样的诊断呢？患者通常会将诊断结果视为人生的污点，因为这会给他们带来麻烦。他们觉得自己会受到歧视。

如今，关于人格障碍的治疗方法不断得到创新。最新疗法采取一种更尊重人性的方式，即不再像以往那样将人格障碍视为病理案例,而是将治疗视为一种方案的研发过程。在这种治疗方法中,在糟糕的人际关系中成长的孩子会形成处理这些问题的方案,也就是形成能生存下去的能力。只是,有时候患者并不能有效运用这些能力。

从前,人格障碍被视为几乎不能改变。幸运的是,现在人们了解得更多了,有了专门为人格障碍而开发的疗法,比如"图式治疗"。我们发现,有人格障碍的人也有可能发生转变,他们甚至能将带来麻烦的人格转变成一种美好的品德。

人们应该重新审视人格障碍,把它当成个人的应对方式,这种方式的好处是可以让人对未被满足的需求做出反应,使其成为创造内心和谐的稳定因素。

除此之外,人们还有其他的应对方式——排斥,这也是人们一直十分熟悉的方式。

第三章
生病：
当灵魂出现问题时

灵魂的策略

◎ 防御机制：当发生不应发生之事时

孕妇的妊娠周期一般为 40 周，前几周通常有恶心呕吐等反应，17 周起肚子里的婴儿开始有动静，并且会越来越活跃。孕妇的腹部会明显隆起。每个准妈妈平均会增重 13 千克。由此我们知道，人们根本不可能注意不到怀孕的事实，但是却总有这样的事情发生：每 2500 个孕妇中，就有一位准妈妈直到孩子分娩时才意识到自己怀孕了。在德国，每年都有这样的事情发生：一个忍着剧痛的女性来医院寻求帮助，并在数小时后茫然不知所措地生下孩子。媒体有时还会将这张茫然的面孔登在报纸上，很多人都不禁惊讶地发问：怎么会出现这种怪事？

答案非常简单，其实我们每天都在做同样的事。

中央车站的过道里总有一些无家可归的人，《每日新闻》节目中都是骇人的新闻报道，大街上有老妇人正在从垃圾桶里捡瓶子，我们穿的 T 恤的标签上印着"孟加拉制造"……我们看到、了解到这些事实,却主动屏蔽了那些令人感到不适的细节。虽然有时会让人难以承受,但这就是世界本来的面貌;如果没有压抑能力,人类会因此迅速走向深渊。

压抑是实现灵魂自我一致性的另一种方法。如果不具备解决当前困境的能力,人们有时候会尝试忽略这个问题。我们试图表现得镇定,就像困难从未存在过一样。我们这样做时通常都是无意识的,这是灵魂下达给身体的命令。如果我们感觉受到了威胁,灵魂就可能会让我们的意识远离这种事物,它就是通过这种方式保护我们的身体的。

在刚开始研究灵魂时,心理学家就研究起了压抑心理。在弗洛伊德看来,压抑是精神分析的核心组成部分,而且他的女儿安娜也专门研究这一领域。直至今日,人们仍在沿用安娜的很多理论。但是,安娜·弗洛伊德只是将压抑视为人类众多不同形式的心理防御机制中的一种。

投射也是我们一直在使用的防御机制。我们每个人都或多或少有些不十分完美的个性和行为方式。出于满足基本需求、提高自我价值感的目的,我们会采用一种下意识的策略,也就是将个人不完美的部分投射到别人身上。我们想去掉自己身上令人厌恶的不和谐的部分,将责任推到别人头上。我们总是觉得别人不靠谱、嫉妒心强、自私任性、无自控力。通过这种思维模式,我们能让自己感觉好受一些,灵魂会感觉十分舒服,尽管这里有着一丝自欺欺人的味道。

投射效应令人错失真正认知自我的机会,这当然包括性格当中令人不舒适的部分。但是,一些我们自认为十分糟糕的个性,可能非常有趣。对于不喜欢的人，我们会贬低或批判他们的所作所为。对我们而言，这就是一个追问自我的时机，去追问自身的反感从何而来。我们批评某人善变，实际上是希望自己变得更加灵活。我们对某人过于外向的性格产生反感，事实上是希望自己变得洒脱不羁。

有时候，我们批判别人的个性或能力，只是因为那是我们自己也希望拥有的。我们不喜欢别人的一些个性，但偏偏这也是自己的个性。然而，我们只会对别人的个性进行批判。这样一来，我们就不必对自身进行反思。当我们认真地思考为何会对别人有偏见或持批判意见时，我们会发现一些十分有趣的事实。与我们想象的不同，我们对他人的评价通常与自身有关。

在面对心理危机时，我们有时还会采取否认的防御机制。与压抑的方式不同，我们不是简单地屏蔽事实，而是不愿意去承认。这种现象在婚姻或恋爱关系破裂后最为常见，因为这种经历带给人的伤痛如此巨大，以至于人们难以接受和适应。人们有时甚至会产生更加坚定的信念，认为这段破裂的关系必定会得到修复，他们相信自己会与伴侣重新开始。有些人会变得十分偏执，甚至对前妻、前女友进行恫吓或威胁。

认知失调

灵魂还有一种更广为人知的策略：合理化。当我们处在被心理学家称为"认知失调"的状态中时，这种策略就会发挥作用。这种状态会经常出现，比如：我们本不能多吃甜食，却极度喜爱巧克力蛋糕；我们今天必须去做纳税申报，但外面和煦的阳光又让人特别想去室外游泳；我们是纯素食主义者，却爱上一个喜爱吃带血牛排的男人。

在上述情形中，我们所面临的核心问题是：大脑中两个无法调和的想法在作斗争。大脑对这种情形深恶痛绝。认知失调是一种令人无法忍受的状态，这种情形下，灵魂会迅速采取措施，减缓压力。[34]只有灵魂迅速消除矛盾，这个目的才算完成。比如，灵魂会试图美化其中一个做法，同时诋毁另外一个。具体而言，就是对自己说，我明天就开始少吃甜食，我想要多运动，因为游泳有益于健康，如果宰杀过程合规且是健康动物的牛排，这也是可以接受的。为了从认知失调中解脱出来，人们会放弃原本的信念和价值观。

我们或许对下列防御机制有所了解，至少对"轻度日常恍惚"并不陌生。有时，在高速公路上行驶时，我们会陷入沉思或兴致勃勃地跟同伴聊天。我们会突然发现，在刚刚行驶的几十公里中，我们并没有将心思放在开车上。但是，我们却能够正常驾驶，准确打开信号灯，也没有错过高速出口。只是，我们几乎无法回忆起驾车的细节，就像是车子开了自动驾驶。

当人们日复一日从事单调的工作时，这种机制就会启动。比如，流水线工人为了摆脱内心无聊的状态，就会让意识"下线"。这种机制的极端形态就是"解离"，这或许是人类所能做出的最为激烈的防御方式，是人处在无法忍受或命悬一线的状态下的举动。在极端危急的情况下，人们会产生一种感觉，就像是意识从身体中抽离开来。据一些被强奸的女性描述，她们在最危急之时会出现意识与身体分离的状态。

解离是联结的反义词，这其中有一定的道理。联结意味着结合，解离意味着分开，在心理学语境下指的是灵魂与肉体的分离。正常情况下，两者不可分离，没有人能够有意识地做到这一点。然而，当人们处在极度恶劣、无法忍受的情况下，以至于心理不能承受时，这种机制就会瞬间启动。这个机制如此重要，以至于人们或许可以将之视为一种善意之举，一种能够让我们从创伤事件中挺过来的灵魂终极保护功能。

虽然解离能让人在极其可怕的场合中获得解脱，但是经历过解离状态后，人们会很难进行心理修复。解离使人们难以驾驭意识，记忆片段会突然闪现，随后以碎片形式存储在意识中。这段经历会对整个机体产生影响，很多时候还会引发创伤后应激障碍（见后文）。

有些人常年处在轻微的解离状态中。他们几乎感受不到身体的存在，或者只在疼痛时才有感觉。人们在长期经历剧烈心理性和心身性的疼痛后就会出现这种状态。

◎ 意志：它什么时候对人有益，什么时候带来伤害？

防御机制通常是在无意识中开启的。不过，也有一类压抑方式是有目的性、有意识的。我们不将其称为压抑，而是称为注意力控制或"个人意志"。这是人类集中注意力和选择性控制的能力。

在我们做出规划时，最为重要的是将精力集中于能够达成目标的事情上。很多人认为，人类正处于一个艰难的时期，因为面临着各方面的干扰：脸书、新闻推送、聊天工具，信息出现得十分密集。

人类内心深处有一处结构，乐于追逐容易得到的东西。美国博主蒂姆·厄本独创性地将这个结构称为"Instant Gratification Monkey"，即"及时行乐的猴子"。之所以有此称呼，是因为这只猴子准确知道内心的需要，即想要所有令人愉悦且无须大费周章就能获得的事物，也就是所有能即刻带来欢乐的事物。这只猴子想要零食、咖啡、最新的推文和视频。人们时刻都在用手机搜索或者发布状态，因为这正是能够即刻带来欢乐的事物。

人们可以或多或少地抵御内心躁动。从根本上来说，人们有能力对影响工作效率的事情进行干预。只要我们想这样做，就能有效地将外界传输信息的通道堵住。当我们真的想要完成工作时，就不见得一定会去点击手机弹窗或推文。当灵魂发出集中注意力的信号时，我们就会这样做。灵魂经常要求我们保持专注，只是我们有时会故意屏蔽灵魂的信号罢了。

这种信号在有些场合十分重要：比如，一名飞行员刚与妻子离婚、处在极度悲伤的状态之中，却顺利完成了执飞去往委内瑞拉的长途班机的任务。医生兼健身教练乌尔里希·施特龙茨在胫骨骨折的情况下完成了铁人三项，赛后他说自己比赛时"感受不到疼痛"。[35] 人类能够明确认清目标，以至于可以集中一切精力去追逐目标并最终获得成功。如果无法做到这一点，人们就会不由自主地做一些毫不相关的事情。

人类和动物之间的一大区别在于只有人类才能在遭受打击和生命威胁的情形下按原计划行动。人的内心会将"及时行乐的猴子"

拉回正轨，退一步看大局，制订出计划并最终实现目标。这是多么了不起的能力！

短期来看，各种压抑策略都有其合理性和优点，会帮助人们顺利渡过难关。但从长远来看，其中就存在一些问题和风险。我们有时会将麻烦从意识中排挤出去，但是更为妥善的方法却是直接面对问题，同时重视自身的幸福感，而不是将注意力都放在工作上，完全忘了平复心情，直到精疲力竭。处理离婚问题时，我们可以拒绝相信被抛弃的事实，但这无法改变事实。我们相当于失去了能够进行自我调整的机会。作为素食主义者，为了让一段感情继续下去，我们可以说服自己肉类很好吃，但是内心深处会有一个声音不断地提醒我们——我们违背了自己的价值观。

这个声音或许短时间内会消失，但是它的影响力却不会消失。它会在内心深处不断"翻腾"。下述例子或许大家都有体会：在遭人羞辱后，我们可能一时会忍受侮辱、不做反击。但八个小时后，一个绝妙的反击策略却会突然从脑中浮现。就是这么奇妙，想法从天而降，即便我们并没有一直惦记着这件事，潜意识却会一直"琢磨"着。潜意识对经历过的所有事物都会进行处理。

即便是微不足道的羞辱也会在接下来的几个小时内不断"折腾"，更不用说过去的悲惨经历了。即便悲惨的经历完全从我们的意识中消失，也会对人产生影响，对神经系统产生刺激，让身体或灵魂患病。这有可能导致抑郁症、焦虑症、强迫症以及心身性疾病的出现。我们越是排斥那些给灵魂造成困扰的事情，就越有可能让灵魂得病。

恐惧的神经生物学机理

油管上有一个像病毒一样被疯传的短视频：一只猫正站在食盆前大口吃着猫粮。这时，一个人在猫身后放了一根黄瓜。随后，猫转过头来瞥见了黄瓜，它立即被吓得跳了起来。那个人就在一旁咯咯地笑。我们这些看视频的人也认为猫害怕黄瓜这件事十分有趣。

从表面上看，这只不过是猫主人的恶作剧。
实际上，这还揭示了另一件事：杏仁体在行动。
杏仁体是边缘系统的核心组成部分，也是灵魂的核心部分。科学家已经对杏仁体进行了长期研究。越是深入了解杏仁体的细胞结构，我们就越会感到惊讶。几年前，人们将杏仁体称为恐惧中心，因为恐惧主要在该区域进行调控。随着杏仁体的其他作用被不断发现，人们甚至断言，杏仁体真是一座魔幻工厂。

杏仁体会对嗅觉刺激进行处理，也就是对所有闻到的事物进行分析。它负责调节植物神经功能（比如心跳频率），对呼吸、睡眠以及激素含量有一定的影响。当我们感受到恐惧时，杏仁体主要负责调节，同时还会对如愤怒、兴奋、上火或嫉妒等其他情绪产生影响。
美国的约瑟夫·勒杜是长期研究杏仁体及恐惧心理的心理学家。他通过对人类的恐惧进行密切追踪发现，恐惧传导有两条路线。其中一条路线传导极其迅速，但精确度不足。在这条"小径"上，刺激感以闪电速度直抵杏仁体，就像那只猫对潜在的危险物体进行"登记"的瞬间反应，那时它并没有识别到那个物体究竟是什么。

更确切地说，猫并不会害怕黄瓜，恐惧产生的主要原因是联想到了天敌——比如蛇。造物主的设计是，在人们看清物体前就产生恐惧，这总比出现危险时不谨慎更好。这种模式有效运行，所以以下生物都存在这样的生物机制：猫、人、刺猬，这三类都是脊椎动物。因此，在穿越森林看到一种蛇形物体时，人类的反应与视频中的猫并没什么区别。在意识到这只是一根弯曲的树枝之前，杏仁体早就激活了整个"HPA 轴"（即下丘脑－垂体－肾上腺轴）："压力荷尔蒙"、心跳、呼吸频率会瞬间升高，使人时刻保持警戒。整个反应系统迅速投入工作，这就是人体内部的报警系统。

当我们接收到一个不明确的、尚无法识别的图像信号时，神经刺激会通过第二条路径缓慢传导。物体的图像很快在间脑——即所谓的"丘脑"——中存储，目的在于对感觉信息进行过滤。如果丘脑认为信息相关，就会传送到海马区。海马区这个名字让人想起海马这种动物。从解剖学来看，海马区与杏仁体紧密相连。海马区的特定任务是将见过的事物的信息存储下来、进行分析，在需要时会为杏仁体提供背景信息，即当下图像的具体信息。在前述两个例子中，因为这两个物体都不是蛇，所以信息就会通过第二条路径传到杏仁体，恐惧就会逐渐消退。杏仁体和海马区会持续进行紧密合作。可以说，它们不仅是邻居，更可以被视为一对久经风雨的夫妻：杏仁体更喜欢对事物进行一定程度的渲染，海马区则负责提供全局视角的信息，并负责缓和情绪。不难想象，如果该系统产生混乱，一定不是一件好事。杏仁体和海马区都是必不可少的，在危急情况下，预警机制能够迅速拯救我们；当危险不大或暂时没有危险时，校正机制可以帮我们恢复到平静状态。

只要对系统稍微进行一点干涉，就能彻底改变生物体行为。被捕的野生鸟类通常会惊恐地试图逃跑，但是只要稍微对杏仁体进行一点操控，它们的情绪就会稳定下来。杏仁体受损的实验室小白鼠在猫面前都不会逃跑，而是会好奇地打量，因为它丝毫没有认识到自己处于极端危险的状况中。杏仁体受损的生物既不发动攻击，也不逃离危险，即便站在天敌面前也没有一丝恐惧。

神经生物学家曾经描述过这样一个病例：患者既不会产生恐惧感，也不会有愤怒感。因为患者受家族遗传导致杏仁体出现钙化，所以她一直都性情温和，为人殷勤、友好。她自愿将信用卡密码告知陌生人。她的生活处在相当大的危险中，不能脱离监护人的看管。很多人都希望生活中少一些恐惧，但是，恐惧不仅代表着警告和惊吓，它能令人多一丝怀疑，这样能够保障我们不盲目相信他人，因为不是每个人都真心为我们好。没有恐惧的生活意味着充满危险。

◎ **情绪和记忆：这个我会一直记住**

没有杏仁体，我们几乎无法记住事情。杏仁体深度参与记忆的形成。大家都知道，人们对引起强烈情绪波动的事物会记得特别深：第一次接吻、孩子出生、恐怖分子袭击美国世贸大厦时我们所在的地方。相反，我们或许早就忘记钢元素在元素周期表中的位置，即便以前在化学课上做了大量练习。

记忆的作用不言而喻。它绝不是一个能够查阅所有所学知识及经历的储存库。它的作用主要在于让人记住对自身有好处的事情，让自己经常去做这件事，同时警惕曾带来教训的事。这种机制的基本原理在于：经历越可怕，记忆越深刻。

在遭遇危急情况时，杏仁体会全面参与记忆的形成过程，因为它想要确保人类尽可能平安地生存下去，最好一直不遭遇风险。如果丛林中出现的真的是蛇而不是树枝，或许杏仁体以后会将遇到蛇的位置，甚至将整片森林都标记为危险地带。

遇到危险时，我们不是简单地记住带来危险的事物，而是会记住带来危险的整个环境：气息、声响和当时所有的身体感知。更重要的是，我们记住了当时的大脑活动：身体是否感到不适、心脏是否跳动过快、是否呼吸急促。美国南加州大学神经科学教授安东尼奥·达马西奥将此现象称为"身体标记"。

理论上身体与灵魂是一分为二的，但是实际上两者一直处于紧密合作中。记起让人印象深刻的事物时，我们往往很难控制住身体的反应。忆起羞耻经历时，我们会脸红；想到恐怖的事物时，我们会不寒而栗。

深刻的记忆不仅以景象的形式、也以当时身体的感受和情绪的形式存储下来。混合式的体验深刻印刻在整个生命体中。人们可以将"身体标记"想象为一种贴纸，将物件、事件、地点或人物印刻在灵魂上。灵魂时刻在提醒我们："记住这个东西，它非常重要。"即便某些事情只是轻微碰触到了痛苦的回忆，灵魂也会迅速激活情绪和身体反应。这种身体反应在悲惨事件发生时曾发挥过作用，或许以后也能够调用。尽管这个过程十分有效率，也有可能带来棘手的问题。

焦虑症

杏仁体、海马区和"身体标记"都是为人体服务的有效系统，但是它们有时也会反过来针对我们。如果罹患焦虑症，各个身体系统就会出现功能失调，我们的体内就会出现各种不同形式的恐惧。

◎ 惊恐发作：当我们恐惧到极点时

科学界一度认为焦虑症是可逆的，即焦虑症患者可以不借助外力、自然而然地恢复正常。这个观点被证实是错误的。如今，人们的认知刚好相反：人们必须尽早处理恐惧，因为恐惧会进一步滋生更多的恐惧。恐惧就像心理上的永动机。从惊恐发作的案例中，我们可以清晰地认识到焦虑症的这一特征。

❖ ────────────────────────────

案例：惊恐发作

情形描述

在职场及人际关系的双重压力之下，一名有着恐慌症状及抑郁倾向的三十四岁公司职员来到我这里咨询。从第一疗程的对谈中可以归纳出他存在以下心理现状：首次惊恐发作出现在十年前。那是一次完全无法预料到的突发状况，患者从睡梦中惊醒，感到极度焦虑。家庭医生给他开了安定药片作为镇静剂服用，但没有将他转到心理治疗诊所。在药物作用下，惊恐发作逐渐消失，但是对于药物上瘾的恐慌令他决定停止服药。此后，无论在什么场合，他每天都会经历三至四次惊恐发作。他说："恐慌时刻窥伺着我。"

在各种场合中都会产生强烈的恐惧和绝望情绪，这会令人生活质量下降、脱离社交、自我价值感受损及产生情绪大波动。这对于伴侣的折磨更大。除此之外，患者的自我效能感一直无法得到恢复。他说，对于失去工作的恐慌经常令他觉得灾难来临，他会陷入无穷尽的沉思中，产生失败感及生存焦虑。

他有严重的入睡困难及睡眠障碍，每天早晨醒来都觉得筋疲力尽，难以集中精力。尽管有伴侣的陪伴，他还是会感到孤独、无望。唯一让他感到稳定的是日常工作，但是他又觉得自己能力不足，完全无法胜任工作。

他希望通过心理治疗摆脱惊恐发作，摆脱焦虑（包括与人交往产生的焦虑），能够平稳、放松地生活。

生活史及既往病史

患者是家中长子，还有一个小他六岁的弟弟，两人都在父母身边长大。他父亲在四十九岁时死于癌症，虽然生前工作十分忙碌，他仍会尽可能抽时间陪伴孩子。患者对家庭关系的描述是普通朋友般的、肤浅而表面的。家庭成员之间没有拥抱等亲昵行为，缺乏真正的沟通。

他的母亲有强烈的占有欲与掌控欲。在照料儿子方面，她与普通母亲无异。跟与父亲的关系相比，他与母亲之间的依恋关系更深切、更可靠、更互相信赖，但同时也有令人不适的一面。

母亲很少以温柔和蔼的形象示人。家人之间有了情绪既不进行交流，也不公开表露出来。患者很难接受父亲去世的打击，也因此与母亲亲密了些。在那段时间里，他通过酗酒来减压，但是很难抹去对父亲去世的记忆。

患者开始离群索居，尽管他是一个喜爱社交、对一切事物充满兴趣的人。在心理诊疗初期，患者与伴侣的关系刚破裂。

心理诊断

在与患者的交谈中，可以明显感受到他十分紧张，但又在尝试进行自我控制，同时显得焦虑不安。他心理压力很大，内心总有深深的恐惧，害怕自处与面对恐慌。他对一切展现出消极的态度。患者说，他对恐惧本身产生了恐惧，非常沮丧、绝望。与伴侣分手后，他感觉前途渺茫，整个人精疲力竭，他觉得自己不可能再快乐起来了。

分析

患者与母亲之间存在稳定的依恋关系，与父亲、兄弟之间的依恋关系也比较紧密。这是一个足够安稳的家庭。他不敢面对父亲生病的事实。在这里，患者采用的防御机制是否认和压抑。父亲的离世使他感受到生命与命运的变幻无常。母亲与弟弟无法有效减轻父亲离世给他带来的悲痛，而这是他非常需要的。他通过酗酒来转移内心的悲痛，试图麻痹思想和情绪，使自己免受折磨。

患者一方面想要获得亲近感，另一方面又不想直接面对现实。他就此失去了家庭归属感。他的内心产生了"突然之间家里的人都不在了"的感觉,这在患者发病的病理过程中打下了深深的烙印。由于恐惧而改变的行为模式及由此形成的内心撕裂感、无助感都在惊恐发作中展露出来。同时,惊恐发作时还伴有强烈的身体反应,患者会出现各种身体症状,如心跳加速、呼吸困难、肌肉酸疼及出汗等。

频繁的惊恐发作、可怕的无力感及高强度的工作压力令患者的人际关系出现了崩溃,他变得更加难以采取合理的应对策略,并且抑郁代偿机制出现了失调(崩溃),后者表现为惊恐发作的频率加剧。

应对任人摆布的感觉,从亲人离世的悲痛中恢复过来,处理矛盾冲突及工作焦虑,这一系列挑战需要有很高的掌控力。越是尝试压制内心的精神压力,患者的压力就会越大。他没有释放压力、缓解焦虑的途径,这种情绪就会通过惊恐发作释放出来。过度关注心理困境及显著的回避行为导致自我价值崩溃,从而让心理障碍进一步恶化。

与相处多年的伴侣分手再次对他造成了打击,并成了让他持续发病的原因,稳定的依恋关系以及工作中的人际交往本应成为最后一个稳定因素,却也从他生活中消失了。

❖

患者的案例十分典型。患者出现惊恐发作经常是毫无前兆的,像是从天而降一般。通过进一步观察发现,病症发作并非毫无征兆。大多数患者在发作前都曾有过痛苦的经历。因为那段经历通常发生在比较久之前，所以人们大多时候都不会将其与惊恐发作直接联系起来。

我们会认为，惊恐发作是在导火索事件发生后立即出现的。但其实并不总是这样。身体和灵魂的运行逻辑及对时间的感知完全不同。惊恐发作的爆发通常存在时间延迟的特征，有时候会延迟很久，以至于患者很难将此前的痛苦经历与之联系起来。

患者体内会发生如下变化：身体长期承受压力导致体内肾上腺素含量上升，但在压力减少后肾上腺素却不能立即恢复到正常水平。恢复的过程要持续一段时间，有时就会通过惊恐发作进行释放。这也是为何惊恐发作大多发生在情绪稳定时期，比如在坐下时或者上床睡觉时。很多人甚至会在睡梦中突然经历惊恐发作。有时候，当焦虑期结束时，神经系统的运作才真正开始。

人们将惊恐发作描述为一种让人莫名恐惧的间断性冲击波。发病者通常会心跳急剧加速，出现窒息感、压抑感、灼热感，或打寒战、眩晕，还可能会晕厥或产生濒死的恐惧感。全程将持续30分钟甚至更久，高潮大多出现在第5至10分钟。惊恐发作是一种十分可怕的情绪性病症，对大脑的杏仁体是一大考验。

惊恐发作如此可怕，以至于杏仁体会采取十分重要的措施。为了避免再次惊恐发作，杏仁体会对发病的情形进行详细的记录。人的内心会形成一种"心理标记"，发病地点会被标记为"有危险"，当时的场景信息也进入了记忆中。恐慌症会很快演变为广场恐惧症或其他类型的焦虑症。大约三分之二的患者都会经历这样的过程。

当然，惊恐发作的记忆并没有那么容易消退。焦虑的患者对所经历过的恐慌场景进行沉思，于是"忧心忡忡"成了焦虑症的核心部分。这是一种尝试，试图通过频繁的沉思来获得对不明危险的掌控，因为惊恐发作总是伴随着掌控力的丧失。掌控力的丧失会对人体产生十分久远的影响。这会给灵魂发出一个信号——我们对自己的受害无能为力。很多患者还会产生另外一种想法："如果我现在就晕倒在地，所有人都会以为我是一个喝醉了的流浪汉，没有人会帮助我。"这种想法会加深恐惧。

患者陷入沉思还可能是想知道自己身上究竟发生了什么。人们有很强的求知需求。惊恐发作的诊断通常来源于急诊科医生，患者并不满足于他们的诊断。他们坚信，除了心理因素，他们身上还有别的问题，这会让他们总感到"哪里不对劲"。患者最常说的一句话就是："我无端情绪激动，然后就被送到了急诊室，这是十分怪异的事情。"患者怀疑是自己身体的某些问题被忽视了，这将会是极大的隐患。很多患者坚信，他们的心跳剧烈加速，必定是心脏出了问题。因此，他们开始加强观察，警惕相关症状出现。

之后，患者的恐惧感会悄然升高，在下一次发作时，其表现甚至会被外人认定为疯癫。在一定条件下，患者还会出现另外一种病症：心脏神经官能症，即所谓的"心脏恐惧症"。心脏神经官能症患者都会对脉搏、心率及其他身体特征过于频繁地进行测量。他们坚持要进行必要的心脏检查，即使诊断证明惊恐发作跟身体器官没有关系。

除了时刻对身体状况进行观察，很多恐慌症患者还有意将自己保护起来，远离社交。但是，这种做法会带来更大的心理压力，进而再度引发惊恐发作。每一次惊恐发作都会加深患者的恐惧。如果惊恐发作持续出现，就会恶化成恐慌症。一次惊恐发作就能在短时间内发展为可怕的恶性循环。

◎ 广场恐惧症：当我们对特定地方产生恐惧

"agora"意为"古希腊的市集广场"，德语单词"agoraphobie"为"agora"的衍生词，意为"广场恐惧症"。"广场恐惧症"一词十分准确地描述了这种病症，因为这种病症只在特定的地点发作，比如音乐会大厅、地铁或者坐满人的咖啡厅等。同时，广场恐惧症大多会持续恶化。起先，该病症只在特定场合发作，比如在足球馆内，患者会突然产生一种诡异的压抑感，迫切想要离开现场。大多数情况下，这种症状会在离开特定场合后很快消失。如果有过类似经历，患者就会认为唯一有效的措施就是远离足球比赛。因为杏仁体已经开始工作，在神经系统中将足球场标记为危险之地。正如此前所说，杏仁体极度谨慎，会一再小心。于是，杏仁体在患者外出购物时就可能会发出一个明确的恐惧信号，因为购物区的人群密度与体育场馆内差不多。

超市、音乐会场馆、炎热夏日里挤满游客的公园，这些都有可能不断成为新的"恐怖场所"，这会极大降低患者的生活质量，因为患者为了掌控局面，就会避免出现在这类场所中。同时，其他的需求也会遭到忽视。如果不能自由行动，患者的社交和娱乐生活都会出现问题。

广场恐惧症的持续时间越长，患者就越会感到孤独和悲观无望。这也就能解释为何患者最后会得抑郁症并采取不恰当的应对策略，比如酗酒、吸毒或者服用镇静药物。

◎ 社交恐惧：当我们对他人产生恐惧

对于大多数人而言，参加派对、高中毕业十周年的聚会，与生意伙伴在舒适的餐馆共进午餐，这些都是令人愉悦的场合。但是，对于有社交恐惧的人而言，仅仅是想象这样的场景都是一场噩梦。他们对物体或场地没有任何恐惧，只是害怕与他人同时出现在一个场合。一踏入人群中，他们就会产生深深的忧虑，担心言行举止格格不入而被人耻笑。

各种不同类型的恐慌症患者都有所谓的灾难化倾向，即倾向于对特定事件做出悲观预测，这是典型特征。有社交恐惧的人群认为，自己在别人眼中就是一个失败者、弱者、疯子、无聊且讨人厌的人。根据经典条件反射的逃避策略，为了尽量不陷入窘境，他们会回避任何一个他们认为会陷入窘境的场合。

极端情况下，这些行为会令人无法继续工作，以至于缺席所有社交场合，失去朋友，最严重的情况是让人变成一个近乎极端的离群索居的人。这类患者还会出现其他精神障碍（比如抑郁），或者为了排解压力而吸食成瘾性药物。

◎ 特定性恐惧症：当我们对无害物体产生恐惧时

有些物件会让大部分人感到害怕，比如露出獠牙的猎犬、站在阴暗街角的恐怖小丑、手持上膛手枪的人。也有一些东西，只会让某些人害怕，而对其他人无效。

恐惧有很多特征，其中一种特征便是它是极其主观的。即便人们处在绝对安全的环境中，也可能会产生恐惧。"特定性恐惧症"最能体现出恐惧的主观性，这或许不同于其他任何一种焦虑症。于别人而言无害的日常用品，却会让一些人无比害怕。比如，有的人一见血就立即晕厥，但对医生来说，见到血是再正常不过的事情。有时候，人们甚至想到某个东西都会感到眩晕。有些人喜爱雷雨，有些人却在打雷时感到生不如死。昆虫、针管、宾馆的遥控器，甚至是毛绒兔，任何事物都可能引发恐惧。

有趣的是，大多数人都知道是自己夸大了这种恐惧，也明白它们本身是无害的。尽管如此，人们还是不能抑制恐惧的出现。恐惧大多植根于童年时代，这反映出某人对某个物件或场景出现了误判。这种恐惧或许是由常见的创伤经历（比如被狗咬到）引发的。

大多数人能够很好地与这种焦虑症共处，因为他们十分幸运，极少遇到让他们恐惧的物体，所以几乎不会影响基本生活。但是，若是因为极度害怕打针所以很多年都不看医生，那就是在拿生命健康冒险，当然，这只是极端情况。

◎ **广泛性焦虑症：当我们生活在持续不断的焦虑中**

"广泛性焦虑症"非常可恶，因为这种病症与特定事物无关，而是广泛地渗透到了生活的所有领域。相比其他焦虑症患者可以采取逃避策略来获得喘息的空间，广泛性焦虑症患者则生活在持续不断的焦虑中。

这种焦虑大多是无规律可循的，可能涉及身边发生的所有事情。让他们焦虑的事物散布在各处，可能出现在任何场合。这种焦虑通常伴有身体症状，比如疼痛、神经紧绷和精神衰弱等。即便手头上有足够的资金，患者通常也会过度担忧日常的大小事务，比如家务、健康状况、工作责任、家庭和收入等。他们一直都在臆想自己会搞砸一些事情，而这些事会带来很多不良后果。

由于经常胡思乱想，患者的睡眠质量会下降，容易暴躁、疲惫，身体机能会变差，还会出现情绪低落。他们的身体从未得到真正的休息，因为这种胡思乱想时刻伴随，耗尽精力。即便患者安稳地坐在家中，内心也并不能达到真正的安乐。有时，一定程度的安全感甚至会带来焦虑：越是风平浪静，他们就越相信不幸的事情很快会来临。人们将这个现象称为"预期性焦虑"：越长时间没有出现危险，他们就会越深地陷入对危险的恐惧中。他们还会不厌其烦地叮嘱妻子和儿女，想要减轻他们的焦虑感，这种情形并不少见。他们会频繁给家里发短信、打电话，确认一切如常。这种行为会很大程度地伤害家庭和婚姻关系。

持续不断的压力会对身体带来伤害，如头痛、失眠、肌肉紧绷、心跳过快、心跳过慢或出现慢性疼痛等，这些都是广泛性焦虑症的普遍症状。很多患者表示，他们一直处于焦虑和紧张的状态中。实际上，广泛性焦虑症的初期症状并不严重，但随着年龄增长会出现恶化。患者大多经历过刻骨铭心的分离或者有过痛苦的人生遭遇，比如遭到身体虐待或性侵犯，这会让他们出现无力感和任人摆布的无助感。我们知道，这类经历会对管理焦虑的大脑结构产生影响，埋下焦虑症的隐患。

◎ 强迫症：为什么我们一定要做这些事情呢？

或许大多数人不会将强迫症归类为焦虑症。其实，强迫症的确属于焦虑症，因为强迫症是对焦虑所做出的反应，是试图通过行动调控焦虑症状。

有的人每天检查厨房灶台三十遍，拿东西时坚持用手套，从不会跨出人行道边缘。这些行为的目的只有一个，就是控制或降低对某些东西的恐惧。正如上文所介绍的短期策略，这种做法开始时很有效，因为患者在短时间内抑制了焦虑。但是就长期而言，这会形成惯性，即产生类似于抗药性的效果。就是说，当最初的方法不再奏效，强迫症患者就会不断升级行为措施。

强迫症患者的思想离不开恐惧和担忧。他们最常担忧的就是事故、灾难、暴力、疾病和疏忽大意。为了保护自己，患者会细心检查门窗。如果在街上被人不小心碰了一下，他们会极其频繁地洗手。因为他们坚信，如果不这样做，就会发生意外。毫无疑问，正是想要对场景、情绪和生活进行掌控，才会出现这种行为。

正如其他焦虑症一样，强迫症的起因都是毫不起眼的，通常都是自己强加给自己的想法："门把手上必定有很多细菌，我一定会感染疾病。"因为害怕感染疾病，他们开始采取行动："我得用肥皂洗手五分钟，然后再用杀菌剂清洗，这样才能避免发生意外。"这种行为会不断升级。因为对感染疾病的恐惧是一种危险信号，大脑会在这类场景上进行"身体标记"。在下一次碰到门把手时,大脑就会发出警惕性的信号:"你知道吗?你上次碰到门把手时产生了极大的恐惧,你这次本不该碰门把手的。如果真的无法避免,你就要用肥皂和杀菌剂进行清洗,而且这次要清洗得更加彻底。"

在产生焦虑后,人体就会试图进行抑制,这个过程贯穿一生。每一次抑制都会让这种行为模式固化。患者对抗焦虑的办法,起初都是尝试进行压制,但这种行为就是一种强迫症,它非常顽固,很难被克服。

亲人和旁人无法理解强迫症患者眼中的行为准则,因为他们认为这是不理智的怪癖。患者因为了解自己的状态,会为此感到羞耻,因而会对这种行为保密,有时,这种隐秘行为会长达数年之久。有时候,他们会主动疏远家人、朋友。有些人会因此丢掉工作或者主动请辞,因为他们已经不能隐藏自身的强迫症,并且逐渐受到了强迫症的控制。严重情况下,强迫症将绝对主导患者的生活。

❖

案例:强迫症

情形描述

我和一位三十六岁的女性进行了面谈。她是一位单亲母亲,有一个十六岁的女儿,职业是餐饮服务人员。因患有"检查强迫症",她已经一年半无法工作。她讲到,她每天必须花三个小时里里外外地将房子检查一遍才能出门。后来,这种做法也不奏效了。三年间,这种所谓的仪式不断往极端方向发展,以至于让她无法准时上班。同时，害怕失业的情绪又给她造成了更大的压力。只要检查过程中断，她就必须从头来过。她不断敲打、捏自己，希望能够终止强迫症。她多次提到手臂的瘀青。她为此感到十分羞耻，认为自己是一位失败的母亲。

生活史及既往病史

据患者讲述，她是父母最小的孩子，从小备受宠爱。她的父母都是二婚，双方之前共有五个孩子，她就这样和其他孩子一起生活。她是父母在这段婚姻中唯一的孩子。她与兄弟姐妹之间有疏离感，但还算和睦。父母与她十分亲密，给了她很多关爱。

她六岁时，父亲死于意外事故。她说，她至今都无法面对这个事实。她想要有父亲，希望获得支撑。即便成年后，她仍然无比怀念父亲。父亲过世后，她的母亲就必须独自承担所有责任。患者说，她感觉自己美好的世界瞬间崩塌了。她的母亲有严重的酗酒倾向，这是她极为厌恶的地方。

患者十六岁时，她的母亲跟新伴侣一起移居到了海外，并将所有的孩子都留在了德国。患者被委托给熟人照料。

强迫症产生过程

患者在童年时代就经历了丧父之痛。至亲的缺位和关怀的不足使她产生了无助感和无力感。她认为外界是不可靠且充满危险的，这些都从母亲的酗酒和亲人的离弃中再次得到了证实。让她产生不安全感的诸多经历使她产生了对掌控感和安全感的强烈需求。充满无力感的经历在她身上引发了恐惧、无助感和愤怒。她没有应对悲伤和沮丧情绪的方法，便逐渐形成了强迫症障碍。患者的负面经历带来的影响越深，所形成的强迫症障碍就越严重。

首次发病条件

患者讲述了在生下女儿后逐渐受到强迫症干扰的过程。她当时十九岁，生下孩子后，她采取了一种过度保护的方式，因为她小时候并没能受到多少保护。她担心女儿、孩子的父亲或自己出现意外，开始变得过度谨慎。"我不想因为自己而让身边的人发生意外。"这是她自己的诉求。这种心理迫使她处处留心，不管是家中的事还是工作上的事，她都要一遍又一遍地检查。担心发生突发事故的心理极大限制了她的行为方式。直到现在，她仍然无法摆脱检查东西的习惯。

持续性的因素

她担心没有这些强迫行为，就会有灾难发生，并且要为别人的意外负责，加上本身被削弱的自我价值感以及创伤经历，就会形成恶性循环。通过"有效"的强迫症行为可以达到短期的镇静，这使得她不断维持这种不恰当的应对策略。长期抑制愤怒、恼怒、悲痛、忧虑等负面情绪，就会形成一种极端高压的状态，而她又试图通过频繁的检查减缓压力，一直到"拯救信号"来临，她才可以正常开始一天的生活。

因为强迫症的自动演化且缺乏恰当的应对措施，患者就会坚持采用当前的应对措施。在无法终止强迫症行为时，她会敲打自己，掐手臂或大腿，这又导致她的自我效能感缺失，并因此形成了自我贬低的心态，这将导致她采取更严厉的自我惩罚措施。结果就是，强迫症极大地影响了她和女儿的生活。

◎ 强迫思维：当禁忌控制思维

除了上述强迫症行为，还有一种强迫症是能够停止反复检查等行动，但痛苦一直不能得到减轻。有强迫思维的人的内心是很煎熬的。他们一般不会袒露心扉，总是顾虑重重，因为强迫思维大多涉及性和暴力等禁忌话题。

强迫思维是悄无声息地产生的。起初，他们心中所想的只是生活中司空见惯的事情。大脑是一个善于联想的"机器"。只是瞥了某个东西一眼，大脑就会瞬间闪过一个念头：可以用这个东西来做什么呢？比如，看到厨房柜子上摆着一把锋利的菜刀，我们会联想到，菜刀用来切洋葱再合适不过了，但是理论上也可用来伤人。每个人都必定在意识的边界闪现过类似的念头。人们一般不会太在意这个念头，因为它很快就会消失得无影无踪。然而以下场景却是有可能出现的：一个平淡无奇的家庭，一位母亲独自在家照料婴儿，在过去几周里，她都没有真正合过眼，每到夜里都被折腾得筋疲力尽。这种生活完全不是她想象的样子，一点儿也不温馨。她处在极度疲惫的状态中。这时，她看到了厨房的菜刀，在短短的几秒钟里她突然想到干脆一刀把孩子杀死算了。然后，她开始集中精力思考这个问题，因为这是一个母亲能想到的最为恶毒的事。她为此感到羞愧不已，开始责备自己，担心自己是否真的会这么做。她深陷于这些念头中，产生了深深的担忧感和羞愧感。这时，灵魂就开始工作，它将菜刀和孩子标记为"特别值得关注"的选项。母亲并不会很快忘记这个念头，而是在经过谨慎评估后，更加频繁地思考这个问题。她会尝试阻止这个念头产生，因为它太可怕了。但是，我们都知道这类似于"粉红色大象"的实验：当我们试图摆脱脑海中的大象时，它却会更为频繁地出现在脑海中。

一个典型的、特别煎熬的循环就此开启。这种念头很有可能进一步引发其他的精神障碍。在有强迫思维的患者中，超过70%的人患有其他心理障碍，如抑郁症、恐惧症、成瘾性疾病或恐慌症，主要原因在于，患者都是在晚期阶段才开始求助于心理治疗。这也不难理解，有谁敢直接向别人倾诉"我在不断想着用菜刀杀死我的孩子"呢？

在这种情形下，大多数人都会安慰这位母亲说其实产生这种念头并不是想要杀死孩子，恰恰相反，这是爱护孩子和想要努力成为好妈妈的表现。

◎ 安全：如今的生活环境更加安全，我们为何更加焦虑？

焦虑症越来越常见。数据显示，仅在德国就有一千万人至少遭受着一种焦虑症的困扰。[36] 如今，关于抑郁症的讨论非常多，焦虑症次之,尽管焦虑症患者远多于慢性抑郁症患者。

人们会说,并不是焦虑症和抑郁症患者增多了,而是更多的人被确诊了而已。很多专家认为,自20世纪50年代以来,焦虑症患者的数量实际上至少增长了1.2倍的标准差。如果真是这样,简直令人难以置信。人类社会的安全系数越来越高,而焦虑症患者却在不断增长,怎么会这样呢?

产生这一现象的原因主要有两个。第一,焦虑系统属于边缘系统的一部分,后者存在的历史十分久远。边缘系统存在的意义在于将身体状态调回正轨,比如以前的人在穿越丛林时被突然蹿出来的剑齿虎吓到后,就需要边缘系统进行调整。其余时间,边缘系统更乐意处在"待机状态",在一旁"休整"。

我们都知道,数千年前的生存环境是十分恶劣的。大致的状况是,原始人类只系着一块束腰布,穿行于充满猛兽和敌对部落的世界中,而且只有木棒防身。这并不是一件好玩的事情。但是,可以推测的是,那时的生活远比现在安静得多。

我们生活在广袤的大陆之上,大部分人都有安全的居所,三餐饭食都有保障。但是,对于现代人来说,他们大脑中的海马区和杏仁体却不见得更轻松。四车道马路、急救车的警笛声、手持式凿岩机、货运列车,这些对边缘系统都极具威胁性,会不断刺激HPA轴。在远古时代,即便同族人在距离住处三千米的地方遭到杀害,人们也一无所知。如今,恐怖袭击的消息在几分钟内就能通过无数渠道传送到整个世界。大脑只会这样想:世界不正是变得越来越糟糕且充满危险吗?

还有一个原因是，被我们判定为引发焦虑的因素会凌驾于实际引发焦虑的因素之上。正如前文中提到的社交恐惧症，焦虑不仅源于真正有威胁的事物，还来源于我们主观认定为危险的事物。

在当今时代，这个问题不容小觑，很多人都生活在对生命健康的担忧和社会阶层下滑的焦虑当中。持续的竞争、失业、人与人的相互排斥、棘手的工作，这些都是当代的"剑齿虎"。现代人摆脱了古代人面临的威胁，却迎来了更多的威胁。当今时代的竞争也是一种战斗——为了获得社会地位、工作机会和合适的伙伴而战斗。

当今社会，我们面临的最大威胁在于不可预见性：我的退休金有保障吗？我会遭遇裁员大潮吗？我们十年后还能买得起房子吗？这些都会令人焦虑、紧张。五万年前，一头从丛林里跳出来的动物就能将人吓得半死，但之后，人们能够迅速恢复平静，不必为兼顾工作和家庭而操心，也不用担心蔬菜残留的农药、第二天的演讲报告以及如何保持完美的身材。

人们总是在面对无法辨别、无法掌控的局面时才会产生焦虑。身体完全不会在意某个事物是否危险或是否被标记为危险，灵魂会承担起这份工作并制订相应的对策。即便安坐在家中舒适的椅子上，人们的焦虑感和感受到的压力也有可能达到前线作战士兵的水平。

这个过程会给大脑留下结构性的痕迹。杏仁体会被持续不断地激活。灵魂认为，只有频繁刺激杏仁体，才能适应当前状况。如此一来，杏仁体就会时刻保持警惕，变得越来越敏感，并且会过于频繁、过早地拉响警报。在这种状况下，前文中的实验就会出现截然不同的结果。只要对杏仁体的特定细胞团进行轻度刺激，猫见到老鼠时就会紧张地后退或耸着身子愤怒地瞪着对方。如果杏仁体由于持续被刺激而达到了过度活跃状态，它就会更容易将结果评估为危险的等级。这或许可以解释，为何有些人会将中性的刺激评估为危害等级，而且会对负面的刺激反应过度。

我们知道，某些人的杏仁体会从孩童时代起就被过度刺激。遭受虐待的儿童的焦虑系统很早就必须应对巨大的危险，这会导致杏仁体明显增大。杏仁体会对高强度刺激产生适应，这种状态将延续至成年阶段。如果外界不加阻断，焦虑会不断蔓延，这样会影响到感知世界的准确度。人们会对焦虑信息加强评估，这会形成新的压力来源并令人更容易患上焦虑症。不加干预的话，焦虑症会变得越来越顽固，影响范围会更广，且更具威胁性。焦虑不会凭空消失，而阻止焦虑蔓延需要付出时间和精力，我们必须这样做，因为焦虑不仅会引发新的焦虑症，还会引发其他心理障碍，主要是抑郁症。

当灵魂极度痛苦时

抑郁可能会引发极端的痛苦，它对精神的折磨如此强烈，有些患者甚至会寻求自杀。抑郁可能出现在社会主流人群中，也可能出现在社会边缘群体中，无论你是年轻人还是老年人，是男人还是女人，是穷人还是富人，都有可能患上抑郁症。

五分之一的德国人曾患过抑郁症，这一事实让人吃惊不已。每个人都有熟人罹患抑郁症，然而，我们自己都不太确定自己是否抑郁。抑郁症患者不仅是意志消沉、离群索居的一类人。相反，他们可能会积极投入工作，在自己和别人面前表现得仿佛什么事都没有。或许面包店的店员就有抑郁症，即便她每天早晨都对你露出热情的微笑。或许克劳斯叔叔已经深陷抑郁症之中，即便他还是一如既往地喜欢吹嘘自己，并坚持着自己的爱好。抑郁症有很多不同的表现形式，意志消沉只是其中的一种。

抑郁症患者之间可能有相同的症状，也可能有完全相反的表征。有些人会食欲减退，有些人则会食欲大增；有些人焦虑不安、难以入眠，有些人则心情沉重，整日整夜躺着；有些人动力衰退，以至于日常起居都不能自理，甚至洗澡和穿衣都成问题。尽管如此，引发这些症状的也可能不是心理疾病。有些身体疾病的症状与抑郁症非常相似，务必要让医生检查清楚。比如，甲状腺功能衰退也可能产生与抑郁症相似的症状。缺乏维生素 B_6、胰岛素抗性或者出现肿瘤也会有类似于抑郁的症状。

一旦被确诊为抑郁症，我们就要进行细分，因为抑郁症存在不同等级的严重程度，比如是否伴有生理疾病症状、是否有精神病变等。有时抑郁症会频繁地阶段性出现，有时还会扎根于灵魂深处。

那么，究竟是什么引发了抑郁症？

◎ 抑郁症：一种心理障碍，多种病因

抑郁症不只一种类型，病因也是多样的。这里提供一些比较合

理的解读模型。

美国精神病医师亚伦·贝克开发的模型是当代最受推崇的。虽然贝克的知名度远比不上弗洛伊德,但是其在专业领域却被视为史上最有影响力的心理学家之一。不难理解,在那个年代,除了弗洛伊德的精神分析法能够解读错综复杂的心灵轨迹之外,在相当长的时间里都没有出现其他解读模型。后来,贝克与有着相似理念的同行共同开发了一种疗法:认知行为疗法。

这里之所以提到"认知",是因为与人的"认知过程"相关,即思维和大脑处理信息的过程。大多数人会认为,抑郁症属于一种情绪性障碍,情绪表现为悲伤、绝望、愤怒或多愁善感。然而,贝克观察到的是,人们在情绪出现之前就对身边发生的事进行了感知和评估。他发现,抑郁症人群大多以某种刻板印象去感知世界,并据此得出结论,然后才产生相应的情绪。

举一个例子,我们本来与朋友约好见面,但他在见面几分钟前却告知不能赴约。这种情形下,我们对这件事会有不同的评估,并因此出现不同的情绪。比如,我们可能会想:"哎,可怜的人,他每天都有这么多事要忙。希望下一次能够约到他。"从情绪表现来看,我们不会过于激动。但我们也有可能想:"很明显,我在他眼中什么都不是。"由此,我们就会产生一种完全不同的情绪。我们会很生气,甚至会情绪失控。

为何在相同的情形下人们会有完全不同的反应?原因在于,我们的思想观念是由图式决定的,而后者往往依赖于以往的经验。

图式就是人们看世界时所依据的金科玉律。人们倾向于在世上寻找"符合图式的信息",也就是与自我认知及世界观相一致的经历、想法和观念。如果图式是"我不值得被爱",人们就会自动将同伴爽约归因到自身和自己的缺点上。这件事情就是对图式的确认,它会令人受伤,同时让自我贬低的思维得到固化。将来在感知负面经历时,这种情绪会更加强烈,同时削弱正面和中性的评价。根据贝克的观点,如果人们轻率地夸大负面的经历、轻视正面经历,人们的感知评价系统就会受到不同程度的扭曲,因为人们有着不切实际的预设值或者想当然地认为别人对自己的评价就是负面的。

表2[①]列出了一些思维误区,人们可能会对此感到惊讶。

当我们工作压力大、患上疾病、遇事不顺、遭遇离异时,就会处于精神重压之下,这种思维模式就会不断固化,从而形成所谓的"认知三角"。之所以有此名称,是因为人会持续处于以下三个层面的精神压力之中:自身("我一无所长"),环境("命运总是对我不公"),个人前景("未来一直都会像现在一样糟糕")。人们会一直出现绝望、自卑、过度自我批评、离群索居、逃避现实及自杀的念头。

在这种状态下,将来的事只会变得更糟。每个人都有过类似的经历,总有那么几天,我们会感觉什么事情都做不好。上午将咖啡溅到衬衫上,错过了地铁,又因心情低落被上司痛批一顿。那几天,我们的霉运接二连三到来,好像命运在针对我们似的。事实上,人们是因为心情糟糕而放大了坏运气的负面效果。我们内心的活动都会体现在一举一动之中。

[①] 资料来源:Pitschel-Walz, Bäuml, Kissling. Psychoeduk-ation Depressionen. Taschenbuch, Urban & Fischer Verlag München 2003.

表2

负面的想法	可供选择的想法
草率得出结论 "S先生没有跟我打招呼。看来这里的所有人都不喜欢我。" "我感觉这个药没有效果。任何药物都没有办法帮到我。"	"S先生没有跟我打招呼。他也许今天心情不好,或者在想着什么事。" "我感觉这个药没有效果。我要去向医生确认一下有没有开错药片和剂量。"
夸大或贬低 "别人看起来总是笑容满面,只有我总是愁眉苦脸。" "M女士做的蛋糕总是这么完美,而我总是搞砸。"	"没有人是完美无缺的。每个人都有缺点和优点。"
过度担责 "我本应该花更多的时间照顾妈妈,但为时已晚。" "我本不应该去上班的,这样我儿子高考就会取得好成绩。"	"我不必为所有事情担责。我已经尽力了。"

负面的想法	可供选择的想法
表达不现实的愿望和诉求 "人必须独立完成所有事情。"	"我为何要将自己搞得那么辛苦？我要向别人寻求必要的帮助。"
"他必须意识到他这样让我很难堪。"	"他的回答没有照顾到我的感受。我要跟他谈一下，告诉他我感觉很不舒服。"
持续在自己身上找问题 "我总是扫别人的兴。我还是待在家吧。"	"我只跟那些接受并喜爱我本性的人交往。"
"他们一直在打量我，一定觉得我哪里有问题。"	
情绪化的论证 "我感觉自己一无是处。我确实一无是处。"	"我应当想想自己的长处，这会让我找回自信。"
"我在自己身上看不到希望，因为上天不会赐予我机会。"	"思考一下你的希望和恐惧是什么，当一切都不明朗时，就向好的方向想：相信你的追求。" （塞涅卡）

◎ 抑郁症的神经生物学机理：化学物质的混乱

如果一个人的生活被糟糕的图式左右，那么不仅他的思维和情绪会受影响，他的行为模式也一样。那些因感觉自身不够有魅力而总是缺席活动的人，他们对依恋关系的需求和追求欢乐的需求也得不到满足。这样会滋长悲观情绪，让人变得更"倒霉"。长此以往，大脑必然会受到影响。

大脑中蜿蜒的灰质是人生经历和经验的汇总中心，它会对体内及周围发生的事情产生反应。越是频繁发生令人印象深刻的事，大脑神经结构因环境而产生的变化就越大。当我们想到美好的事物时，大脑就会释放积极的激素。有时候，心上人的一张照片就足以让大脑释放足够多的催产素，使人感到心情舒畅。相应地，不好的想法也会激活 HPA 轴。孤独、绝望、悲伤、失望等情绪会带来很大的心理压力，这会对神经生化结构产生影响。杏仁体会对每一处情绪刺激产生反应。如果因为过度担忧持续刺激杏仁体，就会导致杏仁体对这种强度的刺激产生适应性。这样一来，人们就更容易感受到威胁的存在，且在评估事物时更加悲观。这时，海马区的工作效率就会下降，原本它的抑制效应是十分有效的。在很多抑郁症患者的大脑成像图中都可以发现他们的海马区出现了萎缩。得抑郁症的时间越长，海马区就越小。

个人的思维、情绪及经历会对血清素系统（由血清素及其受体组成）产生影响。焦虑症及抑郁症患者的血清素水平会显著下降。同时，能够产生喜悦与欢乐等情绪及起到镇痛作用的内源性阿片类物质的含量也呈下降趋势。这也是为何抑郁症患者通常会出现身体疼痛的原因。另外，抑郁症患者血液中的催产素含量也更低，这就使得他们对压力更加敏感且容易被激怒。

沉思是抑郁症最典型的症状，这一点人们也能从神经生物学上找到解释。我们从腹内侧前额叶皮层中就能获得解答。当这片区域被激活时，注意力就会被转移到内心活动中，人们就可以进行自我反思以及对人生经历进行回顾。集中精力投入工作时，该区域就会进入休眠状态。对有严重抑郁症的患者而言，这片区域一直处于工作状态。这就能够解释为何大多数抑郁症患者都存在精神涣散的问题。[37] 如果不能消除这种精神折磨，患者甚至无法集中精力把几行字读完。

这个理论或许能够解释为何抑郁症患者难以停止沉思。大多数患者家属都无法理解这一点。诸如"想事情别一直那么负面"这类安慰的话，并不能对已激活的前额叶皮层产生作用。相反，这样的话语大多会令患者更加焦虑，让他们自我批判，出现挫败感、愧疚感，因为他们无法践行。

如今，人们对抑郁症的神经生物学机理已有十分深入的研究，以至于有的研究人员将抑郁定性为心因性的身体疾病。每一个患者的病因都是不同的。唯一的治疗方法就是了解患者个人的发病史，这样才能进行针对性治疗。

案例：抑郁症

情形描述

我与一名刚离异的五十岁女患者进行了面谈。她有一个二十八岁的儿子。目前，她正遭受着职场霸凌，同时受困于两性关系破裂产生的抑郁症中，处于十分崩溃的状态。她刚与男友分手，目前独自居住在出租屋里。

她是一名行政工作人员。她讲到，自己经常不可抑制地大哭，极容易神经紧张、焦虑，这令她无法胜任这项工作。她的症状有：烦躁不安、动力衰减、抽搐、呼吸困难、入睡困难、睡眠质量低（曾服用安眠药品）、晨间早醒、夜间时不时惊醒、白天总是筋疲力尽、总是受到噩梦及"消极沉思"的困扰。她回避社交，同时又对无法维持现有的人际关系而感到忧虑。

她对十三年前那段戛然而止的感情始终无法释怀。她在举行婚礼之前遭到了前男友抛弃，且没有得到任何解释。这么多年来，她都无法消除内心的悲痛、无助、愤怒和自卑。她认为，自己必须在生活中扮演最强者的角色。但她现在发现，自己无法做到最强，于是更加自卑，对别人的拒绝和负面评价耿耿于怀。她渴望得到别人的支持，渴望学会表达并满足自身的需求和愿望，也希望获得更多力量。

生活史

患者生于1956年。大家一直希望她是一个男孩子，在这一点上,她被多次暗示,甚至会有人公开提及这一点。母亲对于生了一个女儿这件事感到失望,这也令患者感到十分悲伤。因此,她总是表现得像个男孩子,跟男孩子玩一样的游戏。她没有玩偶,经常到室外玩耍、爬树、爬汽车。她一直在做一些自认为男孩子会做的事情。

她的姐姐比她年长两岁,但她必须照顾姐姐,因为她被认为是更强壮的那一个。童年时代,她跟姐姐的关系很好。但是,在母亲患癌症去世后,她跟姐姐的关系就突然变差了。那时,患者才三十岁。此外,她还必须照料父亲,承担"家庭管家"的任务。父亲在母亲去世后一蹶不振,经常酗酒,这令她十分厌恶。但是,她总觉得自己有帮助父亲走出困境的义务。

在患者眼中,母亲十分强势,她与母亲的关系十分紧张。她认为家庭中缺乏关爱和包容,充斥着严厉专断的气氛。她经常被母亲教训,在十五岁那年,她首次试图抵抗。在她进入青春期后,母亲对她的相貌和穿着就越发重视起来。母亲十分看重邻居和外人的评价。

如果患者不愿意或无法完成母亲的要求,就会被威胁道:"如果你不这样做,就赶快嫁出去。"父亲从未给过她庇护,总是一脸无奈,表现出对此无能为力的样子。

中小学经历

小学结束后,患者获得了文理中学的推荐信,但是,母亲反对她入读这个学校,强迫她入读实科中学,然后进行职业培训。在这件事情上,父亲也没有提供实质性的帮助。后来,患者以优秀的成绩提前完成学业,但她在此后的工作中,从未获得快乐。她频繁换工作,几乎无法融入团队,也没有得到重视。如今,她作为公司管理层的助理,又像是回到了原生家庭:听从命令,然后执行。

情感经历

她在二十岁时就认识了孩子的父亲,两人的婚姻很快就出现了危机。她的前夫是一个酒鬼,经常对她进行殴打、强奸、羞辱和压迫。他还频频出轨,这让她的自尊受到了极大伤害。她不敢提离婚,因为她害怕被家暴,害怕被别人议论,除此之外,她还认为自己需要对孩子负责。这种状况持续恶化,二十八岁时,她开始有了自杀的念头。

在后来的两性关系中,对象多数比她年轻很多,所以她从未获得安全感或被庇护感。在其中一段关系中,他们都到了谈婚论嫁的阶段。但在筹划婚礼时,她的未婚夫却为了另外一个女人抛弃了她。她一共有过五段亲密关系。在每一段中,她都希望能够"被人所爱且对方完全属于她"。在心理治疗期间,她正处于单身状态,感到十分孤独、自卑,而且觉得人生无望。

心理诊疗结果

在与她首次会谈时,她给人的印象是一名打扮精致,看起来很自信、身材苗条的年轻女性。她表现出紧张、焦虑、压力大等情绪,仿佛时刻担心做错事。她一直慌慌张张的,却总是试图镇静下来。她偶尔会无助地四处张望,看起来很沮丧。她有时会极端情绪化，迫切想要得到帮助。她多次情不自禁地大哭起来。在与我深入接触后，她开始敞开心扉，给予我更多的信任。她的情感倾向表现出压抑、悲伤、极端程式化的特征。她深信自己不会得成瘾性疾病，也不会真的自杀。她虽然每天都有自杀的念头，但并未有过具体计划。

诊断

我对她的诊断结果是：中度复发性抑郁发作，伴有身体症状，创伤后应激反应，广泛性焦虑症，轻度人格障碍。主要表现有：焦虑、回避人群、无安全感、有表演型人格倾向。

分析

自出生起，患者就无法产生自我认同感。她很早就不接受自己的女性角色了。在童年和青少年时代，她总是被人怪罪、轻视、施以情感暴力，她缺乏关爱，没有安全感，只能接受别人的指令。于是，因为对自己过度苛求，再加上身体上的压力和对失败的恐惧，所有的障碍加在一起，就形成了恶性循环。

她总是很勤奋，想要用这种策略维系依恋关系。然而，与他人的依恋关系在这个过程中总是不断遭到破坏和践踏，一次又一次出现危机。后来，她尝试与比自己年轻的男性建立恋爱关系，希望能够让关系更稳定，但都失败了。她试图将父亲从酗酒的状态中解救出来，但是也失败了，这让她对自己产生严重的负面认知，她觉得自己很无能。她的经历和世界观让她深信："只有极其努力，才会得到别人的认可。"一旦她感到这个模式失灵或被人贬低时,她就会付出更大的努力。即便要牺牲更多自身的意愿和需求,她也想达到更高的目标,即保证高自我价值感。她恪守规则,因为无法对自己的观念、评价能力及定位进行有效调整。她的社会依恋需求被极度忽略,内心极度空虚。她没有获得足够的休息,因为没有健康的睡眠习惯。一方面,这会使得个人睡眠状态处于脆弱的恢复期(快速动眼期);另一方面,身体无法获得必要的恢复过程,就很难缓解沉思、起夜及心理负担加重带来的煎熬。

她缺少能够增强自我效能感的经历。她的内心纠葛驱使她不断去做不愿做的事,从而产生了高强度的身体压力,这让她的身体陷入了心身性疾病的恶性循环中。

由于没有采取恰当的应对策略,患者深陷于努力工作与自我牺牲的行为模式当中。患者努力避免失败,规避陷入无助的窘境,但都没有奏效。她的行为策略是一种"努力付出后遭受失败"的恶性循环。她独来独往,排斥社交,这是一种想要掌控自己的表现。但是,这也影响了她的工作,因为她缺乏团队意识,从而遭到了同事的贬低。患者的行为存在几个相互作用的恶性循环。根源性的症状没有得到根除,就会对已经十分复杂的状态造成更深的影响。在这么多年里,屈辱、痛苦、创伤及错误的策略形成了一个"情绪与行为模式"的复合体。将每个因素单独列出,逐个处理,厘清其中的因果关系,是十分必要的。

◎ **焦虑与抑郁：成对出现的心理障碍**

患焦虑症与抑郁症的感受存在区别，这是两种不同类型的疾病。但是，两者在现实生活中却难以分割、相伴相随。据荷兰的一项研究表明，67%的抑郁症患者同时患有焦虑症。同样，焦虑症患者也大多患有抑郁症。[38]人们还单独将这种类型界定为"焦虑抑郁综合征"。

神经科学家对这两种疾病的本质十分感兴趣。人们很难区分焦虑症和抑郁症的脑部扫描图，两者的杏仁体以及腹内侧前额叶皮层都会表现得过度活跃，且海马区都会发生收缩，血清素系统大多出现功能衰退。因此，这两种疾病都采用相同的药物组进行治疗，并在很多病例中起到了很好的临床效果。

然而，究竟是什么将焦虑症和抑郁症联系起来的？有些研究者认为，两者并不是互相"纠缠"的关系，而是先后呈现的关系。他们认为，抑郁症在本质上是焦虑症的延续，也就是焦虑症的后期阶段，因为焦虑症总是出现在抑郁症之前，而反过来的情况几乎没有。

雅克·潘克塞普通过实验研究了这个机理，并就此进行了生动的描述。当小鸡、小鹿或婴儿被迫与母亲分开时，它们会立即产生离别的疼痛感。潘克塞普检测到了对应的生物结构，并将这一反应称为"恐慌/悲痛"。当动物幼体或婴儿与看护人之间的依恋关系被破坏时，它们就会立即出现这种反应。它们会立即发出绝望的声音，这种声音也被称为"绝望的哭泣声"。[39]

当重要的依恋关系被阻断时，人类和动物都会产生强烈的绝望感,这是生物体与生俱来的本能。绝望的反应是一种可怕的情绪表现,也是引发身体自救的一种方式。绝望的反应能够"动员"体内所有能量,促使身体迅速采取行动。绝望的情绪会给人下达指令:"赶紧修补好这段依恋关系!"因此,落单的小鸭子会紧张地在池塘里游动;当妈妈离开视线时,婴儿会焦急地张望,四处爬动寻找妈妈。在"恐慌/悲痛"的模式中,生物体会想尽一切办法进行自救,以尽快结束被离弃的状态。

这种状态下的人或动物会充满恐惧,同时会进行斗争。从理论上来说,患抑郁症是接下来会出现的状态。当所有自救都失败时,人就会得抑郁症。这种听天由命的状态就会出现在患者的思维和情绪中。他们通常都对生活失去了兴趣和希望。"我不值得再活下去""我的家人讨厌我""我对别人来说就是个负担""我不重要""我没有存在的意义""我是个糟糕透顶的人,否则不会被上天如此惩罚",这些都是我在治疗患者时听到最多的话。这已经成为他们内心坚定的信念,他们无法想象还有其他积极有意义的事值得去做。

◎ **持续性抑郁症:没有四季的生活**

持续性抑郁症是抑郁症的一种,虽然症状相对较轻,却十分顽固。前文提到的抑郁症一般有两种不同的模式:一种是抑郁症症状不断增强,直到达到顶峰;一种是患者的情绪时而恶化,时而好转。但持续性抑郁症患者有可能在几年甚至十几年内都保持中度的恶化状态。

"dysthymia"本意为"坏情绪",现在衍生为"持续性抑郁症",这十分契合情绪障碍的本质。有人形容这种疾病是"给生命覆上一层面纱",透过"面纱"看到的外界都是灰色的。这层面纱过滤了所有色彩,没有高低色调之分,就像生活中没有了四季。

同时,这种类型的抑郁症在精神上没有重度抑郁症痛苦,但这并不意味着是好事,而是有可能带来厄运。中度或重度抑郁症患者免不了进行治疗,因为这种痛苦不能隐藏且无法忍受。相反,持续性抑郁症会给患者留下继续生活下去的能量,但是患者会将这种压抑的情绪感知为自身的性格特点。

当患者寻求帮助时,他们的症状有可能被误判,因为他们看起来还在积极经营生活。因此,有时人们既不能识别、也不重视持续性抑郁症。患者一直处在痛苦无法排解的状态中。由于这种疾病具有顽固性和长期性,很多人都放弃了治愈的希望,选择了妥协。只有当患者出现除慢性抑郁情绪之外的其他抑郁疾病时,才会去接受治疗。人们将这种情况称为"双重抑郁"。

持续性抑郁经常萌芽于童年时期。人们有时只认为自己是"多愁善感",并接受了这种"性格设定",他们压根儿不将持续性抑郁症视为疾病,而视为一种性格特征,这就让危险进一步加剧。

◎ 双相情感障碍:突然开回一辆玛莎拉蒂

抑郁症有可能处在一种稳定的状态中,也可能是阶段性的或上升式的。除此之外,还有另外一种情况,即情绪突然变得过度高涨。这种抑郁症被人称为"双相情感障碍"。患者实际上是从一个极端跳到另一个极端，在抑郁和躁狂之间来回往复。患者会在前一秒还感觉没有力气起身，下一秒却突然充满能量，着手协调工作，重整项目，同时，所有的忧愁都顿时烟消云散。这个时候，他们的光芒会令人受到鼓舞，那是一种成功者的光芒。高涨的情绪经常让人失去现实的感知力。他们常常做出情绪化的、毫无意义的决定或举动。但是，处在这个阶段的患者根本不会察觉到。他们甚至会做出一些招致破产的生意决定或采购计划，完全毁掉自己或别人的财务预算规划。

他们总是无法控制自己的冲动，有时会给社会、个人财务或健康带来毁灭性的后果。我之前接待过一位职业为园丁的患者，有一天，他突然买回了一辆玛莎拉蒂。

这种状态可能持续数周，直到让人精疲力竭并迅速陷入重度抑郁而不能自拔。从躁狂到抑郁之间的阶段是极其危险的。有时还可能出现两种状态交叉的情况，即情绪高涨与极度消沉同时出现。处于这一状态的人会出现自杀倾向。

有些研究则将躁狂症的发作描述为身体机制对抑郁症的免疫应答。这种理论听起来很令人信服。但是，对此还出现了很多不同的声音。比如，有些人认为，这种心理问题可能是基因变异造成的。在有些患者身上，特定受体的数量和敏感度都发生了改变，主要是去甲肾上腺素和血清素分泌与健康人群迥异。

在很多情况下，双相情感障碍会作为特定药物的副作用出现。可的松、降高血压药物（如β受体阻滞剂）或抗生素都会引发"躁狂/抑郁发作"。有时候，甲状腺会成为罪魁祸首，因为当它不能有效发挥作用时，就有可能使人动力缺失、情绪压抑或者具有攻击性、暴躁易怒、坐立不安。同时，吸毒和酗酒也有可能成为病源。

◎ 产后抑郁：当哺乳期的母亲出现抑郁症状

20%的产妇在坐月子期间会出现抑郁症状，即"产后抑郁症"。这个数字触目惊心，人们无须进行美化。一般人认为，当上妈妈是女人一生中最美好的时刻。实际上，约七分之一的产妇会陷入长期的痛苦中。这不仅限于女性，大约4%的新手爸爸也会出现产后抑郁症。

人一生中没有哪个时期"适合"出现抑郁症，但最不合适的时期可能就是成为新手妈妈时，因为那时她们正处在极度兴奋的状态中。家人对新手妈妈的期望会令情况变得更糟。新手妈妈清楚地知道家人对自己的期望有多深，所以几乎不敢将内心的真实感受表达出来。谁会望着怀中令人欢喜的可爱婴儿，然后坦诚地说出"我现在感觉糟糕透了，真想一死了之"？她们一直在盼望着孩子到来，现在正是收获幸福、转换角色的时候，这种内心波澜更令产妇无法承受，所以会进一步加重抑郁。产妇处在各种情绪叠加的阶段，就更难以摆脱抑郁的折磨。产妇不都是很容易落泪的吗？人们可能不止一次听到这样的话语："这只是产后释放激素的结果罢了。"

这一切导致了这样的结果：人们对这种特殊的抑郁症知之甚少。目前，产后抑郁被认为是抑郁症的亚种。但是，越来越多的资料表明，产后抑郁有其独有的特征，大脑扫描图像显示，典型抑郁症或焦虑症患者的杏仁体通常会表现得过度活跃，但产妇杏仁体的活跃度却降低了。[40] 这引起了研究者的注意。至于为什么会这样，目前还未有定论。但是，后果是明晰的，产后焦虑症和抑郁症不仅对产妇来说是可怕的，还会影响孩子和母亲之间的依恋关系。产妇出现抑郁会对孩子的一生造成影响。产后情绪波动（有时很严重）需要通过激素释放和情绪调整才能恢复正常。但是，如果情绪低沉或过度焦虑的状态持续三到四周，人们就应该寻求专业的医学治疗，特别是家族中有抑郁症史或者产妇曾有抑郁史的人群，这类产妇患产后抑郁的风险更高。

❖

案例：产后抑郁

情形描述

患者是一名三十五岁的已婚女性，有一个四个月大的儿子。她是通过急诊住院治疗的，后由主任医师推荐转诊到了我这里。她讲述了自己的痛苦经历，她有严重的睡眠障碍，总是处于焦虑、担忧、极度疲惫、身体疼痛、情绪化、十分悲伤的状态中，对儿子和旁人越来越冷漠，并因此产生了羞愧感和负罪感。她拒绝与人交往，包括家人和丈夫。她原本不想结婚，只是因为怀孕了才勉强同意。她出生于虔诚的天主教家庭，本不应成为未婚妈妈。她想努力振作起来，并且有一段时间是可以做到的，现在却不奏效了。她很自卑，这是她对自身的认知，因此她想通过出色的职场表现来"弥补"这一点。

生下儿子四个月后，她出现了严重的情绪性崩溃。在被送往医院前，她企图自杀，最后被送到了急诊室。她时常会有自杀的念头，也想过掐死儿子。这个想法着实把她吓到了，她甚至害怕自己哪一天真的这样做。

她非常惭愧，不敢告诉别人这件事，并且对抚养孩子完全没有概念。对她而言，儿子就是不断索取的陌生人，她无法感受到儿子在索取什么。家里人对儿子的出生欣喜若狂，但她的感觉却很麻木。她不想碰儿子，不想安抚他，甚至完全不想与孩子产生任何联系。"我不敢说出这些想法，但是我真的感受不到儿子存在的意义，也感受不到自己和丈夫存在的意义。"她感觉十分惭愧、悲伤，因为她也不想这样。工作对她很重要，所以她想尽快回去工作。她也想镇静下来，但这却让她内心更加不安。

精神病理分析

在首次面谈中，她的穿着打扮毫不起眼，总是友好地微笑着，看起来一副讳莫如深的样子。她试图进行自控，看起来很理性，完全没有情绪化的表现。她似乎不会出现任何失误，但看得出她很劳累，而且神经紧张。在后面的几次面谈中，她表现出强烈的情绪波动及焦虑感，并且出现了严重的抑郁情绪，她会时不时大声哭泣，表现出极端的悲观主义倾向。

她被强制送往急诊进行住院治疗，这让她感到很不舒服。她对当初的自杀行为感到羞耻。她一直以来都有"人不应该受人摆布"的观念。现在她必须对人生观进行修正，这让她感到极度自卑、有挫败感，觉得自己很无能，对自己的情绪和愚钝无能为力。

在后续的谈话中,她不断提到以下信息。抚养孩子的责任及与孩子亲密接触这件事让她产生了恐惧,她总是深陷于沉思之中,伴有入眠和睡眠障碍,总是做噩梦,拒绝与人交往,总是产生无力感、无助感及羞耻感。从主观上说,她的个人动力衰减,无法集中精神。在情绪障碍方面,她有明显的压抑和焦虑情绪,伴有显著的植物性神经干扰(食欲、性欲减退,有睡眠障碍)。

个人经历导致的精神障碍

患者是家中的小女儿,有一个大她五岁的姐姐。她的父亲是一名建筑学家,母亲是家族企业总经理。她的家庭成员都是虔诚的天主教徒。在她八岁那年,父亲离世。此后,母亲对她愈加严苛。在她的记忆中,父亲是一个保守、嫉妒心重、特立独行、冷酷、不喜欢与人交往的人。父亲只关心孩子的成绩,即便是孩子画的画也不加欣赏。

她无法从父母那里获得爱护与关注,只得到了沉默、金钱和礼物。他们从未谈论、处理过家庭矛盾,只是一再将其掩盖。父亲在世时,母亲表现得更慈爱、更支持她,但母女之间的关系还是比较紧张,母亲会训斥她,而这大多与学习成绩有关。母亲总觉得她一定能做好,这让她很生气。

父亲去世后,母亲像是换了一个人,开始强制她做各种事情,对孩子的行为总是有诸多指摘。她一直很害怕做错事,总是谨小慎微,尽量只做绝对正确的事。

她的丈夫是她的大学同学。他曾热烈地追求她,后来两人就在一起了。之前的两年，他还有另外一个女朋友，但最后他决定选择她。她不知道自己是否真心爱他，但是感情还是有的。在与人接触的过程中，她表现出胆小畏缩、保守、缺乏安全感、怕惹是生非、忍耐心强的特点。二十六岁时，她在回家的路上遭到了袭击，但是没有发生特别严重的事故。她只是遭到了殴打，后来路人闻讯而来，行凶者就逃跑了。

患者说，她经常感觉自己住在一个无法逃脱的蜗牛壳中。面对别人的提议，她总会欣然同意。在与丈夫的相处及在工作中，她也是如此顺从。她感觉自己的职场地位"不可侵犯"，并因此感到很安全。怀孕并非计划中的事情，但是丈夫早就渴望拥有家庭。她也没有对此进行太多的思考。

行为分析

生活及学习的经历让她的无助感和无力感不断固化。特别是父亲去世和遭到袭击这两件事，给她一生都打上了烙印。

患者将遇袭事件无害化，是在无助时的一种心理防御策略，这源于无法克服的噩梦经历——父亲离世后她便开始做噩梦。

从人生历程来看，她缺乏关爱、不受重视、经常进行自我干预。这些问题的根源都在原生家庭及婚姻、情侣关系中，而她出于自我防御会将问题无害化。

这样一来，她的自我无能感、任人摆布的无助感及无力感就进一步增强。总体而言，坚信自己是受害者的信念日益增强，尽管她本人并没有在面谈中提到这一点。遇袭和生育都是一种创伤经历。童年及青少年时期的阴影的确是造成精神障碍的源头。

父女关系的疏远、父亲早逝以及母亲的性情大变，这些都让患者心情沉重。看待事物的负面视角及自卑的心态都是受到了片面的自我价值体系的影响。她总是过度投入工作，优先考虑别人的需求，这使得她忽略了自身的愿望和需求。

她在父亲逝世后承担了更多的家庭责任，但是又经常受到批评，这使得她只能带着负罪感去应对失败的经历，同时形成了自我贬低的基本认知。她没有学会如何感知自己的需求，更不会去满足这些需求，也没有就此进行反思，以至于她无法区分自己的愿望与他人的需求。

排斥儿子的行为可以理解为创伤经历中的一个痛苦的过程，这是自我否定的导火索。对于这件事，她也带着负罪感进行了反思。

失败的经历、无助感、自卑感、思想僵化及自我归罪，这一系列恶性循环不断发酵。她想要通过各种方式让自我价值感稳固下来，这样就能顺利回归工作。毫无疑问，她想将这种策略延伸到其他生活领域，以便在将来应对更多挫折。

不合理的策略如强迫自己振作、隐忍、坚持、逃避内心的排斥等都没有起到效果，还会导致无力感增强及抑郁发作。患者接受了专门针对抑郁产妇的母婴住院治疗，这使得她有机会与其他产妇交流，这成了她改变自我认知及自我价值贬低观念的开端。同时，她还开始反思自身的道德观，试图在这个基础上重建母婴关系。与自己的心理问题相处没有那么容易，需要不断获得内心的认可。此外，还要进行清晰的自我认知，参与到孩子和自身的情绪建设中。这需要时间，也需要家人的理解以及敢于对自己负责的心态。

❖

抑郁症给患者带来了地狱般的体验，但是患者也是有可能逃离"地狱"，回归正常生活的。如果找出抑郁的罪魁祸首，就能找到逃脱的方法。如果受损的需求得到关注和弥补，各种不同的抑郁症症状都能逐渐减轻。我们不能改变过去，但是有可能改变看待过去的态度。如果患者能够真正独立，原有的无力感、无助感及自卑感都会消失。

◎ 易受伤的状态：病源和发病的时间差

为何有些人在经历一些事情后就患上了严重的疾病，有些人却能克服相似的负面经历？为何在创伤经历出现和明显的心理障碍（或身体疾病）出现的时间点之间有着长达数年，甚至十几年的时间差呢？很多重度抑郁症的源头都来自童年，但是很多人都在成年后，甚至上了年纪后才突发疾病。这种时间差到底是怎么来的？

在很长一段时间里，心理学家都为此困惑不已。如今，人们有了新的发现。在儿童时代，发生创伤事件时，身体会产生相应的反应，即激活 HPA 轴。处在发育阶段的身体会受到大量皮质醇的冲击。在年幼时，释放大量皮质醇会对树突结构产生影响。树突是位于神经细胞中的形似微小树枝的结构。它非常重要，因为它能接收刺激并将其传导到神经细胞内部。在过量皮质醇的影响下，树突发育会受损且分支变少。

童年时的创伤经历有时还会影响其他大脑神经细胞，而这些细胞都是在接近成年时才发育成熟。成年后，这部分神经细胞的功能才会显示异常。年幼时的负面经历不仅会造成一般性伤害，还会留下特别的伤痕。这也在某方面解释了为何创伤经历发生时间与发病时间之间存在时间差。

另外一种可能是，处于发育阶段的身体受到过度频繁或过强的皮质醇冲击，皮质醇系统的功能就会遭到损害。但是只有到了成年后需要对高强度或持续性的压力做出反应时，其功能障碍才会显现出来。可以想象童年时忍受了虐待的人成年后又在工作中面临高强度的压力时会出现什么情况。

也有可能是早前的损伤致使身体无法应付高强度的压力，这才导致了抑郁症的产生。因为无法有效调节皮质醇功能，于是身体和灵魂都产生了影响。如果没有年幼时期的经历，或许患者就不会对当前状况做出如此强烈的反应，也就不会出现心理障碍。

如果年幼时期承受过多的焦虑与压力，身体也可能分泌过少的皮质醇（而不是过多），因为若持续不断分泌皮质醇，肾上腺就会被累垮。在巨大的压力下，肾上腺有可能会"缴械投降"，要么将皮质醇分泌量调至最低，要么完全不分泌。如此，那些依靠皮质醇正常剂量运作的重要器官的功能就会受到干扰。这是创伤经历和发病时间存在时间差的另一种解释。

一项基于极端案例进行的研究取得了重要进展，其论证方式令人印象深刻。[41] 研究员对被强奸的女性进行了研究。与预期效果不同的是，研究人员在这些女性身上非但没有检测到过量的皮质醇，反而发现她们的皮质醇含量非常低。通过进一步研究发现，这些女性并非首次经历创伤事件。由于有过早期创伤经历，她们很有可能出现创伤后应激障碍。首次经历创伤事件后，这些女性的皮质醇含量会很高。相比非首次经历创伤事件的女性，她们尚无较大可能出现创伤后应激障碍。

大脑研究员的推导过程是这样的。有过创伤经历后，皮质醇分泌可能就会受到限制。童年时期关爱缺失或遭到虐待时，皮质醇会过度分泌。随着时间推移，身体的反应钝化，则又会限制皮质醇分泌。因此，身体会对皮质醇的分泌进行限制，因为过量的皮质醇对身体有害。为保障生物体机制的稳定性，身体对压力的应答能力就会相应减弱。

在正常情况下，这种反应机制对身体是有益的。但是，再次遭受心理创伤或承受高强度压力时，人就会出现心理障碍。因此，研究员尝试了一种新的心理诊疗法——在创伤事件（比如车祸）发生六小时内，给患者注射较高剂量的氢化可的松（皮质醇）。可以看到，患者因心理创伤而出现闪现、睡眠障碍、极度恐惧等症状的状况都有所减少，创伤后应激障碍也得到了抑制。[42]

成年的经历如何影响我们的生活，这很大程度上取决于童年的负面经历。童年的负面经历不仅会造成伤害，还会降低免疫能力，并有可能造成心理障碍。德语词"Trauma"来源于希腊语，意为"伤痕",这一层意义恰如其分地描述了这一状态。

◎ 创伤和心理伤痕

人类的平均寿命约八十岁,所有人都希望一生平安无恙,但是,大多数人都至少会遭受一次心理创伤。研究表明,超过 50% 的人有过对人生产生深远影响的心理创伤经历:至亲离世、遭遇事故、遇袭、被强奸、遭受暴力等,有天灾,也有人祸。

基本需求受损也会带来心理创伤。儿童时代被忽视、父母喜怒无常、成长过程中受到言语或肢体暴力,这些都会带来与事故或遇袭类似的生存威胁,也就是会留下伤口。身体上的伤口可能会愈合,带来的疼痛或许会得到缓解,同时我们要明白,灵魂的伤口也需要一个愈合的过程。

在心理创伤的受害者中,有 25% 的患者的心理伤痕一直无法愈合,并演变成了慢性疾病,由此形成的心理障碍被称为创伤后应激障碍。

创伤后应激障碍的症状如下:患者无法回忆或只能碎片化地回忆创伤事件的重要片段;患者总是处在警觉性增强的状态中。也可以说,患者一直处在"伺机而动"的状态中。心理学家将其称之为过度警觉。

有的患者难以集中精神、容易受到刺激,有的容易发火,或常会感到极度恐惧,同时难以入睡或总是睡不够,每个患者的表现是各不相同的。此外,很多患者还会回避社交,感知出现麻痹,情绪反应迟钝。他们会尽量避免出现在可能勾起创伤回忆的场合中。

患者还会出现一些典型症状，如念头闪现、从梦中惊醒、遭受噩梦侵袭、脑中闪现创伤事件的片段等。有时，患者的脑中会毫无征兆地闪现回忆，有时则是因为被"触发"，比如受到与创伤事件相似的场景产生的心理刺激。这种回忆闪现如此强烈，以至于患者仿佛再次经历了整个创伤事件，其中的恐惧、个中情绪与心理创伤都会同时出现。

我负责治疗的一位患者有一天在看似无害的环境中突然出现了精神失常。那是一个炎热的夏日，她正和朋友一起吃着冰激凌，然后冰激凌化了，顺着手腕流了下来。她的脑海中瞬间闪现了以前的画面，情绪突然失控。她的脑中闪现出的是儿童时期参加体育协会举办的假日活动的场景。当时，她遭到了一名男辅导员的猥亵。如今，手腕上留下的香草冰激凌让她产生了联想，成了触发闪现的导火索。

闪现：热记忆和冷记忆

关于心理创伤患者如何产生侵袭式的记忆闪现，当前已经有了深入的研究。就像在每次感受恐惧时大脑的HPA轴会被立即激活一样，如果对创伤事件的记忆过于深刻，HPA轴就会因为负荷过重而失控。如此一来，我们处理回忆的方式就会发生变化。

总体来说，记忆研究是一项非常复杂的工作。尽管如此，记忆研究专家还是找到了一种真实再现记忆核心过程的方法。大脑中存储记忆的部分有两个"文件夹"——冷记忆和热记忆。冷记忆文件夹存储直接可感的信息，如地点、时间以及事件经过。热记忆文件夹存储通过传导才与事件本身产生联系的部分，比如气味、声响、心跳频率及情绪等。

　　正常情况下，回忆某件事时，两个文件夹系统能够顺畅无阻地合作。比如，当回忆起上次葡萄牙之旅时，我们会准确地记起时间和地点；还有，一听到美妙的海浪声，我们就会想起那种令人愉悦的感觉。无法想象回忆时两个不同文件夹的信息无序地混在一起是什么感觉。如果HPA轴在某件事发生时产生极端反应的话，两个文件夹之间的合作就可能被打破。实际上是这样的：在生命遭受威胁的情境下，HPA轴的反应会比面对一般的恐惧时更加强烈。

　　面对危险时，我们不外乎有三种反应——战斗、逃跑或愣住。同时，在面临不可抗暴力的瞬间，我们会意识到一切抵抗都无济于事，只能任人宰割。这种无助感和无力感让人不堪忍受，因为身体先天没有防御这种极端情况的机制。无法做出防御就意味着必须在完全清醒的情况下忍受痛苦。

　　这也是许多从前线归来的士兵患有创伤后应激障碍的原因。士兵为完成任务，必须压抑正常的条件反应——战斗或逃跑。其他的生命体都不会压抑先天条件反射，在这里，是上级的命令让士兵的先天条件反射失效了。

　　在生命受到威胁时，杏仁体完全不"理会"海马区发出的冷静要求。在极端兴奋的状态中，杏仁体的反应完全不受制于身体结构。也就是说，杏仁体只顾完成自己的任务，不会去执行让身体镇静下来的指令。这样一来，大脑就会牢固地将这个事件存储为热记忆。

　　在这种情形下，即便杏仁体听从海马区指令停止工作，海马区也会受到大量皮质醇的冲击，以至于无法有效完成任务。海马区原本的工作是存储时间及空间信息，但是这项任务也难以完成。

在创伤事件发生过程中，大量信息都以热记忆的形式存储，如感觉、声音、想法和场景等。与此同时，关于时间及空间的记忆就有所缺失，无法将事件发生的顺序进行重组记忆。因此，受害者很难对事件进行完整的顺序回忆和描述。另一方面，受害者只能从记忆碎片中找回一些痛苦记忆。

出现这种情况的原因不仅在于热记忆中带有图像和情绪，还因为热记忆相比冷记忆更容易被激起。很轻微的一次触碰都会引发全身的反应，使患者瞬间陷入对恐怖事件的回忆中，从而产生心跳过快、恶心的感觉，并出现与当时类似的情绪。

❖

案例：创伤后应激障碍

情形描述

这位患者是一名五十六岁的已婚男士，是一名白领，有一个二十五岁的女儿。患者从精神科医生那里转诊至我处，曾确诊抑郁症。三十年来，患者一直有抑郁症症状，情况在六个月前明显恶化，并出现了并发反应：动力衰减、注意力减弱、神经紧张、偶尔出现强烈的肌肉酸疼、内心的无助感及无能为力感日益增强。

在无法忍受内心的恼怒及过大的精神压力时，他就会用拳头捶打墙壁或门，或者在外出散步时踢树或石头。此前，他经常用棍子敲打自己，并且在遭人拒绝或批评时采取攻击性的回应方式。他觉得自己很容易被激怒，更何况生活中充满了竞争和压力。

他常常陷入沉思，觉得看不到希望和未来。最近十多年来，自杀的念头或多或少有所增强。他希望通过心理治疗让自己的生活态度变得积极起来。即便没有抑郁情绪，严重的睡眠障碍也让他难以集中精力工作。他的睡眠时间很少超过四小时，而且通常不是连续性睡眠。

白天他脑海中会突然闪现一些场景，晚上做噩梦时也会出现一些小时候的画面。在心理治疗中，他出现了创伤后应激障碍的症状，这种障碍明显源于儿童和青少年时期遭受过的严重暴力。他感觉像是遭到了围猎，出现了濒死般的状态。有时，他会毫无征兆地放声大哭，同时产生严重的自我价值感崩溃和失败焦虑等情绪。在情绪失控时，为了不伤害别人，他就会摔打物品或敲打自己。

他曾有很长一段时间的酗酒经历，但在十年前成功戒掉了，并且没有寻求别人的帮助。他对自己的暴力行为十分羞愧，无法达成自我认同。总体而言，他在社交中没有安全感且十分焦虑。他想极力避免这种状况。他养了一条狗，这条狗是他唯一信赖的伙伴，是他的一切。他的婚姻已经名存实亡。他觉得自己不擅长处理两性关系。

他希望通过心理治疗让生活恢复平静，让自己重新看到生活的希望，同时希望改善睡眠、摆脱噩梦以及更好地控制愤怒情绪。他与妻子处于分居状态，带着狗从家里搬了出来。他并不奢望自己的婚姻状况得到改变。

患者的生活史及既往病史

患者是家中长子，有四个弟弟和两个妹妹。他们成长在一个充满暴力、恐惧、缺乏关爱的家庭中。他的父亲是令人敬畏的大家长，这种敬畏来源于恐惧。他的父亲经常体罚孩子。患者由于经常言语反驳父亲，长期遭受父亲的毒打。

体罚时，全家都必须在场。大多数时候，孩子们（主要是男孩子）都必须忍受父亲的怒火。父亲会用皮带、木棍或其他物件狠狠地抽打儿子。作为长子，患者被毒打的次数最多。每当母亲想要保护孩子，父亲就会当着孩子的面毒打她。只有打累了，父亲才会停止。父亲在施暴时大多是处于酩酊大醉的状态。即便孩子被打到皮开肉绽，他也不会停一下手。

父亲的施暴行为是十分随意的，所以患者小时候并不清楚究竟是什么原因触怒了父亲。他只能认定自己所有的行为都是错的，所以惩罚是应该的。面对父亲时，他总感到无助、焦虑、神经紧张。他感觉父亲是一个物体，而不是真正的人。母亲在世时也从未能帮助到孩子们。

他的母亲十分关爱他们，也十分热心，但是她未能成功带着孩子们逃跑。患者与兄弟姐妹的关系一直很好。刚成年时，患者经常激烈地顶撞父亲。他想让父亲知道，自己已经长大了，不会再平白无故地挨打。从那时起，患者也开始频繁用暴力解决问题，目的在于发生冲突时以及被人贬低时进行反抗。他十七岁时就从家里搬出去了。成年后，他的兄弟姐妹都选择对儿童时代的经历闭口不谈。

在女儿出生前，患者一直在酗酒和服用药物。戒酒后，他就将嗜好转移到了游戏上。这也是导致他与妻子频繁发生争吵的最主要原因。因此，他试图把更多精力放到工作上。同事很赏识他的工作能力，但是他对自己的工作表现没有自信。与妻子分居后，他首次出现了抑郁症、疲劳症、失败焦虑以及情绪失控的相关症状。

社交状况

他与妻子分居的导火索是妻子与岳父之间的争吵。一次，岳父高声怒骂妻子并且威胁她。患者暴怒，于是冲上去掐住了他的脖子。之后，患者就带着狗住进了出租屋。

提出治疗时的心理症状

患者在交流中表现出明显的不安全感，总是避开眼神交流，神经高度紧张。他双手交叉，指关节泛白。他的消极情绪以及精神压力十分明显。他的行为举止十分谦卑恭顺。

患者提到，他出现过强烈的情绪波动，总是感到悲伤、乏味、前途渺茫，做事没什么动力，同时还有罪恶感、羞耻感。他经常患得患失，自我价值感的感知出现障碍。他表面上有思维障碍，即沉思倾向，实质上不存在思维性障碍和精神病病症。在过度警觉的状态下，他会出现记忆闪现和无法抑制的愤怒情绪。他出现过自杀念头，但并未有过行动上的尝试。在与人交往时，他展现出回避型人格障碍倾向。

他有一定的服药/吸毒史：早期对酒精和毒品成瘾，后来游戏成瘾，但在几年前都已经戒掉。

行为分析、产生条件

由于父亲长期施行身体暴力，对他言语贬低，同时缺乏母亲的庇护，患者有着多方面的心理创伤以及不稳定的自我价值感。同时，处于依恋关系中时，他十分缺乏安全感，无法对社会形成正确的认知。在成长过程中，他不断遭受父亲的专横打压，无法获得充足的安全感、控制感、依恋感及自我价值感，这使他一直处在挣扎与斗争的心理状态中。

与父母之间的复杂情感让他极端不安。他无法获得恰当的社会认知能力，没有养成自我反思、自我批判的习惯，同时没有形成控制情绪的能力。他没能学会感知自身的需求、个人边界及情绪。他行为莽撞，酗酒，吸毒，游戏成瘾，这些习惯一直在不断恶化，同时他又没有采取恰当的克服与应对措施。

各方面的压力让他不堪重负，夫妻关系不断恶化，工作压力巨大。此外，日益凸显的回避型人格障碍及自我安全感缺失导致他的人际交往频繁出现危机，一再超过他对压力忍耐的极限值。神经紧张的程度不断增强，无助感及自我无能感越发强烈，首次出现抑郁症症状，与岳父发生冲突，这些因素综合起来，造成了抑郁代偿机制失调。

诊断

我对他做出了如下诊断：创伤后应激障碍，复发性抑郁障碍（处于重度发作期），非器质性失眠症，儿童时代曾遭到虐待。

除了童年遭受的心理创伤带来的巨大影响，还有一点非常值得注意：在接受心理治疗时，患者只谈到了抑郁症，却忽略了最根本的病症——创伤后应激障碍。这两种病症同时出现的情况十分常见。创伤后应激障碍为所谓的"并发症"提供了肥沃的土壤。并发症指的是一种依附于原病症并被其诱发的病症。创伤后应激障碍出现并发症并不罕见，而是一种常态。常见的并发症有焦虑症、抑郁症、心身性疾病、成瘾性疾病。

这个病例看似十分严重，治愈希望渺茫。但是，通过行为疗法及专门的心理创伤治疗，患者的生活也能恢复到连他自己都难以相信的良好状态。

◎ 创伤后愤懑障碍（PTED）

> "难以与自我达成和解的人会长期保持愤怒状态；他们将怒气藏匿于心中，只有完成复仇，才能得到释怀。复仇能够安抚怒气，因为用内心满足的情绪替代了痛苦的感受。如果复仇未果，精神上的压力就会发挥影响力。这类人会给自己和最亲近的朋友带来巨大负担。"
>
> ——亚里士多德

20世纪90年代末，柏林的心理治疗师米夏埃尔·林登在柏林市郊的泽霍夫疗养中心遇到了一批出现相同症状的患者。但是，人们却很难将这些症状归类到当时已有的疾病类型中。这些患者的共同点在于，他们的心理障碍都是在经历了一件刻骨铭心的事后出现的。林登观察到，患者的生活可能在数十年间都平淡无奇，但在经历了特定的诱发性事件后，甚至会在几分钟内患上难以摆脱的严重心理疾病。有些患者甚至多年无法正常工作。

这种状况通常发生在创伤后应激障碍患者身上。然而，如患者所述，引发疾病的事件通常完全不具备造成典型心理创伤的特征和强度。这类事件也是令人痛苦的，但是没有强奸、战争或遇袭产生的冲击那么明显。这是大多数人在生活中都必须且有能力应对的事情，比如失业、遭遇感情问题、离婚、遭到欺凌、受困于人际关系等。这类患者的共同点在于，他们将生活中的难题看作不公平或不公正的遭遇。他们为此极度痛苦，主要表现出抑郁、沮丧、气愤、无助的状态。此外，他们还表现出一种很特别的、被称为"愤懑"的情绪。这是忧愤和不满的特征化表现。虽然还有其他与抑郁症或焦虑症相似的症状，但是林登认为，这种病症有着完全不同于其他病症的"情绪特征"。

因此，他将这种病症定义为一种新型的、特有的心理障碍——创伤后愤懑障碍（PTED）。[43] 除林登之外，还有一批学者专注研究这一领域。有学者认为这类障碍是社会不公导致的，也有学者将其视为长期失业者才有的障碍。这种障碍看起来源于一段无法释怀的受辱经历。目前，大家一致认为，社会是否公正对于这类障碍的影响非常大。创伤后愤懑障碍总是与遭遇不公和蔑视所带来的巨大挫折感联系在一起。几乎所有患者都有一种平白无故遭到不公正对待的感受。

寇哈斯与愤懑障碍

在心理学家介入研究之前，愤懑情绪障碍这个话题就出现在了几个世纪前的文学作品中。受辱、愤懑和不公正的遭遇，这些都是十分常见的文学主题。在此类遭遇的反抗者中，最有名的是米夏埃尔·科尔哈斯，他是德国文学家海因里希·冯·克莱斯特于1810年发表的同名中篇小说中的主角。书中，马贩子科尔哈斯遭遇了不公平的对待——地方领主非法没收了他的两匹马。科尔哈斯决定报仇，最后触犯了刑法，被判处死刑。

之所以将科尔哈斯与创伤后愤懑障碍联系起来，是因为书中对他的描述几乎精确地对应了临床观察的结果，将愤懑障碍最为典型的发病历程展现了出来。患者不仅感觉自身遭遇到了不公正的对待，还提出了过分的诉求和期望，希望能够得到补偿。复仇及反击的心理在愤懑障碍中十分常见，主导着患者的思维模式。

尽管大脑中充斥着复仇的想法，患者通常也不会直接表达出来。他们知道，复仇和寻仇的念头不会被社会所接受，而且还会遭到道德方面的谴责和教会的唾弃。一开始，他们通常会萌生出没那么极端的念头，也就是希望坏人遭遇相似的不幸。这种"复仇念头"在短期内令人心情愉快。但是，如果这种念头不断出现，就会产生伤或杀害所谓的坏人的想法。人们有时候甚至会将想法付诸实践。

这类念头大多围绕着最初的事件展开。因此，一位学者明确表示：这些念头具备"离心特征"[44]，无助于消解心理障碍，只会进一步固化原有思维。

真正想要报复他人的人都明白，只有针对仇家最喜爱的事物进行报复，才能实现最大程度的打击。

愤懑障碍理论指出，"基本信仰"遭到撼动是这类患者最常见的症状。"基本信仰"指的是一个人最核心的基本信念和价值观。每个人或多或少都会有自己特有的基本信仰，比如"上帝是善良的""每段婚姻都应该终老""每个人都将获得本来应得的东西"。从全球视野来看，人的基本信仰就是"世界是充满正义的"。信仰正义世界的存在是一种假说，亦即期待并相信世界会依循正义法则运行。

如果某人为了实现目标努力奋斗，最终得偿所愿，那么旁观者都会觉得这是符合正义的。如果有人投机取巧或不付出努力，最后失败而归，人们也必定不会感到惊讶。旁人不能接受的是有人通过不公平的手段获得成功，人们必定会对他产生抵制和愤怒的情绪。然而，这其中还包含着几分嫉妒，因为不是每个人都具备获得成功的能力。如此一来，大脑中就会出现不和谐的声音。面对这种精神压力，很多人都只能诉诸暴力。

正义是戏剧和电影中常见的核心主题之一。似乎电影都应从正义的价值观出发，以恶人终有恶报结尾。观众深深沉浸其中，即便故事情节只是虚构的。这样看来，对非正义事件的感知深深扎根于人体的运行机制之中。我们对不正义之事都有强烈的反应，这或许与人类对掌控的基本需求紧密相关。我们有时候会期待权威机构如警察或政府帮助我们满足对掌控的需求。大多数人愿意相信政府会出来主持公道。一个人的信念和价值观越是坚定,他在信念崩塌、遭人欺骗之时受到的伤害就会越深。

20世纪90年代,柏林周边地区的许多居民都患上了愤懑障碍。米夏埃尔·林登认为,这不是偶然。其中一些患者属于"东德转型的牺牲者"。柏林墙的倒塌让很多人对人生规划感到迷茫。他们必须迅速适应职场、社会、家庭及道德规范的巨大转变,这并不是每个人都能适应的。虽然此前的政治体制对人们有所限制,但它是安全稳定的。这会给人带来安全感,让人觉得一切都在掌控之中,因为国家会对一切进行调控。

如今,从社交媒体和各种平台的仇恨言论中,我们可以看到网民经常对政治人物进行严厉谴责,因未受到政策照顾,他们出现了愤懑与委屈的情绪。他们主要通过游行示威和成立代表自身群体意见的新派别来表达反抗思想。

愤懑心理障碍的特点是"非常坚韧"——极其顽固、难以根治。林登说,这种障碍一般是慢性发作的,六个月或两年内都很难结束。正如亚里士多德所言,这些人在很长时间里都会保持愤怒的状态。前文引用的文字出自亚里士多德的《尼各马可伦理学》。亚里士多德撰写该书的目的在于建立规范,引导公民成为善良正直的人,让他们过上幸福的生活。因此,人们可以在这本两千多年前的书中找到处理愤懑障碍的方案。只有从源头上消除"病灶",才能真正克服愤懑障碍。这个过程需要时间,更需要良好的行为疗法。

◎ 职业倦怠症

不妨扫视一下你的朋友圈：在你所认识的人中，有多少人提到自己患上抑郁症，多少人提到患上职业倦怠症？或许，提到职业倦怠的比抑郁症要多。这有可能只是他们的一种障眼法。对于多数人来说，抑郁症听起来令人不适。为了获得更多的病假，很多人更愿意承认患上了职业倦怠症。这种病症似乎得到了社会认可，因为它证明了人们的确付出过努力。有些人甚至因此而满怀自豪："看我为工作做出了多少贡献！"这听起来总比"我情绪低落，没办法继续工作"强多了。

另外，抑郁症状很有可能在职业倦怠症后期才出现。在严重到一定程度后，人们就很难区分这两种心理障碍。其中一个心理障碍会转换为另一个，因为职业倦怠总是伴随着抑郁症症状的出现。但是，在到达这个程度前，对待、治疗两种障碍的方法和态度是不一样的。

职业倦怠通常与当今职场的高强度工作有关。最为重要的是，我们要了解人们是如何适应这种职场要求的。

很多职业倦怠症患者有"孤注一掷"的心态。赌徒在赌博中一次性压下所有筹码，有时甚至押上房子和花园，这就被称为"孤注一掷"。有些人就是这样对待自己的。为了达到目的，他们忽视自身的压力极限，很多公司就利用了这种心态。我们经常看到有人在传播这样的思想："我们必须全力以赴！我们要拼命工作，玩儿命享受。"很少有公司会自愿创造一个良性的工作条件和氛围。"公司里每个人都要尊重自己的压力极限，将工作量保持在让自己舒适的范围内。如果想要休假，完全没问题，请及时告知。"以上场景简直是天方夜谭。员工完成规定外的工作量，雇主会非常开心并对此做出嘉奖。员工雄心壮志的背后隐藏着令人伤感的动机。这类员工的基本假定大概是这样：如果我偷懒，别人就不会喜欢我，如果不全力以赴，我就不配得到应得的。后一句既指金钱方面的收入，也指由此衍生的其他方面。这种基本假定是因为基本需求得不到满足而形成的。努力工作取得成功通常是自我价值感受损后的一种补偿手段。

问题在于，这种方法并不奏效。长时间工作不是必定会导致职业倦怠，只有当人们想要通过工作来满足受损的自我需求时才有可能产生。在这种动机之下，我们所取得的成功只会带来短时间的兴奋。在十分出色地完成项目时，我们会获得别人的赞许。然而在自我价值需求未被满足时，人们最需要的是外界对自我本身的认可。成功带来的喜悦只会停留很短的时间，因为这只是一个短暂的替代品，并不是人们真正想要的。这样，人们就会被迫不断创造新的成绩，只为了再次获得这种短暂的喜悦。长远来看，人们并没有真正让自我价值感得到满足。人们甚至会在这个过程中突然逃离。

职业倦怠症的特征是会一直"升级"。病症起初发展缓慢，但很快就会不断恶化。如果患者在早期寻求治疗，心理医生通常能很好地介入。但是，几乎没有人做到这一点。当患者来向我求助时，他们的职业倦怠症每每都进入了严重的阶段。无论是精神上、身体上还是灵魂上，这些患者都像是被掏空了。尽管他们极度疲惫，却通常患有睡眠障碍。他们的情绪低迷，容易被激怒，肌肉和关节酸疼，头痛，背痛，注意力涣散，记忆衰退。有些人还会经历人格解体，这是一种无法感知自身存在与生活现实的状态。很多患者到了晚期才来寻求帮助，因为他们无法接受自己并非如预期般精明能干。当自我价值感出现问题时，随之而来的就是自我贬低的恶性循环，患者会从内心认定自己是失败者。即便明知问题出在工作职位本身，他们也很不愿意从中解脱。那些将所有时间都投入到工作中的人通常会将公司视为家庭的替代物，所以只能将家庭弃之不顾。

在职业倦怠症后期，人们常常会做出与平时完全相反的举动。他们开始放下工作，疏离上司、顾客和同事，还用极端讽刺的方式贬低他人。如果你的同事在不断吐槽，那么他可能不仅仅是性格令人生厌，而且正处在精神崩溃的边缘。

◎ **成瘾性障碍**

人类的生存都是依赖于他人的。为了牢记这条原则，大自然让人类形成相互依赖的关系。为此，大自然不惜投入成瘾性物质——内源性阿片类物质。内源性阿片类物质是世上最纯粹、最有效的成瘾性物质。与朋友相聚时，身体会释放出成瘾性物质。与人接触时，越是亲近、美好，身体就会分泌出越多的内源性阿片类物质。被拥抱时，人们会感到喜悦和安全，这并非无中生有，而是因为这类物质在发挥作用。当与朋友分离时，这类物质就会消失，人们就会感到沮丧。

内源性阿片类物质几乎可以在所有人际关系中起到调节作用。

从呱呱坠地起，即我们还是被母亲安抚的小婴儿、还在母亲怀抱中时，就会分泌这类物质。当我们长大一些，不小心摔倒时，母亲就会跑过来轻吹摔疼的地方。并不是这个动作起到了什么作用，而是母亲的关心让孩子分泌出了内源性阿片类物质。别人充满爱的陪伴可以让疼痛缓慢消失。亲人的慈爱和伴侣的爱抚都会让体内激素发出信号："一切安好，你现在处于安全的状态中，可以放松生活。"

当我们生病时，亲人朋友会来探望；哀悼逝者时，人们会相聚在一起；心情低落时，我们就想要与人拥抱。这是一种强有力的生物性刺激。当感受到生命威胁，感到疼痛、焦虑不安或绝望无助时，身体就会推动我们去寻求帮助。孩子更是会下意识去做这些事。如果没人过来看管，没有人听到呼叫声，或者没有人在场时，孩子就会感到绝望。

有一种成瘾性研究理论认为，在刚经历心理创伤或者无法忍受对依恋对象过度强烈的渴望，而我们却找不到缓解的办法，身边也没有人能够帮助我们缓解痛苦时，就会出现成瘾性问题。[45]我们不敢向别人提出协助的请求，只能压抑天性，因为有些自身的信念在阻碍我们。我们不想被认为是弱势的、急需援助的群体，更愿意戴上面具，假装自己很强大，最终却只能独自面对内心的痛苦。

最为可怕的事情是，有时他人就在身边，愿意倾听和给予安慰，我们却不敢提及自己的困境。这种情况十分常见。尽管如此，人们还是会用自己的方法自救，无论如何也想要从痛苦的折磨中获得解脱。

人们通常会无意识地观察别人的做法，于是就找到了一些自以为有效的方法和替代品。这个世界给人们提供了无数种可能：酒精、药品、食物，还有各种活动，比如节食、运动、打电子游戏、赌博、工作、购物、寻求性爱刺激等。

成瘾性物品是依恋对象的替代品。人们往往在使用替代品之前，就已经出现了狂喜的情绪，结束之后，人们还会获得短暂的放松。这种放松的状态与依恋对象带来的体验是一样的。但是，通过替代品所达到的满足感并不完整，不是身体原本想要的和需要的。或许正如美国医生文森特·费利蒂所说："如果效果差强人意，我们就永远不会感到满足。"[46]

最重要的是，我们要坚信自己能够有效地行动，即便结果只能维持很短的时间。自我效能感是对付无力感的最强武器。有些人非常善于寻找替代物，这是不明智的。大脑中的伏隔核也不会认可这种做法。伏隔核在脑中的位置贴近杏仁体。该部位会对心理状态进行深度学习。它总能铭记哪些行为能够带来愉悦，同时减轻不适感。

此外，伏隔核对心理的贫瘠状态了如指掌，也了解我们对过去特定事物的评估是怎样的，这样就能很好满足灵魂的需求。综合所有信息，伏隔核就能够做出"参与还是退出"的决定。它决定我们去做这件事还是保持观望。在完成了一件被评估为积极的事、并因此得到了大量多巴胺的奖励后，伏隔核在下次就可能发出"参与"的信号。

比如，如果某样食物可口且被评估为正面，伏隔核就会发出积极的信号。做爱或运动时也会触发相同的机制。同时，伏隔核也会反其道而行，比如在饥饿时发出"吃饭"的信号。这种身体反应机制完全不同，身体并不是在奖励饥饿本身。伏隔核想通过刺激，让身体行动起来，去寻找可口的食物。刚开始感到饥饿时，我们都会瘫软地坐着。三天过后，情况就会发生变化。节食诊疗所的患者总是在饥肠辘辘地等待所谓的"节食高潮"到来。"节食高潮"不是对饥饿本身的奖励，也不是身体为摆脱食物带来的压力而感到高兴，其实是伏隔核特地分泌出传递介质，鼓励我们行动起来去寻找一些能吃的食物。就像我们从动物身上观察到的一样，狗在饿肚子时并不会躺着等死，而是会焦急不安，会不安分地上蹿下跳。

斯金纳箱

值得一提的是，动物也有伏隔核。人们正是从动物身上发现了多巴胺的作用。尽管这是一次很偶然的发现，却对成瘾性疾病的研究产生了深远的影响。1954年，实验人员开始了此次实验。当时，加州理工学院的研究员詹姆斯·奥尔兹和彼得·米尔纳正在研究小白鼠的学习行为。为此，他们将电极植入了小白鼠的大脑，通过开关可以发出轻微电流刺激。由于实验失误，实验员装错了一只白鼠的电极位置，却出现了令人意想不到的事情。小白鼠总是想要回到受刺激的地方，似乎是电流的刺激给小白鼠发出了积极的信号，使它想要获得更多的刺激。

奥尔兹和米尔纳再次重复这些实验，他们将小白鼠放置到斯金纳箱中。这是一个特制的大笼子，通常用于啮齿类动物实验。这次，他们添加了一根操纵杆，小白鼠可以自行控制。每当小白鼠按动操纵杆时，植入大脑的电极就会产生电流刺激，从而刺激多巴胺分泌。小白鼠在2到5分钟内就掌握了操作方法。随后，它们每隔5秒钟就刺激一次。刺激效应十分强烈，以至于小白鼠很快就筋疲力尽。

相比食物，小白鼠更喜欢这个"幸福操纵杆"。

除了直接用电流刺激大脑，提高多巴胺含量最有效且快速的方法是吸毒。几乎所有毒品都能促进多巴胺分泌，烈性毒品有安非他命、可卡因、阿片类海洛因和吗啡。吸食尼古丁、大麻烟和大麻树脂也会分泌多巴胺。同样，酒精也会使得伏隔核的多巴胺含量升高。

世上成瘾性物质种类繁多，瘾君子寻求它们的动机也不尽相同。有的人喝酒是为了提高兴致或排解烦恼。有的人吸食可卡因是想寻求精神刺激，也有人想在致幻毒品中获得更多精神体验。然而，最本质的原因在于，一旦奖励系统对这种物质上瘾，就会不断地发出行动的指令。这就是奖励系统的作用。

追求快乐、避免乏味，这是人类的基本需求，促使人类不断踏上探索快乐的旅程。实际上，我们并不能肤浅地看待人类的这一动机。人类之所以有追求快乐的基本需求，其根本动机在于想要生存下去。获取美味的食物，规避一切伤痛，发现世界的美好，这些都有助于生存。人类发明了烈性毒品和酒精，恨不得将甜食巧克力摆满货架，这些都是大脑奖励中心的至爱之物，但这些都不是造物主愿意看到的。当然，或许造物主也无法预料，人类如今是如此渴望陪伴，却因各种原因越来越难实现。

一方面，我们因为渴望陪伴而与他人产生了紧密联系；另一方面，当我们看到相似的替代物时，通常都会选择放弃他人的陪伴。我们稍不留神，就会将追求快乐奉为不二法则。我们应该保持警惕，因为如果只将追求快乐作为目的，最终可能会变得很不快乐。

通过牺牲一种需求来满足另一种需求并不能获得主观的幸福感。通过暴饮暴食满足对依恋关系的需求，除了长胖，什么意义都没有，在这种情况下，不仅对于依恋关系的需求无法得到满足，还会失去掌控感。通过吸食毒品或获得各种物质来满足基本需求，这是永远不会成功的。瘾君子绝不会是快乐的人。对于成瘾者而言，他们的行为不再与快乐有关。不知何时起，这种行为已经成为一种纯粹的"想要"，他们只是觉得必须得到成瘾性物质，与追求快乐的目的早已分道扬镳。以上是关于成瘾性最常见的理论，除此之外，还有另外一种解读。

20世纪60年代后期，加拿大心理学家布鲁斯·亚历山大就对这一研究领域萌生了兴趣。当然，他也注意到了那个小白鼠主动寻求多巴胺刺激而变得筋疲力尽的实验。亚历山大注意到，实验中小白鼠被困在狭窄的铁笼里，里面除了所谓的斯金纳箱什么都没有。亚历山大提出了一个新的假说：毒品本身不会导致阿片类物质成瘾。他认为，在前人的实验中，唯一能够得出的结论是：如果有条件的话，极端绝望的动物也会像人类一样通过获得阿片类物质来驱散绝望。

为验证假说，亚历山大做出了一个疯狂之举。他搭建了一个"老鼠乐园"——相当于专门给啮齿动物造的迪士尼乐园。这个乐园的规模为8.8平方米，大小约是标准实验室笼子的200倍。小白鼠们可以在乐园里交朋友，因为这里一共有16至20只小白鼠，雌雄都有。此外，小白鼠还有充足的食物、供玩耍的小球和滑轮、足够的交配空间，以及可供上蹿下跳的小隔间。亚历山大还在四面"墙"上描摹出风景画。小白鼠们怎么会觉得这里不美好呢？

对小白鼠而言，乐园的生活必定是很舒适的。它们可以尽情吃喝玩乐，也可以选择交配或静静地待着。在这里，小白鼠不会依赖毒品，甚至连那些原本有重度依赖症的也不会。此前，亚历山大的实验员连续57天强制给一些小白鼠注射吗啡。一般人会认为，这些小白鼠必定会彻底染上毒瘾。

把这些小白鼠放到乐园中后，在掺有吗啡的自来水和普通自来水之间，它们中的大多数都会选择后者。亚历山大写道："我们做的所有尝试，都没有让中途来到正常生活环境（乐园）的小白鼠成瘾。"[47] 而对照组的小白鼠则完全不同，它们被圈养在实验笼中，消耗的吗啡量是实验组的20倍之多，并出现了药物成瘾特征。反观乐园中的小白鼠，则没有一只出现这种状况。

如果不是毒品本身使人产生依赖性，那会是生活环境导致的吗？亚历山大认为答案是肯定的，并对此深信不疑。但是，他从未能将这一理论付诸实践，因为他的研究并没有引起足够的重视。他对此感到很失望。

几乎同一时期，美国正在开展一场"禁毒战争"。根据禁毒政策，染上毒瘾的人会被指控、逮捕和判刑。人们通常有以下两种观点，一是"毒品会使人上瘾"，二是"染上毒瘾的人都是意志薄弱、厚颜无耻、道德败坏的人"。

直到不久前，学术界才真正开始重视亚历山大的理论。最终，亚历山大的理论得到了大量实证支撑。医院里，医生每天都给病人注射阿片类物质，用以手术止疼或缓解痛苦。这是人类所能制造出的品质最佳、纯度最高的毒品，是黑市上的毒品无法比拟的。但是，却没有病人在出院后被送去戒毒或堕落为瘾君子。我们或许能得出这样的解释：如果一个人心理状态稳定、维持足够的人际交往且生活环境安全，他们就不会通过毒品来进行心理补偿，也不会产生成瘾性疾病倾向。

彼得·科恩教授建议，不要再使用"成瘾"这个词，而是将这种现象称为"依恋缺失"。这样说实际上是有一定道理的。如果不能与人产生依恋关系，人们就只能寻找替代品。成瘾性患者渴望维持依恋关系，渴望有温馨的氛围和被庇护的安全感。他们想要减轻痛苦，想要在记起痛苦的回忆时好受一些。他们只想听到这样的声音："一切安好，你现在很安全。"他们之所以无法听到这样的声音，是因为没有人能够给予帮助。

越来越多的人主张重新看待成瘾性疾病，排挤和歧视不会有什么帮助。有效的方法是帮助成瘾者重新建立社会联系。总体而言，采用这种方法的前提是要有一个开放的社会，这样人们才不会产生被隔离在铁笼中的感觉。人们的基本需求——特别是对依恋关系的需求——得不到满足或有了创伤经历时，人们对成瘾性疾病的抵抗力就会降低。这一点已经得到证实。

很多专家认为，将成瘾疾病定罪是对患者本身进行自救尝试的惩罚，尽管这个尝试并不恰当。

几乎所有大人都喝过酒，但不是每个人都会上瘾。对于患上酒瘾又想要戒酒的人来说，匿名戒酒者协会就是一个很好的平台。这个平台的工作很成功，对这个群体起到了很大的帮助，它起作用的关键原理就在于重建人际关系。

第四章

心身医学观:
灵魂是怎样从身体里消失的

欢迎来到近现代

曾有一个历史时期，人们并不重视身体。身体只被视为灵魂的临时载体，也就是灵魂在尘世的居所。那个时代的人们认为，灵魂更加重要，它是神圣不朽的，需要得到保护和重视。这种信念在中世纪达到了巅峰。

然后，我们来到了近现代。

到了近现代，人类实现了很多发明创造。科学技术蓬勃发展，物理学、化学、几何学、解剖学和电子显微学有了新发展。人类对自身和大自然都有了更深入的认知。人们吸纳新知识，将知识系统化。旧有知识遭到挑战和质疑。科学家们展现出了极大的热情，希望对生命世界、人类身体及疾病的发展历程进行重新解读和建构。现今看来，很多理论都颇具时代特色。

比如，机械论模型在很长一段时间里都受到极度推崇。根据当时的理论，世界被视为一架巨大的时钟，而人类则是液体机械的一种形式。血液循环系统属于流体力学的范畴，人类的心脏相当于一种机械泵，而四肢则等同于杠杆。物理医学也是当时备受推崇的医学理论，其观点是应当从身体各部位的物理和机械特性去解读人类疾病。

然而，这种理论却有一个问题。如果身体是机械的、可测量的且功能完备的，那应当如何看待灵魂呢？毕竟，人类的感觉、思维和反应都是真实可感的。从身体的机械论来看，灵魂前所未有的奇特、怪异、虚幻。人们不能测量灵魂，更不能勘察和定位它的存在。现代病理学之父鲁道夫·魏尔肖不无讽刺地说："我解剖了这么多尸体，却从未找到灵魂所在。"[48]

与身体相比，那个时代的人显然不重视灵魂的存在。就算到了今天，灵魂也要竭力"表现"才能得到关注和重视。无法捉摸、理论上存在的灵魂又怎么能跟真实可见、被视为神奇机械的身体相提并论呢？虽然当时很多天才科学家就已经将机械论模型批判为还原论，但这种观念却给后代带来了无法估量的深远影响。机械论模型对近现代医学的发展影响巨大。当今所建立的医疗体系在很大程度上都与这种过时的观念相关。

机械论模型将医生的职责定义为"负责病人的身体健康"。而灵魂不同于身体，被排除在了医学体系之外。千百年来，人们都同时遭受着身体和灵魂疾病的折磨。但之所以出现这个问题，是因为人们把两者孤立了起来。

◎ **情绪：我看得到你的感受**

如果你觉得近现代大思想家们有任何谬论的话，关于身体和灵魂的认知就是其中之一。

任何一种情绪都可以通过身体表达。情绪会通过肢体和面部展现出来。人类了解别人情绪的方法是借助这种直接的表达来判断。幸福的人会微笑，受到惊吓的人会因恐惧而呆滞，愤怒的人会面露狰狞之色，悲伤的人会萎靡不振或因苦闷而垂头丧气。

如今，很多人都不再面对面交流。那么他们是如何实现与人无障碍交流的呢？发送表情包！人们通过键盘敲出龇牙大笑、发怒、眨眼、吐舌头、飞吻、翻白眼等表情符号，借以表达情绪。

身体是情绪的表达载体，这一点不仅限于面部表情。"把一件事情放在心上""令人反胃""考试前坐立不安"，这些表达我们很容易理解，因为我们或许都有过类似的经历。身体和情绪难以割离，但人们是在身体与灵魂分离的前提下建立起医疗卫生体系的。这种做法确实有失偏颇，因为身体和灵魂的医生各司其职，而两者跨越对方边界的事情却又十分常见。

以下事实并非天方夜谭。在德国，每天看全科医生的病人中，有20%到40%的人没有得到有效救治。因为这些病人的问题不出在身体上，而是出在灵魂上。身体只是给灵魂提供了载体，让人可以展现所受的痛苦。

超过三分之一的德国人在一生中至少患过一次心理疾病。其中，大部分患者首次或常年接受的治疗是由全科医生负责的，而不是精神科医生、神经科医生或心理治疗师来负责。原因在于，患者首先求助的总是全科医生。

有些病人可能会得"厚病历综合征"或"博览群医症"。因为医生没法立即确定病因，却必须提供救助，于是会把患者转诊给其他专家或者做进一步检查。有时候，患者可能要浪费几年的时间才会被最终转诊到正确的科室——心理治疗室或心身治疗科。

对某些病人而言，走到这一步还不能松一口气。多年辗转求医的经历足以把人逼疯。几个世纪以来，人们都将身体和灵魂分开看待，这仍然对当今的医学影响至深。历史上并不是没有人尝试纠正这种观念，弗洛伊德就曾探究过肉体和灵魂的相互作用。20世纪时，很多医生都推崇整体医学观，这在一定程度上照顾到了灵魂的需求，因为人们已不再完全忽略灵魂的存在。

整体医学观的发展经历过一段冒险激进的历程，前些年，心身医学界出现了一个趋势，认为疾病具有很强的象征意味。人们试图从发病情况和症状中找到被压抑的心理需求和愿望，也就是从身体器官中寻找灵魂所在。有人甚至将宫颈癌看作一种想要怀孕的下意识表达，将头晕目眩看作病人所处环境节奏过快的结果，还将癌症当作一种"未经历过"的生活。[49]有的医生在行医过程中的揣测过于夸张，以至于被吊销了行医执照。

直至今日，人们才对身体和灵魂的二元关系有了较为理性、深刻的认识。医生和心理诊疗师都十分清楚，患身体疾病的人有可能是灵魂出现了问题，反之亦然。

人们再次将肉体和灵魂联系在了一起，这得益于学术界最新的研究成果。关于情绪产生的影响，学界的研究成果一再刷新人们的认知。人们甚至可以将这个时代称为发现灵魂的新时代，所有的真理和被认为理所当然的事情都遭受着新的检验。新的研究成果促使人们改变了原有的想法。人们逐渐清晰地认识到，很多疾病的推手都与灵魂有关，这大大刷新了人们的认知。人们认识到，这并不是危言耸听，而是真实存在的。

原则上说，这些都不算是新发现，而是再发现。灵魂早就在医学界占有一席之地了。早在公元前390年，希腊哲学家柏拉图就呼吁道："人们将医生分为治疗身体的和治疗灵魂的，这是他们所犯的最大错误，因为这两者是不可分割的。"

人们越来越清醒地认识到，灵魂可能是许多已知疾病的病源，这也是为何心身疾病被称为"现代文明疾病"的原因。心脏病、糖尿病和免疫疾病的病源都可能来自灵魂。

如果我们深入了解肉体和灵魂的协作机制，就不会为此感到惊讶。

◎ 肉体和灵魂：一直携手合作的团队

大脑会不断接收身体器官发出的信号，它看似远离肝脏、脾肾和肠道，但这只是大脑的障眼法，它时刻都对人体内部的一切了如指掌。每一次躁动、每一次心跳以及当前的体内循环都会被记录下来。大脑掌控着消化道化学反应的信息，实时接收着免疫系统发出的信息。这些信息包括身体部位是否出现问题、是否有异物及是否需要防御。如果身体出现紊乱或者需要进行修补，灵魂就会根据身体的信号进行调整，以便让身体处于最佳状态。比如，我们会因为身体不适而取消约会，也会通过早点睡觉来减轻对需求的渴望。如果身体不适，灵魂就会伸出援手尝试去做一些"力所能及的事情"。

听从灵魂的指令会使人感到安乐。

反过来，两者的协作也同样精妙。前文提到的 HPA 轴，其运作机制是身体和灵魂合作的最佳典范。它通过大脑连通全身，可以说是灵魂的生理执行机构。灵魂产生恐惧和压力等情绪，它们会通过身体反应来执行和应答。灵魂会不断刺激器官，跟每个器官建立单独的联系。此外，灵魂与心脏的关系也非比寻常。

双心医学中的心脏和灵魂

章鱼壶是一种日本常见的捕章鱼容器。它由陶土制成，下半部分像隆起的腹部，颈部狭窄，整体看起来很像普通的花瓶。捕章鱼时，人类占尽优势，捕到后就可以大快朵颐，而章鱼则扮演着悲情角色，它们好奇地将头伸入容器内，却再也出不来。

之所以提到上述例子，是因为接下来讲述的内容跟章鱼壶有关。20 世纪 90 年代初，日本一家医院的心脏病研究专家在检查病人的胸腔时发现一侧心房发生了变形，形状看起来很像捕章鱼的容器。病人的心肌呈气球样膨出，血液循环中断。

患者至少出现了如下的心脏病典型症状：呼吸急促，胸闷，心动过速，剧烈疼痛，因此被诊断为心肌梗死。从表面上看，诊断结果十分明晰。然而，当医生利用心脏超声检查和心脏导管术进行复诊时，原本明朗的病情却扑朔迷离起来。医生发现，患者的冠状动脉完全无阻塞。如果患者得的是心脏病，冠状动脉必定出现至少一处阻塞或变窄的情况。除此之外，医生还观察到心尖部离奇地出现了扩张。这是怎么回事呢？

众所周知，问诊能够帮助医生了解病情。医生在随后的问诊中发现，患者在发病前刚经历重大的人生变故。会诊医生感到十分疑惑，难道精神压力会对心脏产生巨大的影响，以至于让心脏变形？他们将这个病例称为"章鱼壶心肌症"。人们很快发现了更多的相似病例。今天，人们已经对该疾病有了深入的了解。这类疾病有另外一个更广为人知、略显浪漫的名称——"心碎综合征"，亦即心碎带来的病症。

人们一直擅长用文字表达尘世的伤悲与别离。如今，很多医生对这个主题有了新的认知。近年来，章鱼壶心肌症的确诊病例不断增加。数据显示，大约有2%的心脏病病人最终被确诊为章鱼壶心肌症。这种疾病的根源在于"压力荷尔蒙"异常。病人可能是处在持续高压的工作环境中，也有可能经历了重大的人生变故，比如亲人离世或离婚等。研究发现，患者左心室中有很多受体负责接收所谓的"儿茶酚胺"，其中就包括肾上腺素和去甲肾上腺素等。人处在高强度压力之下时，血液中这类物质含量就会升高。这类物质会强烈地刺激心脏，以至于扰乱心脏工作，严重时会导致冠状动脉痉挛。"压力荷尔蒙"也有可能干扰心脏中的钙平衡。我们知道钙是骨骼最重要的组成部分，但它还有调节心率的重要作用。如果钙平衡出现问题，就会导致心律失常及心肌痉挛，最终导致心室肿胀。

灵魂是许多心脏疾病的病源，章鱼壶心肌症只是其中一种。根据目前的研究结果，心律失常（特别是心房颤动）、高血压、冠心病的产生都与灵魂相关。目前有一门新的学科在关注心脏和心理的相互作用机制——双心医学。这是心脏内科和心理学科之间的一门交叉学科。该学科并不侧重于其中的某个方向，而是关注两者的交叉点。因为两个学科的联系是不定向的，不仅研究心理对心脏的影响，也研究心脏对心理的影响。

心脏疾病会使人陷入严重的心理危机中，带来极度焦虑、抑郁的情绪，甚至导致病人自杀。例如，对于成功接受心脏搭桥手术的病人来说，虽然心脏功能恢复了，但是整个患病及治病过程给人留下了严重的心理阴影。人们以为，成功的心脏手术会令病人变得开心、满足、无忧无虑，因为身体恢复了健康。但在现实生活中，他们中的很多人在今后的生活中都会产生死亡焦虑，会惶恐不安，对未来充满恐惧，并且对手术筹备、重症监护和肉体疼痛感到后怕。

双心医学也关注病人的心理状况。双心医学认为，让训练有素的心理学专家进行心理干预，病人的恢复期就会缩短。最佳的治疗方案是协助病人变得独立自强。在心脏病治疗的过程中，病人有着数不清的困惑，他们会产生焦虑情绪，影响康复过程。"我不知道发生了什么"，这是病人在治疗过程中最常讲的话，因为有些病人必须在医院接受全面的诊断检查，有些甚至是非必要的。

如果病人对自身机能了如指掌，清楚激怒自身的事物及能让自己镇静下来的事物，就会产生掌控局面的安稳情绪。这种心理能够减缓压力，减少焦虑的情绪和身体的过激反应——如心动过速或骤停。对这些完全有可能出现的症状，病人便不会过度解读。

这个时代的慢性疾病

人们越是深入了解心理和心脏的相互作用机制，就越是清楚地认识到，必须重新了解心脏疾病的发病原理。心血管疾病被公认为危害身体的头号疾病。但是你知道吗？心理因素引发心血管疾病的概率比目前认知的高得多，心理问题很可能是冠心病这种致死疾病的病源。

2014年，仅在德国就有将近七万人死于冠心病。冠心病曾被长期视为劳损性疾病。我们知道，心脏被精细的血管网络——冠状动脉——包围着。随着年龄增长，血管内脂质、胆固醇和钙质形成的沉积物——脂质斑块——就会导致血管内壁增厚，冠状动脉管腔逐渐变窄。

我们完全可以将体内的血管想象为供水管道，不同之处只是它们没有城市里的供水管道那么僵硬。血管能够针对人体的需要持续做出灵活的反应。人体处于平静状态时，血管内壁就变得柔软放松。人体遭受压力刺激时，血管就会收缩，以便更快速地将血液传送到各个器官。这个时候，脂质斑块就会成为血管的大麻烦，甚至可以完全把血管堵死。这是十分致命的，心脏供血会严重受阻甚至中断。这种情况轻则令人痛不欲生，也就是出现人们常说的心绞痛，这是冠心病的典型症状，严重时，就会出现血管堵塞，甚至危及性命，出现急性心肌梗死。

数十年来，冠心病似乎成了社会文明程度增强和年龄增长的必然产物。或许大家都了解一些预防冠心病的建议，比如不抽烟、保持饮食健康和适度运动。目前的研究结果证实，我们还必须给每个孩子创造一个快乐的童年。不快乐的童年经历对诱发冠心病的作用不亚于抽烟、饮食不健康和缺乏运动。人们甚至还可以将两者的关系进行量化比较。一个人童年所经历的痛苦折磨越多，患冠心病的风险就越高。与心理健康的患者相比，心情抑郁的冠心病患者发病过程更加迅速，并会快速演变成心肌梗死。严重抑郁症患者出现心肌梗死的概率几乎在成倍增加。

但是，这究竟是怎么回事呢？

事实上，发病的原因不止一个，而是多方面综合的结果。一方面，抑郁症患者的"压力荷尔蒙"通常处于较高水平，这种情况对心脏的影响已在前文提到过。这是心理因素。还有另外一个因素——行为因素，即患者本身的行为模式。如第二章所述，经历过痛苦折磨的人更有可能采取不当的应对措施。他们经常抽烟、酗酒，饮食不健康，所以导致问题更加突出。他们缺乏运动，很难跟别人建立良好的人际关系。总体而言，这些问题都是导致患心脏疾病的常见因素。

德国诗人威廉·布施就曾恰如其分地说：忧虑重重的人更爱喝酒。那是19世纪的事，不过如今的情况仍旧差不多。

附录：ACE 研究

20世纪80年代中期，美国医生文森特·费利蒂曾坚称自己会创造历史。他开发了一个减肥项目，可以让过度肥胖者短时间内实现大幅度减肥。费利蒂以小组的形式进行了指导，并观察了人们如何减掉身上的脂肪。费利蒂相信，如果他们最终达到减肥目标，必定会露出久违的笑容。因为减肥成功不就是他们一直梦寐以求的吗？

一个减肥小组的女生实现了减肥超过100斤的目标。但是，目标体重仅维持了很短时间，很快又以十分惊人的速度反弹了，以至于她的体重一时甚至超过了参加项目之前的体重。费利蒂感到十分吃惊。他与女生进行了深入的谈话。女生告诉他，她在减肥成功后不久，就遭到了男同事的性骚扰。这让她回忆起了小时候遭受性虐待的痛苦经历。于是，为了不被骚扰，她又开始暴饮暴食。

人们通常将饮食不健康或过度肥胖归结于不够自律。费利蒂想知道，是否存在导致饮食不健康或过度肥胖的其他因素。他在研究其他病人的生平经历后发现，大部分人都曾通过酗酒或抽烟来减轻压力、缓解低迷的情绪。到了后来，他们才采取暴饮暴食的方式。事实证明，一些参与减肥项目的学员，他们首要的问题不在于过度肥胖，而在于童年的心理创伤一直如影随形。

有些人暴饮暴食，不过是想通过这种方式调节情绪。对于他们来说，过度肥胖的状态可能对他们有帮助。比如，他们会将这种状态视作对自己的保护。前文提到的女生说，过度肥胖能让自己不显眼，缺乏吸引力。这正是她想达到的目的——被别人忽视，她觉得这样就不会成为被性侵的对象。

有时候，他们并不是控制不住食欲，对他们来说，让自己过度肥胖是一种自我救治的尝试。这种现象会越来越常见吗？人们试图通过自残的方式达到自救，这是对灵魂的自我治疗。但是，这不也是在反过来伤害心灵和身体吗？

　　费利蒂越来越迫切地想知道问题的答案。几年后，他获得了一个使他能够更大范围地探索问题的机会。他与罗伯特·安达共同主持了一项由美国疾病控制和预防中心委托的课题研究。费利蒂访问了一家大型医疗保险公司的17500名参保者。参保者绝大部分是中上阶层的白人，受过良好教育，年龄在19岁至92岁之间。

　　这项课题被称为ACE（童年负面经历）研究。一方面，要对受访者的健康状况进行准确记录；另一方面，要深入调查受访者在童年时是否遭受过心理创伤，即是否遭受及遭受过何等程度的暴力、虐待或忽视。每种创伤经历都会被赋予一个ACE分值。

　　结果令人惊讶。首先，有过创伤经历的人非常多，67%的受访者打出了一个或一个以上ACE分值。12.5%的受访者甚至有过四次及四次以上的创伤经历。

　　其次，童年心理创伤的多少与成年后是否患病存在明显关系。打出七个及七个以上ACE分值的受访者患肺癌的风险将比普通人增加3倍，患心脏病的风险将增加3.5倍。童年时有过六次或六次以上创伤经历的人，他们的健康会受到严重损害，寿命比没有创伤经历的人短二十岁左右。打出一个ACE分值的人中，有20%的人患有抑郁症。打出四个及四个以上ACE分值的人中，患抑郁症的人甚至达到了60%。此外，所有打出五个及五个以上ACE分值的人都在服用抗抑郁药物。

　　调查结果十分明确，受访者的ACE分数越高，他们的健康状况越差。下列行为和疾病或许可以归因于童年的创伤经历：

——酗酒

——慢性阻塞性肺病

——抑郁症

——药物滥用

——心脏病

——肝脏疾病

——家暴

——滥交

——吸烟

——自杀

——早孕

进行 ACE 研究前，大多数人只知道精神创伤会导致心理疾病。而这项研究带来了更多深入的结论。

精神的折磨会使身体患病。童年的创伤经历会给人带来终生的负担，增加患病和出现社会问题的风险。如今，人们对其中的作用关系有了更加深入的了解。

ACE 研究在美国产生了一些影响，但进展有些滞后。在美国，为了普及童年创伤经历带来的不良影响，已经出现了一些运动，这些运动提升了民众在这方面的敏感度。在德国，学界已经对童年创伤经历给身体健康带来的影响进行了研究。人们发现，最好从童年时期就对冠心病进行预防。[50]

在一些国家，以 ACE 研究为蓝本的调查问卷已被用作健康筛查，以便提早给高风险人群提供心理援助。德国的研究员已经将 ACE 研究问卷本土化，但是还没有大范围使用。

冲动情绪如何"劫持"我们？

酗酒、抽烟和暴饮暴食的人更难振作精神？是的。这不是因为自律能力不够，而是神经生物系统在阻挠。

人们无时无刻不处在诱惑之中。我们总想再吃一块巧克力，忍不住再喝一杯红酒或者再看一集电视剧。在我们思考是否要做某件事情时，大脑的两个系统就会发挥作用。一个是伏隔核，即大脑的奖励中心；另一个是前额叶皮层中的中脑腹侧被盖区（VTA）。当我们想要做一件事的时候，一个系统说：这个主意很棒，大胆去做吧！另外一个则说：不行！这个行为不太理智，还是收手吧！其中一个系统不断刺激、鼓励我们做快乐的事情；另外一个则劝阻我们，因为还有更重要的事情去做。两个系统为争夺主导权而处于不断争斗的状态中。

对有些人而言，前额叶皮层系统获胜的概率更高，所以他们更为理性。也有一些人因为前额叶皮层没有发育完好而屈服于奖励中心。当前额叶皮层由于童年创伤经历而遭受损伤后，过量的"压力荷尔蒙"就会损伤正在发育的细胞。

如果前额叶皮层在发育中受到一定程度的损伤，就会令人难以控制冲动。这种情况下,大脑中两个系统争夺主导权的斗争就会平和很多,往往都是奖励系统"说了算"。有童年创伤经历的人不是不能好好表现,而是这种创伤经历已经深深根植在他们的神经生物细胞中。

我们用金字塔的形式来表示童年创伤经历与人生前景的关系:

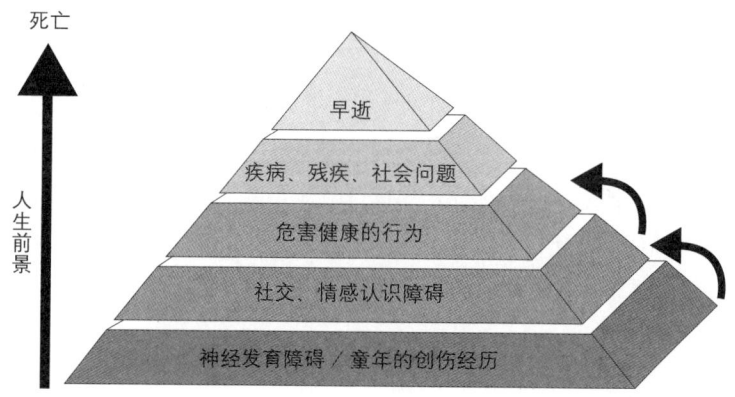

就神经系统而言,创伤经历使生理结构发生改变,这会给人带来社交、情感认知障碍,进而出现危害健康的行为,直到患病或早逝。

可以看出,危害健康的行为并不是唯一的致病因素。创伤本身就会致病。极端情况下,遭到忽视的创伤会使得冠心病的风险系数上升3.6。刨除数据中的饮食习惯、运动量、年龄和性别的因素,这个系数也会上升3.1。当然,最主要的因素还是童年的创伤经历。

学术界目前还停留在破译两者运作机制的阶段,但是也有了一些阶段性结果。罪魁祸首还是"压力荷尔蒙"。"压力荷尔蒙"分泌过量不仅将持久改变HPA轴结构，还可能加速血液凝固，从而迅速形成血凝块，增加心肌梗死和中风的风险。长期患有抑郁症的人的血管内壁可能发生改变，导致血管扩张和舒张出现功能紊乱，同时使得血管壁硬化，从而增加动脉粥样硬化的风险。在这种情况下，血管中沉积的脂质斑块就会牢固地黏附在血管壁上，成为冠心病病发的隐患。

心理对器官产生的直接作用似乎十分强烈，以至于有时会被认为其作用大于危害健康的行为（比如暴饮暴食）所带来的不良影响。研究表明，人类在身体质量指数（BMI）高于三十（过度肥胖）的情况下，如果没有抑郁症，死亡风险并无显著变化。但是，如果同时患抑郁症，死亡风险就上升了三倍。显然，抑郁症对于心脏的危害至少不亚于危害健康的行为习惯。

灵魂与免疫系统

免疫系统是另外一个不断地跟灵魂保持交流与密切合作的器官系统。在我们的认知里，这种观点并不常见。比如，人们不会说"我免疫系统里的一块大石头终于落地了"，原因或许在于，免疫系统没有心脏那么重要，一般只是被看作一个遍布全身的综合网络。免疫系统的"感应器"、协作者和开关系统遍布整个身体。例如，骨髓和胸腺负责调控特定白细胞。脾脏的作用在于保存攻击病原体的吞噬细胞。肠壁上附着着大量产生抗体的细胞，可以识别、标记、消灭病菌和外来物质。此外，抗体还可以记住这些信息，以便在将来迅速做出反应。然而，这些都只是免疫系统的冰山一角。有科学家认为，免疫系统的某些功能完全可以与大脑相提并论。免疫系统具有记忆和学习能力，能够应对来自外界的刺激，有时还能进行本能应答，比如当它必须迅速产生抗原、应对外界刺激的时候，就会做出这种应答。

大多数人都把免疫系统的工作机制简单化了：细菌或病毒入侵身体，免疫系统做出应答并产生防御细胞，最终让身体免受感染。这个过程只是其中一个层面。在另一个层面，免疫系统发现危害健康的可疑物体时，一定会及时"知会"大脑。这不仅因为大脑是"最高指挥官"，还因为这种做法对应对紧急状况有着重要意义。

当免疫系统需要向大脑求助时，就会通过白细胞介素-1传递信息。白细胞介素是免疫系统在身体出现炎症时必定会分泌的信使物质。得益于这种信使物质，白细胞之间能够进行交流，共同"商议"下一步的计划。同时，大脑对白细胞之间的交流进行"监听"。如果血管中记录下白细胞介素-1，大脑就会知道身体出现了炎症。根据不同的浓度，大脑就能知道炎症的严重程度如何。在这个前提下，大脑必定会提供帮助，也就是分泌皮质醇激素。皮质醇并不直接提供战斗或逃跑的能力，而是能避免血糖含量下降。这样就会有葡萄糖迅速从细胞释放到血管中，因为身体需要消耗更多能量。当身体发烧时，这种机制是十分有必要的，身处险境和需要进行自卫时也会出现这种机制。多余的血糖会使人更有能量。在现实生活中，大多数人都不必战斗或逃跑，因为如今令我们紧张的不是凶猛的野兽，而是重要的日程安排。这也是皮质醇令人长胖的原因所在。身体完全用不上多余的能量，于是过量的血糖就会"招来"胰岛素，而身体分泌的胰岛素就会将糖类转变为脂肪。

皮质醇含量

发烧会导致人们出现较长时间的食欲不振。这时候，皮质醇就会伸出援手，加速病情好转。维持血糖水平稳定只是其中一个功能。它的另一项功能是抑制免疫反应。人们利用这个原理研制出了抗过敏药物，用以消除免疫反应过激造成的斑疹或炎症。在使用人工合成的皮质醇制剂，如可的松制剂或软膏时，医生总是会叮嘱：切勿长期服用，否则会产生严重的副作用。皮质醇亦是如此，分泌量适中就行，过量反倒会出现问题。大多数激素都会产生这种效应。

大脑不需要大量皮质醇来抑制免疫系统就能达到自我防御。此时，免疫系统对炎症或精神压力的应答就会减弱。这实际是在限制皮质醇分泌，但是这样会带来一个隐患，即无法十分有效地抵御入侵者。这也是人们为何容易遭受精神压力的原因。

另外一种带来隐患的信使物质是白细胞介素-6。在出现炎症或存在高强度精神压力的状况下，人体就会分泌这类物质。研究表明，部分需要长期护理家人的人群，其体内白细胞介素-6的浓度就会很高。抑郁症患者亦是如此。白细胞介素-6不仅是一种信使物质，还是一种"促炎性细胞因子"，它会引发机体出现炎症。这样体内的免疫活动又会再次作用于大脑。这会让人出现"病态行为"，即一种让很多病人和医生都束手无策的病症。

有"病态行为"的患者会出现疲惫、食欲不振、失眠、心情低落及动力衰减的症状。如此不明朗的病情令患者十分煎熬。长期以来，人们都认为这是器官受损导致的虚弱症状。近几十年来的研究却表明，这种与抑郁症相似的症状实际上是患病器官出现的针对性症状。其目的在于尽量储存能量，用以身体康复。这个症状由受到抑制的免疫系统和白细胞介素-6的产物共同触发。

这种病症会让人觉得自己像是得了重病，事实上他们是真的病了。慢性疾病会让白细胞介素-6长期出现在血液循环系统中，这就可能对人体细胞造成伤害，从而导致细胞病变，最终导致本应起到保护作用的免疫系统被削弱。这一切的后果是，人们会患上慢性炎症，例如关节炎和强直性脊柱炎等自身免疫性疾病，以及痛风、癌症等，这些疾病都主要在中老年群体中出现。

灵魂和免疫系统之间的沟通机制失效，会导致出现各种相关疾病，于是就产生了一门新的学科——心理神经免疫学。人们可以想到，这门学科必将会为心身医学带来许多有益的贡献。

这一切都是想象出来的吗？

有的病人会出现如下症状：背部疼痛、腹痛、头痛、关节痛、易困、疲惫无力，还会出现心脏或呼吸系统疾病，以及胃肠道问题或头晕目眩的症状。这种病症让人十分无奈，因为刚开始没有一位医生能够给出一个明确的病因诊断，直到后来人们才发明了一个专有名词——心身症。心身症、抑郁症、焦虑症是德国最常见的三大心理疾病。

80%的德国人至少出现过一次与上述情况类似的症状，其中女性患病的概率是男性的三倍。这种症状通常会在一段时间后自动消失，也就没有受到重视。然而，有些人的症状会持续很长一段时间，严重影响正常生活。

如果无法从身体诊断中得出结论，病人应该怎么办呢？这些症状都是病人虚构的吗？还是病人太矫情了？都不是，完全不是这样！外界的这种偏见或者病人自己出现这种想法，都会将病人推向十分危险的境地。出现这个问题的部分原因在于，人们习惯于从疾病本身中找病因。如果身体出现疼痛，那必定是身体的哪个部位出现了问题。"真实"的原因可能是受伤、骨折、发炎或者器官功能障碍。然而，心身症的病因完全不能用病因与症状的常规联系去推理。有时候，形成这种疾病的原因是信息错位。

这里先列出一些令人难以置信却发人深省的数据。人体的感觉器官每秒向大脑发送2000万比特的信息，但是，大脑只是有意识地对其中40比特进行处理。人体内部和周边环境所包含的信息，只有极其微小的一部分进入我们的意识。人体不仅会把周边环境的信息记录下来，还会将体内环境的信息记录下来，包括吃喝、打嗝、咀嚼和消化等。身体一直都处在活跃的状态中，但身体在处理信息时却十分谨慎小心，会通过大量复杂的工作让身体保持镇静。例如，当我们长时间坐在硬板凳上时，或许左臀的血管都已经被压扁了，但是身体却没有发出重大的警报。它只是小心翼翼地发出信号，告知我们应该换一下坐姿。有时候甚至连这种信号都没有，而是让我们一直保持原坐姿，因为我们需要集中精力。这种状况每天都会上演无数次。

有时候，体内的某些部位会突然成为焦点。虽然不是刻意去关注，却很难摆脱这种状态。这种情况可能会导致高强度精神压力的出现。比如，即将要在有很多观众的舞台上做演讲时，有些人就会出现一系列身体反应，比如心跳加速、神情紧张或出现紧张性腹泻等，有些人甚至一想到这件事就会出现上述反应。这时，我们应该注意到另外一个因素，即所谓的"放大躯体感觉"。在有压力或感到焦虑时，人们倾向于用放大镜的眼光来观察身体变化。置于放大镜下的自我观察，会导致我们出现"体感误判"，这种现象也被称为"主观体感"。也就是说，在这种情况下，身体的感知会更加强烈，并出现误判。

还有一些人特别在意心跳是否正常，怦怦的心跳声会让人骤然不安起来。他们不禁会这样想："这种状况正常吗？不，这个事情很严重！"很快，他们就会因过度关注自身而出现恐惧情绪，并形成恶性循环：越是将注意力放到所出现的症状上，症状就越明显。

出现这种令人不安的症状时，人们通常能做的就是找出病因，并向医生求助。如果找不到病因，病人并不会因此而放松，反倒会更加不安。这就促使他们不断去求助其他专家或者不断在不同医院之间转诊。就这样，这种身体不适主导了全部的生活，成了病人生活中最为核心的部分。

随着身体不适加剧，病人还会把自己保护起来。为了减轻疼痛或减少对心脏的刺激，他们不再运动。或许短期来说这是有利的，但从长远来看，这会让人陷入更糟糕的状态，再次产生"体感误判"，从而导致更大的心理障碍产生。长期的身体不适也会让灵魂不堪重负。

莫名的疼痛

心身症最易引发的症状就是莫名感到疼痛。这种状态令人特别厌恶，因为病人都想了解确切的病因。人们对疼痛的产生往往有这样的理解：这是一个十分简单的过程。人体皮层的每毫米处都有上千个疼痛受体，所以被钉子扎到伤口就特别疼。事实上，原理并非完全如此，因为痛感并不是在伤口处产生，而是在大脑中产生的。一部分疼痛矩阵位于边缘系统，具体来说就是位于前扣带皮层和岛叶皮层。另外的传导部分则位于顶叶脑回中，这被称为体感皮层。身体的每一个部位都将在这个"神经地图"上获得标记。

当身体某处出现疼痛时，人体就能通过体感皮层获知具体的受伤部位。对于疼痛的剧烈程度，身体会根据前扣带皮层和岛叶皮层中神经元的活跃程度来做出判断。

在某些情况下，疼痛的程度与带来疼痛的源头关系不大，更多取决于大脑对刺激传导的处理结果。大脚趾和疼痛矩阵之间的神经传导，其稳定性肯定比不上曼海姆和斯图加特之间的光纤线路。神经传导是一个极其复杂的过程，依赖于神经递质的传输，所以传导过程就像身体的健康状况一样容易受到干扰。在特定情况下，当皮肤被毫无危害的物品碰触时，大脑也可能产生类似于皮肤被撕裂的痛感。

人们总是将疼痛视为一种症状，一种疾病的表征。殊不知，疼痛本身也可能是一种疾病。在无明显诱因的情况下，人们也有可能出现痛感，甚至一个微不足道的刺激都能引发剧烈的痛感。然后，病人就只能踏上漫漫寻医路，希望找到确切的病因，得到有效的医治。

有的病人在经历了数十次就医，有时甚至进行了多次手术后才最终发现问题出在灵魂上，跟身体无关。出现背部、颈部和肩部疼痛的患者中，三分之一的人的病因是抑郁症和焦虑。

这里并不是要让所有人都成为病因推理高手。当今社会，人们的压力越来越大，出现背部疼痛并不出奇。当我们心情紧张时，肌肉也会随之收缩而变得僵硬，这就会导致出现疼痛，我们会自然而然地按腰放松，这就会让情况变得更糟。

这只是最简单的一种病理分析。除此之外，人们还发现，曾被霸凌的人通常会出现背部、颈部、肩部疼痛。病因不是单纯因压力产生的肌肉收缩，而是明显与前文提到的大脑前扣带皮层相关。几年前，美国加利福尼亚州的研究人员发现：人在感到被排斥时，前扣带皮层会被激活。[51] 在社会上被人排挤时，这一部位的神经细胞会做出跟疼痛刺激相同的反应。这就可以说明，人们在身体疼痛时，很有可能是灵魂遭受了伤害。

莫名出现疼痛还可能有其他原因。一般来说，在根治引发疼痛的病因后，疼痛症就会痊愈。但有时候，疼痛并不会完全消失。就像痛苦的记忆总是难以消失一样，身体有时会记住疼痛。每个人的身体都有疼痛经历及对应的记忆。值得一提的是所谓的"幻肢痛"。据波恩大学医院的一项研究表明，75%的截肢病人会感到不复存在的肢体出现疼痛。[52] 其中一个原因在于，大脑中与该肢体关联的末端神经细胞不断受到刺激。截肢手术前后产生的疼痛记忆，也会不断释放出疼痛信号。

人们推测，至今尚未解密的"纤维肌痛"的病因，可能与上述各种因素的组合有关。对患者而言，这种疼痛是一种折磨。有时是肌腱出现疼痛，有时是肌肉，同时，他们的身体会形成一些按压敏感部位，即所谓的"压痛点"。这些部位并不固定，但是轻触就会带来剧痛。根据目前的理解，纤维肌痛属于一种心身风湿性疾病，因为有纤维肌痛的很多病人都患有抑郁症。尽管如此，我们很难确定这些病例中疼痛和抑郁这两种疾病出现的先后顺序。两种疾病相互影响，相互诱发。

任何一种慢性疼痛症都会给人带来压力，同时又会反作用于身体，形成肌肉紧张。这是一个恶性循环，会使疼痛症延续下去，让病人感到绝望，有时还会让他们患上抑郁症。有时候，身体产生疼痛的目的就是想要获得别人的关注和照料。别人会接过工作，让病人卸下重担，获得放松的机会。因此，我们要特别重视疼痛这件事，弄清楚疼痛的根源，因为疼痛能够令我们获得别人的关注，这对身体是有益和有帮助的。

因此，若多年寻医无果，很可能就要关注其他方面——灵魂。

重视灵魂的必要性

有时，灵魂的行为看似随心所欲。实际上，灵魂只是将接收的信息交代给身体而已。疼痛会将人带上无比刺激的旅程，比如自我内心之旅，以及那些令人毛骨悚然的经历。灵魂会一直刺激我们，通过带来精神或身体上的痛苦（或者两者同时出现），迫使我们认真对待它并为它投入精力。

如果想要世界变得更加光明的话，人们就必须面对内心深处的阴暗面并克服它。这听起来有点像好莱坞电影的桥段，但这个理论比想象中有意义得多。它有着神经学上的意义。该理论提出大脑的一个功能单位与边缘系统和灵魂都密切相关。这个功能单位被称为前扣带皮层，简称为ACC。心理治疗研究学者克劳斯·格拉维对ACC进行了深入研究，并得出结论，当人们感受到所谓的"非一致性"状态时，ACC就会被激活。"非一致性"可能是窘境、冲突、身体疼痛，也可能是心理疾病。格拉维相信，ACC还肩负着一项十分特殊的任务，它不仅会把"非一致性"的状态记录下来，还会将人的注意力直接转移到"非一致性"的源头上来。之后，ACC还会帮助我们找出造成窘境或冲突的罪魁祸首。这个结果证明它充分满足了我们对掌控的基本需求。在找到痛苦的根源后，我们就可以采取积极健康的态度，最终重新获得掌控感。

不幸的是，现实中人们很难做到这一点。特别是如果出现了抑郁症，人们就会陷入一种状态，在这种状态下，ACC完全无法对刺激做出反应。至于为何会这样，目前还没有答案，只知道在这种状态下，ACC应对困难的意图遭到了阻挠。抑郁症患者会一直通过沉思面对困境，却远无法触及问题的核心，也就无法通过自身的努力解决问题。

根据格拉维的理论，当人们在应对"非一致性"困境时采取排斥的手段，不断否认、推脱和淡化问题，不用建设性的思维方式思考问题时，ACC的工作就会再次陷入瘫痪。采取排斥的方式比面对问题时掌握主动更容易，而后者正是ACC需要的。被压制的悬而未决的问题会持续产生影响，通常会导致灵魂和身体出现障碍。如果我们不逃避问题，这种症状就会在短期内缓解。我们也能够利用这个机会去认清自身问题所在，找到对自己负责的应对方法。我们这样做的目的在于，把握住令自身变好的机会，重新掌握人生的主动权。

当造物主特地花心思造出一个有特定功能的身体部位，然后跟我们说：找到伤害你的根源，并战胜它。这就是灵魂给出的一个明确信号。

第五章

平衡：
灵魂如何找到支撑点

心理治疗：探寻自我的冒险之旅

虽然我很想在这里讲一些其他的东西，但还是不得不说：面对自己的内心是一件很艰难的事情。值得这么做吗？当然！

很多人苦苦挣扎，饱受痛苦折磨，采取排解和过度补偿的方法，想要有效地进行自救，这无疑是走上了歧途。很多人都是在晚期才敢迈出最重要的一步——求助专业的医生。人们已经开发出很多成熟且十分有效的方法来治疗精神疾病，尽管如此，一些病人还是长年累月地默默忍受着精神和肉体的折磨，看着情况不断恶化，将病情拖到难以治愈的地步。

"千万不要成为连自己的生活都无法掌控的人"，这类偏见仍然在主导着人们的思维。"我们不能表现得愚蠢、疯狂，不能无节制地索取"，这类想法本身就是一种精神疾病。很多人从童年或青少年时代起，就必须独自处理问题，因为他们无法获得可靠的帮助。可能是家长的工作太忙，对孩子要求太严苛，也可能是家长本身遭受着精神疾病的困扰，所以无法给予孩子足够的关爱和支持，还有可能是家长性格暴戾，给孩子带来了不安全感和危机感。很多时候，这会给孩子造成直接的伤害。很多人从小就被教导要成为坚强的人，只有不依赖别人而活，才能变得强大起来。即便这些只停留在思维层面，也会给人带来障碍。比如"我必须独自完成"和"我不能给别人带来麻烦"的想法，就直接反映出对待自身的一种极端态度。

对于有些家庭来说，维持表面的和睦与融洽比家人本身更加重要，这就使得孩子养成了一种"孤独斗士"的生存本能。他们也会说出上述毫无人情可言的话。在他们看来，寻求别人帮助的念头几乎荒谬，他们还认为，这是做人最大的失败。

我们也可以从另外一个角度去看待这个问题。每个敢于迈出第一步去接受心理治疗的人，都希望给自己创造更美好、更健康的生活。显然，我们值得更重视自己，这样才有勇气去迈出心理治疗的第一步。我对这些患者致以崇高的敬意。

心理治疗需要一个过程。患者在开始时都会十分煎熬，因为他们要面对那些本不愿意揭开的伤疤。治疗过程中，人们可能会出现沮丧、绝望、愤怒、无力的感觉，也会一直怀疑来参加心理治疗的决定是否明智。

然而，我一再见证着他们的变化。当病人真正为自己负责时，他们就会变得放松，并且能真正掌控自我。在接受了完整的治疗后，病人在面对自身和他人的时候都表现得更加有自尊感了。一个病人描述说："我感觉自己完全变了，变成了一个更加自由的人。"

了解关于身体运行、感知和反应的知识，就相当于了解自身的"使用说明书"，也能让别人更好地了解自己。这就意味着，我们将不再出现无力感和无助感。这倒不是说我们会因为心理治疗而变成另外一个人，但是，我们会找到一种不同于以往的、更加健康的生活方式去经营自己的人生。不过,心理治疗究竟是如何起作用的呢?

◎ 效果

心理治疗是怎么进行的?两个人之间进行对话,病人就能从精神痛苦中解脱出来吗?只是对话就可以?

有些人对此持怀疑态度,这是完全可以理解的,因为世上没有其他任何一种治疗是通过交谈完成的。尽管如此,心理治疗毫无疑问是治疗心理障碍的有效疗法。

这并不是我这个心理治疗工作者的一家之言,而是数十年来科学界得出的定论。学界的研究涉及心理治疗的有效性及其作用机制。其中,所谓的"结果导向研究"是在探究心理治疗的有效性问题,而"过程导向研究"就是比较不同的心理疗法,评估出最有效的方法。

如果能像德国产品测评基金会那样轻易地将最佳疗法列举出来,那就皆大欢喜了。但是,关键问题在于,"结果导向研究"迄今为止都未有明确的结论。

为此,让我们先来读一下《爱丽丝梦游仙境》这个童话。

◎ 渡渡鸟假说

在这个刘易斯·卡罗尔所写的童话中,有一个情节是爱丽丝与一群色彩斑斓的动物赛跑。赛跑规则与传统不同,每个人都可以随意绕圈跑。半个小时过后,主持者渡渡鸟宣布比赛结束。参赛者们都想知道冠军花落谁家。渡渡鸟经过深思熟虑后宣布:"大家都是冠军,每个人都会得到奖品!"

关于心理疗法的研究,人们通常会借助渡渡鸟的故事来打比方。很多年前人们就开始用"渡渡鸟假说"形容各种疗法的比较结果,这在当时引起了高度关注。之所以取"渡渡鸟假说"的名字,是因为在评价不同的心理疗法时,人们也会得出与渡渡鸟类似的结论。也就是说,这些心理疗法各有千秋,都能对病人有所帮助。

这是为什么呢?直到现在,人们才深刻领悟到得出这个结论的缘由。

◎ 治疗要素

不管是精神分析师来治疗,还是采取原始疗法,只有满足一定的治疗要素,治疗方法才会被视为有效。大脑研究学者、神经生物学家格哈德·罗特归纳了四大治疗要素。

1. 患者与治疗师之间必须建立信任关系。患者对治疗师的能力要抱有积极评价,同时治疗师也要乐意帮助、支持患者。治疗师必须真正对患者的病症感兴趣。

2. 治疗过程必须在特定场所进行,该场所符合经验证的正规治疗诊所的标准,能够避免被日常生活琐事叨扰,同时具备科学诊疗的氛围。或许正是这个原因,心理诊所看起来都有同样经典的布局:两把正对着摆放的舒适的扶手椅或一张红沙发,后者常见于心理分析诊所。想必大家也都明白,即便诊所设在昏暗无光的潮湿地下室里,现场氛围布置也不够科学,这也并不会影响治疗师的治疗水平。但是,诊疗室不能过于冰冷,这样会让人产生疏离感。毕竟,只有温暖的氛围才能拉近双方的距离。

3.治疗的过程依据明确的治疗理论及治疗理念进行，这个理念要符合人类天性中的乐观主义哲学。这样做的目的在于，给患者提供一个自身疾病及所采取的治疗方法之间联系的合理解释。

4.治疗过程要依据与病人共同制订的治疗计划进行，计划中必定要设定治疗目标。特定的治疗项目，可以由两人共同规划或由患者独立完成。

◎ 治疗联盟

有效的心理治疗除了具备必要的治疗要素，还有一项更深层次的工作，即让医患之间建立合作关系。心理学家也把这种关系称为"治疗联盟"，指的是在医患双方互相信任、患者有安全感的基础上建立的专业合作关系。

对患者而言，第一个考验便是建立对治疗师的信任，即对其专业能力、行为模式及治疗方法的信任。反过来，治疗师也必须能够掌握并理解患者的心理状态，能够与患者产生共情。双方的互动是诊疗效果的保证，也是心理治疗能够发挥作用的关键，这听起来有点陈词滥调，但其实任何一种心理治疗方法都是如此。为了理解这种效用机制，我们必须先了解大脑的工作原理。

◎ 神经的可塑性

有些事情虽然合乎逻辑，但其实是错误的。例如人们曾认为，大脑主要在儿童时期发育，青春期时会再次快速发育，此后便会基本停止，也就是进入衰老期。幸运的是，我们现在认识到这是不对的——大脑时刻都在发生改变。可以说，大脑直到死亡都未完成发育。大脑具有生物能力，会通过经验进行学习，并借助周边环境进行自我调整和适应。神经学家将这种特性称为神经的可塑性。

在回顾人类发展史时，我们便知道为什么会这样了：正是神经系统的适应能力引领人类穿越数百万年的生物进化历程，如果神经组织就这样丧失了适应能力，想必会十分怪异。

心理治疗之所以能起作用，也是借助这个原理。人们不能简单地将精神疾病与怪异的性格画等号。通常情况下，精神疾病的根源在于神经网络、结构及传导过程发生障碍，之所以会出现障碍，是因为特定的经历、思想和行为模式会对大脑长期产生严重影响，直到改变其神经结构。

如果神经结构能发生变化，也就可以往另一个方向发展，这为治愈心理疾病提供了可能。治疗师能做的是通过心理治疗对大脑神经元进行连接或重组。这样一来，人的行为、感觉和思维就会相应地发生改变。

几年以前，人们都还将心理诊疗视为"删除"的过程。曾有理论认为，患者通过反思并克服创伤经历，可以将其删除。如今，人们对这个理论进行了修正，也就是说根本不存在"心灵橡皮擦"。尽管这个初衷十分美好，人们却不能简单地删除创伤经历和记忆。但是，人们可以在原有的经历和记忆上进行"覆盖性写入"或"覆盖性学习"。

因此，原有的经历和记忆不会消失，只是会被更积极、更强烈的经历和思维所覆盖，直到后者完全显现出来。

建立神经元连接的先决条件和开端是激活所要连接的神经元，使它们保持长期持续受刺激的状态。比如，患者想要形成新的想法、感觉和行为模式，就必须不断进行练习。

患者可以通过心理治疗培养新的行为模式，获得更多正面经历，从而修补有害的自我认知，比如"我一事无成，只能做一个失败者"等。通过这种方式，患者就有可能形成建设性的、稳定自信的自我认知。旧有的认知就会被替代，变成"我已经尽力了，我对自己的表现很满意"。这个过程首先要通过行动而不是想法来实施。行动能对想法和感知产生巨大的正面效应。

在搭建一条新的神经通路之时，也会产生一条旧的神经通路。注意到这一点十分重要，这也是心理治疗一直在做的事情。正如现实生活中的马路一样，人们不断修缮，却也无法避免马路老化。如果长时间不使用，这条马路很快就会荒废。

理想情况下，心理治疗能带来翻天覆地的变化。如第三章所述，焦虑症和抑郁症患者的杏仁体会出现过度活跃的状态。实验研究表明，刚开始，当患者在叙述自身创伤经历时，杏仁体会变得特别活跃。与创伤经历进行这种程度的"对峙"，会使病人变得情绪化，使神经生物结构也深陷痛苦回忆中。但经过十五个月的治疗，当人们再次检测杏仁体的活跃度时，却发现与控制组几乎没有差别。因为经过心理治疗，大脑的杏仁体已恢复了镇静。除此之外，治疗师与患者之间的关系越融洽，就越容易开展治疗。这是为什么呢？

原因在于，良性的"治疗联盟"激活了人们最核心的需求，即依恋需求。大多数患精神疾病的人的依恋关系都比较糟糕。在心理治疗过程中，患者的依恋需求会被重新激发。病人明显可以有效地建立和维持依恋关系，这会给患者今后的生活带来信心。欢笑、陪伴、友善鼓励的话语、充满信任的互动，以及非语言性交流——各种眼神、动作、表情，人与人的相互靠近——都会刺激血清素、催产素释放，同时刺激相关系统释放内源性阿片类物质。双方也是在这个过程中互换秘密。在心理治疗的过程中，双方会互换很多秘密。

催产素不仅能让人产生短暂的舒适感，还可以产生更深层次的效果。它会同时触发其他物质分泌的连锁反应，而这有助于灵魂恢复健康。它促使相关系统分泌内源性阿片类物质，使之能够减轻灵魂和肉体的痛苦，显著减少"压力荷尔蒙"的分泌。患者不仅会在心理上得到一定的放松，肉体亦是如此。在这种状态下，患者更容易集中精力应对创伤经历，从而在一定程度上摆脱面对绝望处境时的沉思状态。患者不会过多纠结于创伤经历，这样就会开启一个良性循环，使得患者的情绪状态逐渐趋于轻松自然。

此外，内源性阿片类物质和血清素有助于基底核神经细胞的再生，促进对旧有经验的"覆盖性学习"。基底核会影响认知能力及有步骤的规划能力，调节自主运动系统和边缘系统，有步骤的规划能力指的是提前思维能力及形成期望的能力。最理想的情况是：大脑在形成思维时，不再像此前那样陷入悲观状态，而是在"覆盖性学习"的基础上建立。

◎ 自我疗法

重建神经结构——特别是曾出现创伤和压抑的神经结构——并非易事。这种结构十分坚韧，且能够自动运行。在意识到自己有心理问题后，有的患者试图依靠个人力量去改变这种结构。尽管他们的感知能力良好，却极有可能无法摆脱这种坚韧的神经结构。如今，有大量关于自我疗法的指南出版，其中有成千上万种绝佳的自我疗法。但是，在日常生活中，只是依靠个人力量开展长期的自我治疗却几乎不太可能。因此，与心理治疗师合作才是更有效的方法。

花费：医疗保险及自付费用

心理治疗的范围非常广泛。但是，只有三种被验证为具有最佳疗效的疗法接受公共保险报销。

◎ 行为疗法

我们无法停止思考、感知和行动，不管这是否对我们有益。我们总是希望得到最好的，却通常未能如愿。我们不会因为自身意愿或他人的要求和忠告，就往积极的方向想问题。"看问题不要总是这么悲观！"很多患者会听到这样的话，却无法做到这一点。行为疗法的关键在行动，当然不是简单的日常行动，而是在心理治疗师的帮助下形成与往常不同的有益健康的行为模式，使自己完全摆脱以往的行为习惯。在新行为模式的不断刺激下，患者的思维和感知也会向着积极的方向发展。这样就能满足患者的美好意愿，这也是身边所爱之人的期望。患者的行为会以心理治疗的目标为行动指南，这个目标是由患者在首次治疗中提出的。

如果我们认为个人的基本信念、图式、受损的基本需求、自我评价及个人经历是造成疾病的原因，那就必须深入了解它们。每个人遭受精神折磨的原因都各不相同，所以有必要进行探究。这项工作类似于侦探工作，包括检测诊断、查明症状、列举个人经历及分析所处的窘境等。这项工作与患者对发病源头、过程及原因的推断同等重要。

下一个关键步骤是对自身观念有所感知，即有一个清醒的认识。自身观念包括对自身及他人的看法、对自身评价图式的看法及所遵循的行为准则，以及对为何有时无法达到想要的结果的分析。

然后就是心理治疗的工作，主要是对患者在不同场合下的感知进行重新设计，这个环节涉及以下所有方面：思维及批判，对自我和他人的看法，以及衍生的观念、感觉和行为动机。患者通过行为训练、习得减压方式、激发好奇心以及进行大量的尝试，掌握一种合理、有益健康的行为模式。尝试新事物是每天都要进行的治疗训练。

在引发焦虑的场景下，人们才会采用暴露疗法。有时从虚拟的"感知"入手，有时从对应现实生活的"身体"入手。训练目的是让患者对产生焦虑的窘境脱敏。随后，患者的焦虑感会减少，内心体验和信念会发生改变。比如，患者需要做到独自轻松地坐在咖啡厅体会享用咖啡的乐趣。

随着训练的深入，患者甚至能从中获得乐趣，然后自行设计一个此前带来焦虑的场景，并就此进行自我检验。然后，患者的信心会得到很大的提高，自豪感和自我效能感则开始形成。

在训练的过程中，治疗师与患者之间稳定、紧密、可靠的良性关系十分重要，因此这个关系的形成在行为治疗中处于首要地位。人们需要花费大量的时间和精力去培养这种关系。只有在这个基础上，患者才能谈及敏感话题和接受暴露训练。这种关系是患者在紧急情况下可以依靠的坚实后盾。

通常情况下，只需经过很短的时间，患者就会出现正面的变化。但是，原有的神经结构还在不断挣扎，所以不能给它死灰复燃的机会，必须增强自我关怀的效果，直到患者最终成为"自己的主人"。

患者会感觉这种治疗是具体可感的，因为他们亲身参与其中。同时，这也是可控的。另外，心理和身体的治疗过程都是可以理解、有逻辑的，这样会给患者带来安全感。治疗师还将建立起解读模型，对每个人精神疾病的形成、恶化及病因进行解读。为了在训练中达到预期效果，所有资源都会被挖掘出来投入应用。

一般来说，这种治疗过程将持续三个月到三年，具体时间据会谈频率和次数而定。一般而言，治疗频率为每周一到两次。患者和病人需要面对面坐着，进行沉浸式交流。每次训练前，都需要明确是两人共同完成还是患者单独完成训练。

行为疗法基本分为两个方向。一个是标准化行为疗法，是依据固定的流程或针对特定心理疾病类型——比如针对边缘型人格障碍的"辩证行为疗法"或针对社交恐惧的"社交技能训练"——制订治疗纲要。综合行为疗法是将患者放在个人精神经历及外在表现的整体框架下进行感知和解读，从而让患者获得领悟。

我是一名行为治疗师，坚信这种疗法可以帮助病人。而且，我每天都看到很多患者从中受益。同时，我也十分开心地看到，有些学者已经不再严格区分各种不同的治疗方案。如今，行为疗法也会借鉴深度疗法和精神分析的理念，这对病人是十分有益的。

让患者在治疗中发挥主动，使他们成为自己的治疗师，从而变得更加独立，这是我所盼望的，我也会为此不断努力。或许在不久的将来，我会很高兴地听到病人对我说："韦里·冯·利蒙女士，我觉得自己不再需要您的帮助了。"

◎ **精神分析**

这种疗法是西格蒙德·弗洛伊德发明的。精神分析治疗就是单纯的"瞎聊"，这么说没有任何不敬的意思。患者描述头脑中闪过的想法及内心感知，分析师不会对患者的话进行评估或评价，而是进行解读。分析师关注患者所说的内容、说话的方式及其面对分析师的行为表现。通过治疗，分析师会写出一个类似于模板的总结，让患者认识到如何与自己及他人相处。

患者被称为"精神分析对象"，经常会躺在经典的红色（也可能不是红色）沙发上，分析师坐在他身后，这样就不存在眼神交流。分析师会专注地倾听，分享他从精神分析治疗中获取的信息。

这个治疗过程通常会持续三到五年，平均花费三百个小时甚至更长的时间。定好的会面时间不能更改，大约每周三到五次。这种疗法的康复过程比行为疗法慢，所以这种疗法会引起保险公司的注意，结算保险金时可能会有点麻烦。

现在，各个理论的共同点是，认同童年发育会对后期人格形成起到至关重要的作用，而且认为人们通常都能从中找到精神疾病或行为障碍的病因。

◎ 深层心理学

弗洛伊德的精神分析理论如家族图谱一样，在随后的几十年中分化为很多不同的分支和流派，深层心理学就是其中之一。该理论认为，"动态无意识"是精神疾病的核心要素。根据该理论，人的心理活动大多是无意识的，也常常被认为是不合逻辑、充满矛盾或时间错乱的。

心理治疗能够发掘出无意识的冲突，并对其进行详细的分析。这种无意识的冲突本身也决定着患者与心理治疗师的关系。深层心理学领域的心理治疗师会协助患者将精神障碍中无意识的因素找出来。同时，心理治疗师也会帮助病人消除这种冲突。人们希望通过这种方式过上更健康、压力更小的生活。

这种心理谈话要求患者完全敞开心扉，高度信任治疗师。对于冲突的观察不限定时间界限，治疗师会对童年、少年时代及当下的冲突都进行观察。患者和治疗师会以目标为导向进行合作，治疗目标和重点在治疗前和治疗过程中会由患者和治疗师一起商定，进行面对面的交流。治疗的时长依据不同的会谈频率，可持续三个月到三年不等。总体来说，一般每周要有一到两次的会面。

在治疗中，需要深入探究的是病因，而不是症状。只要在有利的条件下进行治疗，比如让患者获得悉心的照料，真诚、宽容地对待患者，就有可能让患者康复、好转。

难关：治疗过程中的障碍

我们都知道心理治疗有疗效，但公立保险只报销三种类型的疗法。至少理论上是这样的，根据德国的《社会法典》，公立保险公司理论上有提供救治的义务，患者有自由选择医生和心理治疗师的权利。然而，并不是所有的心理治疗师都能被自由选择。

大多数求医的病人认为，门牌上写着心理治疗师的诊所都被纳入了公共保险体系。事实并非如此。"心理治疗师"这个概念并非专有名词，只是表明了治疗师的医师资质而已。

受保护的专有名词是"心理专业治疗师"以及"儿童青少年心理治疗师"。具有这两种职称的心理治疗师等同于耳鼻喉科的医生，患者找他们看病能够用公共保险进行报销。当然，这只是理论层面，实际操作起来会更加复杂。

公共保险体系内的心理专业治疗师数量有限。换句话说，此类心理专业治疗师的数量极少。并不是心理治疗师本身数量太少，而是经公共保险医师协会授权的医师数量太少。有些治疗师为了拿到授权，只能将诊所搬到另一个联邦州。当然，没有公共保险的结算授权，心理治疗师也能够设立诊所、接诊病人，只是，这样他们就只能接收有私立保险或者愿意且有能力自费的患者了。到"公共授权治疗师"处挂号已经成了患者最大的挑战。很多患者因为这个体系已经产生了严重的心理阴影，为了获得健康，他们却付出了更大的代价。

如今，大城市里有很多公共授权治疗师，而且公共保险医师协会认为，当前医师的数量是可以满足需求的。如果真是这样的话，患者就不用每次都要排队六个月甚至更久的时间了。心理专业治疗师有义务为有意愿进行心理治疗的人提供咨询服务，但这种所谓的"首次面谈"只能作为初步诊断。根据心理治疗规范准则，参加首次面谈是心理医生的一项义务，但患者并不一定要在同一个医生那里接受进一步治疗。

在公共授权治疗师那里接受首次面谈并不意味着会在那里得到进一步治疗。在特定情况下，患者必须多次咨询不同的治疗师，向治疗师陈述当前的心理状况、部分生活史以及精神压力，这样治疗师才能进行诊断评估。

从患者的角度来说，这种形式的初步诊断本身就会造成一个相当大的障碍，有时还会给患者带来新的创伤体验，使得病情急剧恶化。在首次面谈中，患者都会谨慎地介绍个人情况及创伤状况，并不会将所有问题都坦诚相告。患者需要进行自我保护，透露多少信息完全取决于他们的内心状态。

◎ 人们在选择心理治疗师时应该注意什么？

患者在选择心理治疗师时应多加留心。首次面谈不仅是为了让治疗师了解病人的情况，也是为了让患者了解治疗师。面谈的目的在于相互认识，最主要的是反问一下自己：我可以相信医生吗？他有理解我说的话吗？这种治疗方式值得我信赖吗？医生有用心对待患者吗？

并不是所有治疗师都能带着共情思考问题。"请您不要再发牢骚了！"这是一名女心理治疗师在首次面谈中对女患者说的话。彼时患者正在讲述被父亲性侵长达十五年的经历。因为这段创伤经历已经过去了四十五年，所以治疗师认为这件事已经无关紧要了。但是患者的灵魂没有释怀。患者本打算起诉治疗师，但她已经没有这种精力了。一年之后，她才再次鼓起勇气踏上心理治疗之路。

我并不喜欢喊口号，因为那理应是在练兵场上做的事，并不属于心理治疗范畴。但是，我在这里斗胆提出建议：请您谨慎地面对自己的内心，让自己在首次面谈时安静下来，感受一下这种治疗是否让您感到舒服和安全。对患者而言，并不是每个治疗师都适合自己。如果您对治疗师说："我想结束治疗。"这是完全没有问题的。

您不需要做出解释或做合法性陈述。同样，如果医生认为与患者之间无法建立治疗联盟，也可以拒绝接诊患者。

在首次面谈中，公共授权治疗师的职责在于根据患者的状况做出判断，观察患者是否能够忍受一段时间的等待期，是否有必要立即进行危机干预。关于治疗师的咨询时间，患者可以从公共医疗保险公司那里查询。

对于危机干预，除了可以求助于公共授权治疗师，还能求助于医院的专科门诊。事实上，要求病人对整个医疗系统进行了解是不现实的，更不用说那些健康受到严重损害的患者了。在各种手续流程上，他们需要获得协助。他们需要让保险公司承担责任、协助他们寻找心理医生，这是对自己负责及开启健康生活的第一步。不让自己陷入沮丧是困难的，这常常让人感到有心无力。在进行治疗之前，患者往往已陷入一个恶性循环过程。

患严重心理疾病的患者几乎无法踏上这个极度令人疲惫的长期寻医之旅。他们的病情如此之重，以至于生活往往不能自理。对有严重抑郁症的患者来说，起床、洗澡和做饭等日常小事都很难完成，他们会感到很吃力。有些焦虑症患者甚至没有能力打电话，更不用说走出家门或坐车了。艰难地爬起来、照料自己、树立康复的信心，对抑郁症或焦虑症患者来说，这些事并不像人们想象的那么容易。如果急需帮助，患者可以求助精神病急诊科或心理急救服务。

药物:"快乐药片"的作用

很多遭受精神障碍折磨的患者都幻想着吃药就能恢复健康。很多制药公司或许也是这么期待的。世界卫生组织的数据表明,全世界大约有3.5亿人患有抑郁症,这对制药公司来说是数量庞大的潜在客户。

这个行业里最畅销的药物就是"选择性血清素再摄取抑制剂",英文名称为"Selective Serotonin Reuptake Inhibitors"(简称SSRI)。这个名词直观地表达了该药物的作用原理。

这种药物的作用原理是十分令人信服的。回顾本书第一章可知,人体依赖神经递质产生感觉。这种微小的信使物质通过神经细胞向人体传递信息。由此,我们就会产生开心、悲伤或愤怒的情绪。其中一种信使物质会不断发出信息:"我感觉很好,并且处于完全放松的状态中。"这就是血清素。如果血清素或其对应受体太少,人体就很难或几乎无法接收这个信息。

SSRI可以激活身体的各个机能,从而产生更多信使物质,并通过神经细胞将信息传递至全身各处。这真是一个绝妙的方法。但是,这种方法并不对每个人适用,即便有效,患者也要在服药几周后才能感受到。拿到医生的处方药后,患者需要的就是运气和耐心,但是谁也无法保障疗效。无论如何,患者不要期望能从SSRI中获得快乐。我接触过很多拒绝服用该药物的患者,理由是不想获得人造的快乐。

在我接诊的抑郁症患者当中，有的患者在服用改善情绪的药物后，开始更轻松地经营日常生活，也能够更理性地看待各种内心纠葛。他们在做事时效率更高，性格也因此更开朗。这就会形成一个良性循环，逐渐将患者从抑郁的低谷中带出来。

患者以为，这是药物使人产生了变化，实际上并非如此。药物最多就是能创造出一些化学物质，促使患者进行自我激励，进而做出有益的改变。药物所起的作用只是帮助患者有动力去开启正常的生活，这是人们能从药物中获得的最大收益。

有的患者无法从药物中获益，反倒会在服药后病情加重。如果药物没有起到预期的效果，患者就会产生新一轮的挫败感和无助感。有时候药物会导致严重的副作用，使正面的疗效被掩盖归零。

有的患者自始至终都找不到合适的药物。原因在于，患者寻找药物的常用方法是不断试错，所以有的患者不得不长期试用各种不同的药物，这真是令人不堪重负。最后，他们只能得到令人沮丧的结果，也就是无法找到合适的药物。

SSRI药片对大约20%的抑郁症患者没什么用。因此，大部分患者对服用精神类药物持批判态度。这其实是一件好事。批判意味着对自己负责，因为服药的是病人，而不是开药的医生。

一般来说，没有进一步的专业心理治疗的话，服用药物对治疗心理疾病的帮助是微乎其微的，因为药物不是治疗的关键。抑郁症的病因是生活中的创伤经历，没有药物能够对此进行修复。药物能够起到的作用是让人熬过巨大的精神压力，提高承受能力，使人放松心情去接受心理治疗。

与此同时，医学界正在就药物的疗效进行研究。有的药物尽管面世多年，其惊人的疗效却直至今日才被发现。

◎ 氯胺酮：一种新的灵丹妙药？

有的心理疾病会带来巨大的痛苦，以至于患者无法熬过药物起作用的数周时间。人们开始研究能立即发挥作用的药物。这个消息令制药研发企业十分兴奋。

氯胺酮就是这样一种药物。实际上，这种药物并不是最新发明，美国军医就曾将氯胺酮作为止疼药和镇静剂使用。同时，这种药物也长期被用作麻醉剂和急救药物。人们看似框定了这种药物的使用范围。或许正因为这样，研究人员才在很长时间后偶然发现这种药物对抑郁症能起到显著效用。

曾至少服用过一次常用抗抑郁药物且无效的重度抑郁症患者，在首次服用氯胺酮二十四小时后就能明显产生抑郁症症状减轻的效果。有病例报告表明，一些遭受着极端重度抑郁症的折磨以至于时时刻刻想着如何了结自己的生命的患者在氯胺酮的作用下却能摆脱抑郁症症状。在很短的时间内，他们就重新找到了人生的乐趣。

目前，美国药品管理局正在加快审批力度，决定是否将氯胺酮纳入治疗抑郁症的法定药物中。同时，柏林的夏里特医学院也在研究如何及在何种情况下使用这种药物。

◎ 赛洛西宾：致幻蘑菇的更多功效

除了氯胺酮之外，另外一种药物更是名声在外，惹人注意。这就是人们数十年来都在使用的赛洛西宾，即致幻蘑菇的有效成分。致幻蘑菇最初是嬉皮士们热烈追捧的对象，从此成为派对上的迷幻药物，风靡至今。

在两项最新的研究中，研究人员发现了赛洛西宾的另外一种功效。一个研究组的组长将这种功效称为"逆创伤后应激障碍的疗效"。[53] 在受监控的临床条件下服用纯赛洛西宾的患者将服药体验描述为"极度令人敬畏"，他们的精神会被深度激活，产生极度振奋的状态，以至于这种效果在数月内都留有痕迹。

在实验中，患者分两次服用赛洛西宾胶囊，间隔为一周。实验患者的年龄在36岁至64岁之间，有6名女性和6名男性，患抑郁症的平均时间为17.8年，而且都无法通过常规治疗手段治疗。创伤后应激障碍会在很长一段时间内控制人们的意志，而赛洛西宾显然能用相同的效力逆向阻断这一过程。

另一项实验则做了更深入的研究。在这项实验中，研究员主要针对因严重的身体疾病而产生精神痛苦——比如癌症患者通常都处于焦虑和抑郁的状态中——后使用的药物进行了研究，而不仅仅是研究对抗精神折磨的药物。[54] 该实验最初想要研究的问题在于，既然患者无法摆脱身体疾病的痛苦，我们是否能至少减轻一下其精神痛苦？如果能够实现的话，这是否还能反过来改善身体状况呢？

研究表明，一个单位剂量的赛洛西宾就可以起效。研究赛洛西宾的两个课题组证实，在两个实验中，都有大约80%的实验者在服用赛洛西宾后，明显感觉身心健康和生活质量得到了改善。尽管这些患者仍对死亡怀有恐惧，却能更加冷静地面对。总体上，患者的生活态度更加积极，性格更加开朗，这些对身心健康都是有益的。只要同时进行心理治疗，这种药效能够持续长达六个月。

◎ MDMA：抵抗心理创伤之旅

科学家们研究"MDMA药丸"（也被称为"派对药丸"）时也得出了类似的结论。在结构上，MDMA属于安非他命类物质，是早期摇头丸的主要成分，这与当今摇头丸的有效成分完全不同。

美国或将批准MDMA作为治疗创伤后应激障碍的药物。因为在创伤后应激障碍的治疗上，MDMA的效果是其他任何精神类药物都无法比拟的。有些心理创伤患者的情况十分严重，甚至不敢谈起自身的可怕经历，也无法忍受特定的心理创伤治疗。

MDMA有望让病人恢复到可以接受心理治疗的状态。病人的焦虑会减轻，并且能更加信赖心理治疗师。他们的情绪和精神状态都会更加积极正面，并且更有能力去应对心理创伤，更能承受由创伤带来的痛苦感受。此外，人们对于创伤事件的记忆将更加清晰，通常能够形成一个完整的记忆图像，并且不再像之前那样不可控。

有些毒品中含有氯胺酮、赛洛西宾和MDMA。这就是前述理论的有力例证，即有些心理疾病患者试图通过吸毒来进行自我诊疗。很明显，其中一些成分确实有效。然而，这里不是在鼓励患者吸食毒品！这些药品的医学应用是在完全不同的条件下，即处于临床无菌状态，剂量受到严格控制，并且全程都在专业医疗人员的监控下进行的。这绝对不等同于使用派对上掺入各种不明来源物的药剂。

这些研究结果令人充满希望，但是这类新型疗法也仅限于减轻急性的精神痛苦，让患者调整到一个可以接受心理治疗的状态。治疗师最应该做的始终都是探究心理疾病的病源，这是绕不开的。患者应该尽可能求助于最了解精神障碍的专业人士。

治疗师的专长领域

治疗师在接受培训时就需要分析自己对哪种心理疾病类型有兴趣，同时选定进行深造的方向。有的治疗师倾向于接诊人格障碍患者，有些则更愿意治疗焦虑症、强迫症或心理创伤疾病。不同的心理疾病有不同的诊疗方法，心理治疗师需要进行专门培训。随着心理学的发展，治疗方法在不断增多，这对病人来说是一大福音。

比如，治疗人格障碍时一般可以使用"图式治疗"，但对其中的边缘型人格障碍，则最好采用"辩证行为疗法"。对于创伤后应激障碍，医生可以利用"眼动脱敏和再处理疗法"（EMDR）进行训练式治疗。

当患者了解了自身的病症——抑郁症、焦虑症或人格障碍——后，就能更好地选择特定领域的治疗师。如果患者找到合适的治疗师，就能获得更多安全感。

我很早就开始关注双心医学，硕士论文也是讨论心脏搭桥手术给患者带来的心理和生理影响。很多患者提到，他们在手术前后会产生强烈的情绪波动，经受难以想象的折磨，陷入对未来的担忧中。

虽然我现在没有从事双心医学有关疾病的诊断工作，但我曾感受过这类病人的心理创伤。这样一来，心理创伤治疗就成了我的第二个专长领域。研究表明，冠心病患者的性格特点将对病情如何发展产生重大影响，康复过程也受性格影响。心理创伤、性格特点及身体的感知，这三个方面相互作用。于是，我在治疗中会将三者看作一个整体。我一直对这份工作抱有极大的热情。

◎ 眼动脱敏和再处理疗法

一个卓有成效的发现

2010 年至 2012 年，我完成了眼动脱敏和再处理疗法（EMDR）的培训课程。这种疗法不用手术刀就能介入大脑结构，从破坏力强、让病人饱受折磨的痛苦经历中梳理出一个温和的治疗方案，这一直都是令我着迷的地方。

20 世纪 80 年代末，美国人弗朗辛·夏皮罗在散步时偶然发现了这种疗法。夏皮罗当时正经受着重大的心理创伤，因为她不得不迫使自己接受得癌症的事实。

在大街上漫步了一会儿后，夏皮罗终于发现，这是那几天以来她第一次感觉好受一些了。一般人会认为是散步有利于舒缓心情。但是她觉得原因不只是这个。她发现自己已经能够面对确诊这个事实了。虽然内心还是有对死亡的恐惧，但是她感觉自己看待问题的态度变了。她感觉不到之前那种煎熬的疼痛感了，内心的紧张感也消失了。对此，夏皮罗不满足于简单的解释。她一定要弄明白，这种好转的过程从何而来。有一天，她终于想明白了。关键不在于她看到了什么——鲜花、石头，还是树木，而是看待事物的方式。

在深入思考癌症带来的生命威胁时，她的眼睛一直盯着马路边的树木来回转动，而且重复着相同的动作：从左往右，再从右往左，如此反复。夏皮罗是心理学家，这个动作让她突然想起睡眠中的现象——快速动眼期（REM），即眼球快速地转动。这个现象仍然是睡眠研究中的奥秘。

长久以来，人们都认为睡觉时转动眼球的原因在于人们做梦时大脑会处于高度活跃的状态。我们现在知道，事实正好相反，是眼球来回转动的动作激活了大脑。眼球运动会以一种不可见的方式对两侧大脑形成双向刺激。这种刺激能让大脑对所发生的事情进行消化，同时获得放松。这种放松方式不同于我们懒洋洋地瘫坐在沙发上的放松。大脑更喜欢处在一定刺激状态下的放松，例如做瑜伽运动或慢跑时。只有这样，大脑才会开启消化模式，重新梳理发生的事情，存储记忆，同时将记住的内容进行巩固。

当人们舒服地躺在床上睡觉时，大脑就利用这个时机开展消化工作。大脑将白天杂乱无章的事情清理掉，开始进入放松的舒适状态，它会重新整理以前的记忆，将记忆和对明天的规划结合在一起。

如果处于压力状态中，这个消化过程就不会发生。我们会躺在床上一直保持清醒的状态，或者多次在夜里醒来。大脑会陷入沉思，很难或无法进入快速动眼期。当大脑最需要消化机制时，这个机制却失灵了，使得大脑无法进行整理与消化。

当夏皮罗在自己身上发现快速动眼期可能在非睡眠状态下出现时，她就酝酿出了一个在别人身上试验这种状态的实验方案。她首先想到的是曾患上创伤后应激障碍的群体——参加过战争的老兵。

彼时，那场战争已经过去了很多年。对很多人来说，那场战争只是一个历史事实，而在经历过战争的士兵脑中，战争的影响还在无情地延续着。战争不仅让数千名士兵身负重伤，更给他们带来了心理的创伤，而且没有人能够帮助他们。很多士兵都试图通过吸毒和酗酒来忘掉这段经历。当时，并没有治疗创伤后遗症的针对性疗法。

第一次踏入老兵中心时，夏皮罗感到十分震惊。她发现，这么多年后，老兵们仍日复一日地遭受着战争记忆的折磨。他们脑海中不断出现闪回与杂乱无章的记忆碎片，以及各种零散的画面，这让他们感到十分煎熬。他们仿佛还一直处于战争状态中。在这样的状态下，夏皮罗的方法看似很难奏效。她与老兵们面对面坐着，抬起食指和中指，让他们的眼睛跟着来回转动。这是在模拟快速动眼期。与此同时，老兵要有意识地回忆当时痛苦煎熬的场景。

此后，令人意想不到的事情发生了。老兵的精神压力经过几次治疗后明显减轻。大脑出现闪回的现象和惊恐发作的频率降低了。

实际上，大脑在两侧刺激下重新将记忆进行了归类，有效缓解了精神压力。

德国的眼动脱敏和再处理疗法

2006年，德国心理治疗学术顾问委员会将眼动脱敏和再处理疗法认定为可应用于成年病人的科学疗法，并在2013年将其应用于儿童治疗中。这种疗法此后便被长久用于创伤后应激障碍的住院治疗。在成年人医疗政策框架内，直到2015年才规定公共保险可以报销单次门诊治疗的费用。并且这个疗法只被允许用于创伤后应激障碍的治疗。

不管怎样，我赞同德国眼动脱敏和再处理疗法专业协会（EMDRIA）的观点，即焦虑、恐慌、疼痛、成瘾或抑郁等心理疾病虽然与创伤后应激障碍的诊断标准（如是否出现闪现）不一样，但是大多数患者的经历完全可以视为创伤经历。只要给身体或精神带来了生命威胁，就都是一种创伤经历。可以说，我的所有病人几乎都有过创伤经历。

治疗抑郁症、焦虑症、恐慌症、慢性疼痛、亲人离世的伤痛、成瘾性疾病等其他心理疾病时，眼动脱敏和再处理疗法都是一种快捷有效的方案。

作用原理

这种疗法的治疗过程是怎样的呢？

在开始阶段，需要对整个创伤过程进行梳理。这个重要的流程将为大脑的双侧刺激提供前期准备。患者在回忆起创伤经历时，记忆的所有细节——如个人对创伤的态度、内心的图像、身体感知及回忆时的心理情绪——都将被处理。处在这些创伤经历的回忆与感受中时，患者会感觉回到了当时的情景，虽然他们当时正安全地坐在治疗室的沙发上。我会坐在患者对面，模仿夏皮罗所开发的方法，左右摆动手指，对大脑两侧进行刺激。

这个治疗过程是系统化的。每次刺激后产生的感知、情绪、身体感觉、念头及内心图像都将被作为下一次刺激治疗的延续。如此进行下去，患者的心理压力便会逐渐减少。

在治疗结束时，患者会在谈及自身及面对创伤事件时都出现压力舒缓的感觉。但要记住，这种治疗绝对不能独自尝试，必须求助于受过培训的治疗师。患者最后会产生"我现在很安全"或"我现在有能力应对它"的感受。

◎ **表象修编组合再生疗法（IRRT）**

EMDR 不是心理创伤的唯一疗法。如今，表象修编组合再生疗法（IRRT）逐渐成为一种固定的疗法。这种疗法听起来有些复杂，依据的却是关于人类记忆形成的一种非常简单的理论。人类记忆的流动性远比我们想象的高。每当我们将记忆调出时，记忆都会出现微小的变化。如果把所有记忆比喻成一座巨型图书馆，每调出一段记忆就相当于借阅一本书。记忆"阅读"结束后，我们就要"还书"，这个过程十分有趣。每一次调出记忆后，我们都会无意识地根据现有的知识和经验将其进行修正。涉及我们的自身经历时，这个现象尤其显著。

记忆过程类似于修图过程。有些人喜欢使用滤镜，增加浪漫气氛或者突出某些轮廓。对于不太重要的记忆，我们还会添加"鲜花和蝴蝶"进行点缀，或者将这段记忆进行淡化处理。我们会将一些记忆细节放到显眼的位置，也会淡化处理其他的细节。我们会在不同的位置标记上一些话语。对于记忆的空白处，我们会进行有意思的填补。

在谈话时，我们一直在改变自己的记忆。表象修编组合再生疗法就是在有意地利用这个原理，因为记忆的流动性提供了很好的机会。借助记忆的流动性，我们可以赋予创伤经历全新的解读。在出现无助感或感到无能为力时，我们也可以用其他的句子来解读，比如："我挺过来了！"

在表象修编组合再生疗法中，患者必须谨慎地将这段沉重的记忆调出来。接下来的环节至关重要。患者需要给记忆事件寻找一个出路或者给出一个能够让自己减压的解读。如果患者在童年时期遭到殴打和虐待，我们就可以给这个记忆中的小孩带去支持和安慰。我们可以在这段痛苦的经历中添加如下的句子：虐待的做法是不正确的，这都已经过去了。

大脑中十分重要的两个系统——海马区和杏仁体——会再度合作。海马区被激活，而杏仁体则逐渐缓和下来。我们会获得更多的掌控感，恐惧也会逐渐减少。如果能在最初的情境中产生新的态度和感受，最初的情绪如焦虑、罪恶、无助或耻辱等都会消失。我们经历过的事情还是会留在大脑档案中，但是会添上这样的批注："尽管经历过一些很糟糕的事情，现在我却已经完全挺过去了。"这时候，这段记忆就被放到了另外一个文件夹中。

给记忆添加新评价的方式完全不同于通过压制的方式进行逃避，后者是徒劳无益的做法。我们永远无法遗忘生命中的不幸。但是，我们可以改变记忆中对这件事情的态度。

对创伤敏感起来

一旦深陷于创伤发生的场景或当时的情绪中，人们便很难相信自己还能从困境中解脱出来。可以告诉大家的是，我们确实无法恢复到此前的状态。但这也是一件好事，因为这会让我们最终接受心理治疗。每个人的状态都在时刻出现变化。正如我的病人所说的，有变化也就意味着可能会变好。

这里所说的变化，指的是患者通过心理治疗取得的不同结果。比如，开始欣赏、重视自己，逐渐感受到与他人建立人际关系的快乐，以及因能够自主选择治疗方法而产生掌控感。

2011年，一项由德国产品测评基金会实施的网络调查得出了下列结果。在400名参加者中，有四分之三的人表示，他们在心理治疗初期患有"重度"或"十分重度"的心理疾病。结束治疗后，57%的人表示精神状况得到了极大的改善，并将当前的心理疾病评估为"轻微"或"十分轻微"，29%的人将其精神状况评估为"中等"。人们一致认为，心理治疗对于减轻痛苦、增强生活动力很有意义。63%的人认为自我价值感得到了提升，61%的人能够更好地处理日常压力。精神疾病对于日常生活、职业工作和家庭带来的负面影响也显著降低。

患者开始在心理治疗中勇敢地面对自身问题了。他们开始学会了解自我，去发现病情和病因，学会感知身边的事情，认真去做心理训练，期望得到更美好的生活。这需要他们付出很大的勇气和很多精力，还要对挫败有所容忍，因为治疗的效果并不能一步到位，也不一定会奏效。当患者获得越来越多的尊重、认可和鼓励后，他们的生命就越有可能发生转变。这是一个很了不起的成就，令我十分感动，持续激励着我将心理治疗的工作继续下去。

灵魂的守卫者

◎ 关系

数十年间，心理学领域一直在进行实验研究。有些实验会持续几个小时或几个月，甚至会持续很多年。有一项实验从1941年开始一直持续至今。人们甚至可以说，这是人类目前开展的心理学研究中最令人印象深刻的一项实验。

这是哈佛大学的一个项目。罗伯特·沃尔丁格是该项目的第四期负责人员。七十六年以来，沃尔丁格及前期的研究人员一直在跟踪七百二十四名男子的生活状况。研究人员每年都会就他们的工作情况、家庭生活及健康状况进行调查。如今，还有六十名男子活着，并参与了调查。他们大多数都超过了九十岁。2015年，沃尔丁格撰写了一篇阶段性总结报告，引发了轰动。沃尔丁格发现，在对他们的生命历程产生影响的所有因素中，最为重要的是健康和快乐，即是否与他人保持良好的人际关系。

虽然受访者在年轻时都很看重其他的因素，比如家庭幸福、事业成功和财产富足等。但是，他们在进入高龄后才发现，与他人保持良好的人际关系才是人生中最为宝贵的财富。

研究结果表明，那些比一般人孤独的人幸福感更低，更容易在中年时期出现健康问题，大脑功能会更早地出现衰退，寿命比那些不孤独的人更短。沃尔丁格非常严肃地指出，孤独是致命的。

研究结果还表明，这种人际关系必须是健康的、相互关爱的。沃尔丁格还观察到，有些人尽管有着人际关系网络，却还是会感到孤独、痛苦。因此，有多少朋友或是否有固定的伴侣都不重要，重要的是人际关系的质量。充满冲突的依恋关系是有害的。沃尔丁格的研究结果表明，不健康的婚姻关系甚至比离异还要可怕。

这个结果得到了双心医学的最新研究成果的支撑。这项严肃的研究成果听起来有一丝小说的味道：从生活的痛苦和折磨中解脱出来的解药是爱。但是，我们要知道，不是这种美好的感觉治愈了人们，而是身体的应答反应——最为关键的是催产素的分泌——起了作用。催产素通过身体接触和人际交往分泌，这一点已广为人知。它就像是心脏和灵魂的安慰剂，甚至像是一剂灵丹妙药。它可以降低血压、稳定脉搏、驱散焦虑，还可以将性情相近的人联系起来。

不久前，人们还认为对催产素的所有分泌路径了如指掌。然而，德国乌尔姆大学医学院的研究人员却打破了这一观点，进一步补充了这方面的知识。他们发现，心脏也有专门针对催产素的受体，它甚至可以分泌催产素。这是一项十分轰动的发现。

这项研究成果暗合了人类自古以来就存在的一种内心冲突。在面对爱情时，人们有时会出现一种心脏与理性在战斗的感受，这一直被喻为情感与理智之间的斗争。这种比喻几乎成了人们的口头禅。

事实上，这种情况可以从生物结构上进行解读。有时候，情感会是这场斗争的赢家。因为大脑还处在迷茫状态，尚未开始处理外界信息时，情感就采取了行动。当我们被别人感动、被别人关爱或者发生性行为时，心脏都会绕过大脑独自分泌信使物质，这就是一种直截了当的、不理智的方式。

心理学家和心脏病研究学者都认为，良好的人际关系是保持心脏健康、维持心灵快乐的灵丹妙药。长期的研究表明，伴侣或亲人的支持以及与朋友的定期交流可以延年益寿。那些在我们心中占据重要位置的人会成为我们最大的庇护。心脏需要爱的保护，爱能促进催产素分泌，它确实是一剂良药。

2013年的一项研究表明，有爱情或亲情联系的人比没有的人寿命更长，其中，男性要长寿大约九岁，女性则大约为七岁。

爱不仅对心脏有益，对免疫系统亦然。精神压力会引发炎症，所以从另一方面来说：健康的心理因素能够降低"引发炎症的信使分子"浓度，也就是说健康的心理状态有助于炎症的康复。

◎ 伴侣关系

稳定良性的依恋关系不一定指恋爱关系，也有可能指与运动协会或兴趣小组中的成员建立起的关系。没有伴侣关系，人们也会过上充实的人生。尽管这种伙伴关系不同于爱情关系，没有身体接触，给人的感觉也不一样，但是，集体感会让人更强大，心理状态更稳定，带给人更多不一样的感受，让人感觉更美好。不管是加入园丁协会还是菲亚特500汽车俱乐部，我们需要的只是归属感。对归属感的追求不分道德好坏，也没有国界，而是一直都存在。

◎ 灵验

2012年，媒体曝光了一个轰动性消息：神经学家发现了所谓的"上帝点"，它位于大脑的一小块区域中。当人们谈论心灵问题时，它就会活跃起来。一时间，这个消息成为各大媒体的头条，引发了热烈讨论。不久，这个发现结果被进一步修正。后续的实验表明，当人们谈论上帝、信仰或更深层次的意识问题时，整个大脑都会参与其中。

"上帝点"最吸引人的地方或许在于增强了人们"对信仰的信仰"。我们的信仰因喜好不同而出现了分化，每个人都有自己的视角，所信之物又各不相同，即便什么都不相信，这也是一种信仰。

人们有信仰是灵魂愿意看到的。如果拥有一处超验的心灵家园，不管这个东西是什么，都能让人在面对日常生活中难以胜任的任务和威胁时更加游刃有余。充满正面经历的心灵会成为人们克服心理问题的宝贵财富。

美国人亚伯拉罕·马斯洛是最早研究灵魂基本需求的心理学家之一。他认为，灵验必定属于基本需求之一。他说："如果没有超验的事物，人就会变得暴力、虚无、绝望、麻木。人类需要一些比自身更崇高的存在，才会产生敬畏。"[55]

有灵验经历的人，其心理健康水平普遍高于普通人群。美国国家卫生研究所的临床心理学家大卫·拉尔森基于研究所在1978年至1989年间发表的研究成果，针对信仰与心理健康之间的关系进行了系统评估，并得出了一个结论：宗教因素在84%的病例中起到了积极作用，对13%的病例来说是中性效果，对3%的病例有消极作用。

有信仰的人的行为习惯通常更加健康。他们更少吸烟、酗酒或者吸毒，能在集体中获得更多的关怀和支持，也更能在完整的家庭中获得更好的照顾，而且被施加暴力的情况也更少。

甚至有研究表明，有宗教信仰的人更少出现自杀行为。原因可能在于，这样的人能够获得集体的支持，也能够定期参与礼拜活动，内心变得虔诚。在我的心理治疗工作中，曾见过很多患者将信仰、精神需求和心理治疗结合起来，最终获得了积极的治疗效果。一名女患者告诉我，她在处于困境中时能够从祷告中获得宽慰，因为她在那时会感觉被一种更高深的力量所接纳了。这对她而言是一种依恋关系，能让她在困境中不再孤单。这会让她的情绪趋向稳定，从而更有动力接受进一步的治疗。

◎ 信仰

在治疗成瘾性疾病方面，宗教和精神需求发挥了独特的作用。匿名戒酒会和国际蓝十字会除了强调对自身行为负责及互帮互助的社群理念之外，还求助于上帝的力量，这是一种更高层次的力量，可以提供宽慰与对话的机会。通过这种方式，大脑就能从另外一个角度去处理依恋关系的缺失、孤独的心态、内心的虚无及创伤经历带来的痛苦，而不会寻找如酒精之类的替代物。匿名戒酒会的十二条规定帮助无数人克服了成瘾性问题，这就相当于一个信仰中立的超验概念。对更高层次力量的信仰以及在群体中重建依恋关系会对人生产生积极的影响。

或许，人们也不一定要有对更高层次事物的信仰，只要找到生命的意义就可以了。生活幸福的人通常都能从所做事情本身及做事的方式中获得满足感。没有意义的生活会让人感到空虚和无意义，还会产生负面的自我认知。如果人们能够为自己坚信的事物而活，就会找到生命的意义。

人们通常追求的是整体的人生意义。当人们找到可以信仰的事物时，就会一直坚持下去。

◎ 冥想

当人们坐下来，闭上眼睛什么都不干时，会带来什么益处呢？很多人不能理解做瑜伽的人、冥想者或赤脚在公园做慢动作的晨练者，对那些唱着印地语歌曲的人就更感到奇怪了。

每个人或许都认识一些特别喜欢上瑜伽课、对瑜伽的好处赞不绝口的朋友，难道他们都是疯子吗？最近，人们开始在学术方面重视这方面的研究。当人们进行冥想或抬起臀部做瑜伽"下犬式"动作时，能够从中获得什么呢？

对此，学术方面的发现着实令人惊讶。冥想会对大脑结构产生显著影响，特别是可以重新调整因抑郁症遭到改变的神经结构。在多个研究中，科学家证实，经八周、每天四十五分钟的冥想训练后，大脑中海马区内神经细胞会出现显著的聚集现象，而在长期处于压力状态或有重度抑郁症的情况下，这里的脑细胞结构会因过量的皮质醇而受到损伤。[56]

这还不是全部，海马区的伙伴杏仁体也会出现变化。它也会跟着一起冥想，变得温和起来。它不再长期处于警觉状态，于是减少了焦虑信号的释放。

仅仅是冥想就会带来深远的变化。在现实生活中，对神经要求更高的脑神经活动还会产生更大的效果。这些活动能够协助身体进行感知，对情绪和思想进行监控，进而识别僵硬的身体应答模式。这就为形成新的或可替代的看问题视角及应答模式提供了可能。

瑜伽可以一个人做，也可以与小组成员一起做，与人接触联系能产生额外的效果。集体朗诵或唱颂赞歌时的和谐气氛难以用语言描述。心理训练不仅可以改善人的自我认知，也可以帮助我们进行自我调节。其中一部分过程完全是自然而然地发生的，因为内心的宁静和专注能够让神经系统完全缓和下来。至于另外一部分，我们可以通过自己的主观行为来实现，人们可以学习如何更好地自我感知和认识自我，学习如何与疼痛、焦虑、抑郁或成瘾性疾病作斗争。我们都习惯于遵循这样的名言："不要总是坐着，最好动起来，做一些事情。"但是，我们时不时也应该把这句话倒过来用："不要做太多，最好是停下来休息一下。"

心理卫生学

早在1901年，德国的精神病学家卡尔·罗伯特·萨默就创立了心理卫生学，并在1923年组建了相应的委员会和协会，旨在研究如何保护人体心理健康。随后，瑞士和其他一些国家也相继成立了心理卫生协会。这些协会的目的主要在于进行心理健康保护的实践工作。1945年，德裔瑞士心理分析师海因里希·蒙在瑞士巴塞尔大学创立了欧洲首个心理卫生学教席。

如今，很多行业协会和企业都在关注如何预防疾病、保持身体健康，开发出了很多健康指南、研究报告、诊治疗法、保险项目。但是，人们却没有对灵魂健康采取切实的预防工作。就连瑜伽和慢跑也不是为灵魂设计的。我们有乳腺癌检查、直肠癌筛查，我们甚至每年都会去牙医那里做检查。如果检查出需要装人工牙冠，患者还能得到积分奖励。但是，当我们关注心理健康时，却不可能得到奖励，因为没有针对灵魂健康的预防工作。直到出现心理健康问题，保险公司才会为心理治疗和康复负责。

我希望心理预防工作也能像牙科治疗一样，每个季度都进行一次咨询会谈，并在必要时及时提供进一步治疗。我觉得这样会极大地降低心理治疗的门槛，会有更多患者避免常年经受心理疾病的折磨。

我们每时每刻都在使用灵魂，它应当得到关注和保养。尽管如此，大多数人都不知道怎样维护心理健康。保持心理卫生不仅是一个心理专有名词，也是一种每个人都应当有的态度。我对心理健康的理解集中在三个词上：感知力、专注力、享受，在这三方面保持健康才能获得心理抵抗力。

◎ 感知力

有时候，我们感知的内容太多，以至于无法吸收。感知不应令人惊慌失措，而应给人指引方向。我们经常将自身的感知局限于外界事物，有时也会只局限于内心事物。接着，我们所要做的事情就是进行评估。感知力练习让我们有意识地描述外界的模样以及体内的感觉。也就是说，感知力练习不包括评估。

我的病人有时会坐在公园的长椅上。他们坐在那里，观察、聆听、感觉和感知。他们在练习如何描述所感知到的一切。他们十分专注，如果分心了，他们就会再次进行感知。他们不进行解读或比较。他们摆脱了图式和模板，独自全然进入了对所感知事实的描述中。这个流程的目的在于，他们得首先接受这个事物本身并确保这是可以忍受的。这样，内心的感受以及所有不适感都会发生变化。这听起来比做起来容易，因为大脑的评估系统会时刻让我们分心。这种尝试会带来帮助，并有可能带来全新的体验。在克服了"这就是废话"和"我也很好奇"的内心矛盾纠葛后，我们或许会发现，我们的呼吸更均匀了，身体更放松了。当我们最后坐在公园里时，即便是印地语歌曲都无法打扰我们的安宁。我们自己就成了安宁的一部分。

◎ 专注力和享受

专注力是指对自身、环境、他人和各种事物（如食品）的重视。要求我们用心且缓慢地煮饭、进食、做出选择，这在现实生活中很难实现。但是，我们完全可以通过针对训练来施行。

简单的练习：面包冥想
买一个面包，并拿出其中半块。在安静的地方——比如家里或不会让人分散注意力的地方进行这项活动。请花一点时间，跟着下面的流程去做：
——舒服地坐着，腰挺直
——将面包拿到手上
——闭上眼睛，做几次均匀的深呼吸，呼气时长大约为吸气的两倍

接下来的动作，需要做得非常缓慢，同时留意你所感知到的一切。将感知描述下来，但不要评估它。每两个动作之间的间歇要足

够久。

——触摸面包,用手感受它的存在
——用你的嘴唇、脸颊和其他你想用的部位去感受它
——闻一闻
——舔一舔
——轻轻咬下一点,在嘴里"来回咀嚼"
——慢慢地咀嚼
——如果你感觉咀嚼够了,就吞下面包
——继续吃,直到面包被吃完
——闭上眼睛,感受自己获得的体验,并在心里描述这一过程
——如果是几个人一起做,要与同伴进行交流

有可能,你对面包的感觉会发生改变。当然,你可以用其他食物来做这个实验。巧克力棒也是一个很好的选择。但是有一些巧克力棒很甜,让人忍不住很快就吃掉,这就可能会让你失去慢慢享受的感觉。祝你玩得开心!

当然,还有一些其他的适合改善心理状态的练习。在遭受思想和情绪纠缠折磨时可以使用这些方法。

◎ 喊停的时机

脑海中的各种思绪真烦人!

令人煎熬的思绪总在消磨打击着神经细胞。消极的想法会令人

陷入困境。沉思是一种恶性循环，但刚开始都是毫无危害的，让人难以察觉，只有深陷其中时我们才会注意到，但是那时我们却已经受到伤害了。

有一个患者多年来都深陷于思绪的折磨中。他十分详细地描述了个人混乱的精神状态：有时我正在上班、埋头处理工作，有时，我正在处理法院卷宗。突然，一个念头在脑海中闪现，就像一个动物从身后扑咬我一样。这个念头像炽热的熔岩一样蔓延，会将周围所有东西都烧掉，我至今都对这个念头记忆犹新，它在说：你没法完成工作！你直到今晚结束都无法达到预期。

实际上，"你没法完成工作"的念头一旦开启，下面的一切就会自动发生：

> 我必须完成工作。如果我完不成，明天桌子上还会堆积更多东西。我的速度真是太慢了。别人完成的比我多得多。似乎每个人都能看到我在这里什么都做不了。如果我的主管看到这种情况，他一定会批评我的。他此前就多次批评过我。我感觉很糟糕。我再也不能集中精神了，文字开始变得模糊起来。我的手心全是汗，我感觉很冷。我再也无法完成工作了。我就是一个彻底的失败者。

精神折磨到这里还没有结束。我们要更清晰地认识到，这种生理、心理、生物及化学性焦虑过程是以条件反射式的速度发生的。整个身体和灵魂系统将陷入沉思的恶性循环中，被迫听命于这种戏剧性的变化。人们会产生一种无法反抗的感觉，只能任人摆布，而且我们对此无能为力。终止这个过程就像是要让思维过程短路，这是患者可以进行练习的。当我们从山坡上快速滑落时，要注意的是在撞上房子之前采取制动。难点在于，我们无法得知何时处在精神山坡的高处。我们在喊停之前，必须进行感知。在平地上制动比在陡峭山坡上制动容易太多。感知力让一切都变成可能，所以我们应该从一开始就进行感知。

在这种情况出现数次后，即便工作量不大的时候，患者的思绪也会变得混乱，以至于不断出现这样的念头：你没法完成工作！你直到今晚结束都无法达到预期。

请停止这样做！

有一次，患者站了起来，转过头看到了墙上那幅令人心安、放松的照片。照片拍的是哥斯达黎加丛林。他从这张照片联想到了那次度假，而那次度假留下的只有正面的情绪和记忆。他也在那次度假中挑战了自我，并为此感到自豪。他将注意力放到回忆中，就像一部美丽的电影正在上演，而他就扮演着奥斯卡级别的主角。与此同时，他缓慢地呼吸，将注意力放到回忆中，并与当前的呼吸动作联系在一起。然后，他将注意力转移到了让他感觉舒服的事情上。他不是每次都做同样的事情。比如，他曾在另外一种情形下进行类似的尝试，发现它们同样有效、有益。他有意识地站起来，漫步到茶水间，煮了一壶他最喜欢的茶。每到那时，他的身体就很平静，灵魂能有序运行，杏仁体也趋向缓和，这时候再喝上一口舒心的暖茶，心灵就更满足了。

我们需要练习、练习、再练习。

当我们感到精神受压迫时，最重要的是形成有效的对抗办法。我们看到，很多人都会排斥或逃避，这对缓解精神痛苦毫无帮助。我们不能改变其他人的做法，也很难改变工作繁忙的事实。数十年来，我们都在进行各种尝试。有些人即便产生了"我已经受够他了"的想法，也要开始一段婚姻，请永远不要这样做。

出现压抑情绪时，我们可以打电话约朋友一起做运动，也可以做一些让自己的想法变得积极的事情。刚开始，灵魂通常会隔绝有创意且友好的想法。我们知道，这是内心最坏的"混蛋"。

我给患者制定了一个令人愉悦的活动清单，这样就能缓慢解决问题，让他们尝试找出哪些行为对自己有益。这个表单来源于梅因施密特、施耐德和马尔格拉夫编写的关于行为疗法的教材，其中共有一百七十九种选项，有时还会增加。

相信自我掌控能力是减压的关键。及时喊停是一种自救措施，能让我们在思想和感觉上进行改变，重新评估自己的内心感受。这会增强自我价值感，改变我们对自己及他人的态度。当一个向外的循环固定下来，我们就能从糟糕的状态中摆脱出来。这些要结合心理治疗才能做到，与此同时，你就成了自己的心理治疗师。

结　语

如今，人们越来越注重健康了。我们购买有机食品，定期做护牙清洁，还在社交媒体上打卡做运动。我们关心居家用品，定期将小汽车送去检修，甚至会为咖啡机签订维修合同。我们为身体做了很多事情，唯独忽略了灵魂。当灵魂得到关注和照料时，它会非常感激。我们也应该为灵魂签订维修合同。

我曾经接诊了一些定期参加灵魂检查的患者，他们每年检查一至四次，定期报告最新的状况。这样能够帮助他们在接受治疗后保持心理状态稳定。他们懂得为自己负责，与自己签订了合同，不再忽略自身健康以及灵魂这个重要的器官。美国一家软件公司的网页开发人员麦达琳·帕克曾给老板和同事发了这样一封邮件："嘿，同事们，我今天和明天都待在家里，因为我得关注我的心理健康。希望下周我能百分之百恢复健康。"这封邮件成了头条新闻。[57]

帕克开放的态度赢得了老板和社交网络各平台读者的热烈支持。这份真诚的请假报告是如此非同寻常，甚至登上了世界各地的报纸和各大网络媒体。这种正面的基调正是社会向正确方向迈出的一步。

也许不久之后,人们就不会用异样的眼光来看待心理健康这件事情了。因为那时人们会最终懂得照顾好灵魂的重要性。希望读完这本书后,你会更加认同这种观点。

致　谢

我衷心感谢那些抱着热情、好奇心和耐心参与本书创作的人们。

尤其要感谢本书的合著者亚尔卡·库布索娃。你的无私付出、包容和出色的写作风格给予了我莫大的动力。你一直都以极大的热情研究着这个主题，也一直在向我提出问题、做出自己的思考，这才成就了这一本我心目中的好书。

我要感谢我的丈夫马丁，女儿丽莎和西纳，女婿西拉斯，外孙帕特里斯、卡迪尔、伊曼纽尔，正是你们耐心的聆听和无私的理解才造就了这本书。尽管写书之时，伊曼纽尔还在母亲的腹中。非常感谢你们一直在我身后支持着我，这令我很感动。即使我整夜都在阅读、写作，周末也很忙乱紧张，也无法阻止你们亲近我。你们是最可爱的人。

当然，我还要提到更多的家庭成员。要特别提及我的母亲英娜和父亲沃尔夫·迪特，你们也在本书的创作中贡献了一份力量。有时候，我只是想和你们打电话放松一下，却在之后和你们出去吃饭时意外获得了更多的灵感。非常感谢，这让我很放松。在需要的时候，我甚至可以在深夜里给我的笔友艾卡阿姨打电话。她住在美国，这也算是一大好处。

感谢所有在德国和美国的家人。

当我无法写出有意思的句子时，朋友安娜和瑞格德就会不断激励我。感谢陪我散步的莫尼，散步会对大脑进行双侧刺激，让大脑获得放松。这也是我在书中提到过的。

贝亚、贝纳黛特、斯温、纳塔利亚、卡伦、安德里亚、妮可、伊洛娜和西比勒，感谢你们的耐心和关心，你们总能忍受我时不时的缺席。谢谢你们没有给我任何压力，也没有对我生气。现在，让我们捡起开始几个月后就中断的工作吧。

感谢你们所有人。

我要对柏林的 Landwehr & Cie 工作室——特别是弗洛里安·格莱辛表达敬意，你在我开始整个项目时就对我的每个问题进行了详细、精彩的解答，这真是太令人感激了。我要感谢该机构的同事们对写书这一创意的信任，并感谢他们对我的关心。

感谢兰登书屋以及马赛克出版社（MOSAIK），再也没有别的出版社比你们更适合出版这本书了。我还要感谢出版社项目总监莫妮卡·科尼格，很荣幸认识您以及您阵容强大的团队。

实际上，这家出版社的名字真是十分有意思，因为人都是由单独的马赛克片段组成的，正是马赛克给生活赋予了框架和色彩，从而使人生成为一个独特的整体。

本书的校对员约翰内斯·恩格尔克甚至在深夜时分都会打电话向我提各种问题。我对您无私的付出、进取心、好奇心、鼓励、支持和帮助表示敬意。您必须不断来回校对直到排除所有错漏，衷心感谢您的耐心。

非常感谢贝蒂娜·塞德尔。我是在本书出版前一年的莱比锡书展上认识您的,您提前让我克服了紧张的情绪,让我能够轻松地等待本书的出版。

最后,非常重要的是,感谢所有给予我信任的患者,能够陪伴你们走过一段旅程,我深感欣慰。是你们让这本书变得有血有肉。你们可能会在文中读到关于你们的部分,但请放心,其他人并不会辩识出你们的身份,你们的隐私对我来说很重要。

参考文献

1. Roth, Gerhard, Strüber, Nicole: Wie das Gehirn die Seele macht. Klett-Cotta 2014.
2. Ebd.
3. Ebd.
4. Ebd.
5. Ebd.
6. Strüber, Nicole: Die erste Bindung. Klett Cotta 2017.
7. Oldham, John, Morris, Lois: Ihr Persönlichkeitsportrait. Verlag Dietmar Klotz 2007.
8. Roth, Gerhard, Strüber, Nicole: Wie das Gehirn die Seele macht. Klett-Cotta 2014.
9. www.sueddeutsche.de/gesundheit/psychologie-sensible-kinder-wilder-loewenzahn-fragile-orchidee-1.1040879 – Zuletzt abgerufen: 18.10.2017.
10. www.spektrum.de/lexikon/biologie/beobachtungslernen/7982 – Zuletzt abgerufen am 19.10.2017.

11. Glaesmer, Heide, Brähler, Elmar: Die Langzeitfolgen des Zweiten Weltkrieges in der deutschen Bevölkerung: Epidemiologische Befunde und deren klinische Bedeutung. Psychotherapeuten Journal 2011.

12. Glaesmer, Heide, Brähler, Elma: Die Langzeitfolgen des Zweiten Weltkrieges in der deutschen Bevölkerung: Epidemiologische Befunde und deren klinische Bedeutung. Psychotherapeuten Journal 2011.

13. www.welt.de/geschichte/zweiter-weltkrieg/article132502055/ Millionen-Deutsche-leiden-an-Weltkriegs-Traumata.html – Zuletzt abgerufen am 19.10.2017.

14. www.wissenschaft.de/leben-umwelt/genforschung/-/journal_content/56/12054/2553445/Die-Angst-schlummert-in-den- Genen – Zuletzt abgerufen am 28.09.2017.

15. www.dasgehirn.info/grundlagen/kindliches-gehirn/wie-dieschwangere- so-die-kinder – Zuletzt abgerufen am 19.10.2017.

16. www.br.de/radio/bayern2/sendungen/radiowissen/mensch-naturumwelt/epigenetik-erbgut-vererbung100.html–Zuletzt abgerufen am 19.10.2017.

17. Schwartz, Steven: Wie Pawlow auf den Hund kam. Beltz 1988.

18. Ebd.

19. Grawe, Klaus: Neuropsychotherapie. Hogrefe 2004.

20. Ebd.

21. Ebd.

22. Potreck-Rose, Friederike, Jacob, Gitta: Selbstzuwendung, Selbstakzeptanz, Selbstvertrauen. Klett-Cotta 2016.

23. Potreck-Rose, Friederike, Jacob, Gitta: Selbstzuwendung, Selbstakzeptanz, Selbstvertrauen. Klett-Cotta 2003.

24. Grawe, Klaus: Neuropsychotherapie. Hogrefe 2004.

25. Roth, Gerhard: Bildung braucht Persönlichkeit. Klett-Cotta 2015.

26. Grawe, Klaus: Neuropsychotherapie. Hogrefe 2004.

27. Höllrigl, Tanja: Schematherapie und Persönlichkeitsstörungen. Diplomica Verlag 2010.

28. Roth, Gerhard: Bildung braucht Persönlichkeit. Klett-Cotta 2015.

29. Grawe, Klaus: Neuropsychotherapie. Hogrefe 2004.

30. Sachse, Rainer: Klärungsorientierte Psychotherapie von Persönlichkeitsstörungen: Grundlagen und Konzepte. Hogrefe 2011.

31. Oldham, John M., Morris, Lois B.: Ihr Persönlichkeits-Portrait: Warum Sie genauso denken, lieben und sich verhalten, wie Sie es tun. Verlag Dietmar Klotz 2007.

32. Sachse, Rainer: Klärungsorientierte Psychotherapie von Persönlichkeitsstörungen: Grundlagen und Konzepte. Hogrefe 2011.

33. www.spektrum.de/news/borderline-persoenlichkeitsstoerungemotionaler-ausnahmezustand/1455643 – Zuletzt abgerufen am 19.10.2017.

34. Grawe, Klaus: Neuropsychotherapie. Hogrefe 2004.

35. www.jogmap.de/civic4/?q=node/30621 – Zuletzt abgerufen am 28.09.2017.

36. Siehe www.welt.de/reportage/article137261639/Frau-42-erfolgreich-

Und-trotzdem-Panikstoerung.html – Zuletzt abgerufen am 06.10.2017

37. Roth, Gerhard, Strüber, Nicole: Wie das Gehirn die Seele macht. Klett-Cotta 2014.
38. Ebd.
39. Brisch, Karl Heinz (Hg.): Bindung und Sucht. Klett-Cotta 2015.
40. www.sciencedaily.com/releases/2017/01/170124140855.htm – Zuletzt abgerufen am 19.10.2017.
41. Roth, Gerhard, Strüber, Nicole: Wie das Gehirn die Seele macht. Klett-Cotta 2014.
42. Ebd.
43. Spielberg, Rüdiger: Informationsverarbeitungsprozesse bei Patienten mit posttraumatischer Verbitterungsstörung. Dissertation 2006.
44. Ebd.
45. Brisch, Karl Heinz (Hg.): Bindung und Sucht. Klett-Cotta 2015.
46. www.huffingtonpost.com/jeanpaul-bedard/something-that-almostwor_b_6343608.html – Zuletzt abgerufen am 19.10.2017.
47. https://de.wikipedia.org/wiki/Rat_Park – Zuletzt abgerufen am 28.09.2017.
48. www.spektrum.de/news/warum-wir-an-die-seele-lauben/1379699 – Zuletzt abgerufen am 28.09.2017.
49. Rüegg, Johann Caspar: Gehirn, Psyche und Körper: Neurobiologie von Psychosomatik und Psychotherapie. Schattauer 2006.
50. Spitzer, Carsten, Meyer, Thomas, Herrmann-Lingen, Christoph:

Komplexe Traumatisierung und körperliche Gesundheit. Assoziation von Kindesmisshandlungen und koronarer Herzkrankheit. Psychotherapeut 2016.

51. www.wissenschaft.de/leben-umwelt/hirnforschung/-/journal_content/56/12054/1146733/Soziale-Ausgrenzung-%C3%A4hneltk%C3%B6rperlichem-Schmerz/ – Zuletzt abgerufen am 28.09.2017.

52. https://idw-online.de/de/news626545 – Zuletzt abgerufen am 28.09.2017.

53. www.geo.de/magazine/geo-magazin/23964-geo-nr-06-2017-heilsamer-rausch – Zuletzt abgerufen am 28.09.2017.

54. www.geo.de/magazine/geo-magazin/23964-geo-nr-06-2017-heilsamer-rausch – Zuletzt abgerufen am 28.09.2017.

55. Stauss, Konrad: Bonding Psychotherapie. Grundlagen und Methoden. Kösel 2006.

56. www.deutschlandfunknova.de/beitrag/neurowissenschaft-wiemeditation-im-hirn-wirkt – Zuletzt abgerufen am 28.09.2017.

57. www.berliner-zeitung.de/panorama/-mental-health--mitarbeiterinmeldet-sich-krank-und-erhaelt-lob-vom-chef-27955456 – Zuletzt abgerufen am 28.09.2017.

重要研究成果

作者	论文标题	发表年份	期刊
Blauth, Griffin, Harrison, Klinger, Newman, Pugsley, Smith, Taylor, Treasure, Venn	"Neuropsychologic alterations after cardiac operation" 《心脏手术后的神经心理状况》	1988	*The Journal of Thoracic and Cardiovascular Surgery* 《胸心血管外科杂志》
Ebert, Walzer, Huth, Herrmann	"Early neurobehavioral disorders after cardiac surgery: a comparative analysis of coronary artery bypass graft surgery and valve replacement" 《心脏手术后的早期神经行为紊乱：冠状动脉旁路移植手术和瓣膜置换手术的比较分析》	2001	*Journal of Cardiothoracic and Vascular Anesthesia* 《心胸和血管麻醉杂志》
Kapfhammer	"Trauma and stressor-related disorders: diagnostic conceptualization in DSM-5" 《心理创伤和与压力源相关的疾病：DSM-5 中的诊断概念》	2014	*Nervenarzt* 《神经科医生》

作者	论文标题	发表年份	期刊
Obergriesser, Ende, Braus, Henn	"Long-term follow-up of magnetic resonance-detectable choline signal changes in the hippocampus of patients treated with electroconvulsive therapy"《对电休克疗法患者海马区磁共振检测到的胆碱信号变化的长期跟踪研究》	2003	*Journal of Clinical Psychiatry*《临床精神医学杂志》
Israel, Manegold	"Elektrischer Sturm: Definition, Häufigkeit, Ursachen und prognostische Implikationen"《电风暴：定义、发生频率、病因及预后影响》	2014	*German Journal of Cardiac Pacing and Electrophysiology*《德国心脏起搏与心电生理杂志》
Brockmann, Schlüter, Eckert	"Die Frankfurt-Hamburg Langzeit-Psychotherapiestudie"《法兰克福与汉堡的长期心理治疗研究》	2001	*Langzeitpsychotherapie, Kohlhammer Verlag*《长期心理治疗》（科尔哈默出版社）

推荐阅读

Nipun Aggarwal: *Om chanting. 108 times* – CD
尼彭·阿加瓦尔:《六字箴言诵读 108 遍》(CD 版)

Christoph Joseph Ahlers: *Himmel auf Erden und Hölle im Kopf*
克里斯托夫·约瑟夫·阿勒尔斯:《地上的天堂与头脑中的地狱》

Albus, Herrmann-Lingen, Titcher (Hg.): *Psychokardiologie. Ein Praxisleitfaden für Ärzte und Psychologen*
阿伯斯、赫尔曼-林根、蒂特尔(编):《双心医学概论——医生和心理学家的实用指南》

Christian Albus, Volker Köllner: *Psychotherapie im Dialog: Psychokardiologie*
克里斯蒂安·阿尔伯斯、沃尔克·柯尔纳:《心理治疗中的交叉学科:双心医学》

Marc Arnoud Arntz, Gitta Jacob: *Schematherapie in der Praxis*
马克·阿努德·安茨、吉塔·雅各布:《图式治疗的实践》

Marc Aurel: *Selbstbetrachtungen*
马克·奥勒尔:《自我审视》

Sven Barnow: *Persönlichkeitsstörungen*
斯文·巴诺（编）:《人格障碍——病因与治疗》

Amon Barth: *Breit. Mein Leben als Kiffer*
阿蒙·巴特:《麻醉——瘾君子的生活》

Martina Belz, Jan Philipp Klein: *Psychotherapie chronischer Depression*
马丁娜·贝尔茨，扬·菲利普·克莱因:《慢性抑郁症的心理疗法》

Sabine Bode: *Kriegsenkel. Die Erben der vergessenen Generation*
扎比内·博德:《战争后的孙辈——被遗忘的一代人》

Sabine Bode: *Die vergessene Generation. Die Kriegskinder brechen ihr Schweigen*
扎比内·博德:《被遗忘的一代人——战争后的孙辈打破沉默》

Aron Ronald Bodenheimer: *Warum? Von der Obszönität des Fragens*
阿隆·罗纳德·博登海默:《为什么？关于提问的冒犯意涵》

Raphael M. Bonelli: *Männlicher Narzissmus*
拉斐尔·博内利:《男性的自恋》

Jorge Bucay: *Komm, ich erzähl dir eine Geschichte*
豪尔赫·布凯:《来，我给你讲个故事》

Ulrich Clement: *Think Love*
乌尔里希·克莱门特:《思考爱情》

John P. Forsyth, Georg H. Eifert: *Mit Ängsten und Sorgen erfolgreich umgehen. Ein Ratgeber für den achtsamen Weg in ein erfülltes Leben mit Hilfe von ACT (acceptance and commitment therapy)*
约翰·P·福赛斯，乔治·H·艾弗特:《有效应对焦虑与担忧的指南——在接纳与承诺疗法帮助下有意识地走上充实的人生之路》

Delia Grasberger: *Autogenes Training* – Buch und CD
迪莉娅·格拉斯伯格:《自生训练》(实体书与 CD 版)

Friedrich Hainbuch: *Progressive Muskelentspannung* – Buch und CD
弗里德里希·海因布赫:《渐进式肌肉放松法》(实体书与 CD 版)

Thomas A. Harris: *Ich bin o.k., du bist o.k.*
托马斯·A·哈里斯:《我很好,你很好》

Martin Hautzinger: *Kognitive Verhaltenstherapie bei Depressionen*
马丁·豪茨格尔:《抑郁症的认知行为疗法》

Martin Hautzinger, Elisabeth Thies: *Klinische Psychologie*
马丁·豪茨格尔、伊丽莎白·蒂埃斯:《临床心理学》

Annika Isterling: *Ankommen. Deine Yogapraxis für zu Hause*
安妮卡·伊斯特林:《达成——你在家里的瑜伽练习》

Kelly Koerner: *Praxisbuch DBT. Strategien der Dialektisch-Behavioralen Therapie*
凯利·库尔纳:《DBT 手册——辩证行为疗法的策略》

Margraf, Meinlschmidt, Silvia Schneider (Hg.): *Lehrbuch der Verhaltenstherapie*
马格拉夫、梅因施密特、施奈德(编):《行为疗法的学生读本》

Mercury Max: *Om Namah Shivaya* – CD
梅克里·马克斯:《我向内在的真我鞠躬》(CD 版)

Rolf Merkle: *Ich höre auf, ehrlich*
罗尔夫·梅克尔:《我真的戒酒了》

Rosemarie Portmann: *Sozialkompetenz. Grundlagen und mehr als 80 Spiele*
罗斯玛丽·波特曼:《社交技能——基础知识与 80 多个游戏》

Luise Reddemann: *Kriegskinder und Kriegsenkel in der Psychotherapie*
露易丝·雷德曼:《心理治疗中的战争儿童及其后代》

Gerhard Roth: *Wie das Gehirn die Seele macht*
格哈德·罗特:《大脑如何造就灵魂》

Matt Ruff: *Ich und die anderen*
马特·拉夫:《把这座房子安顿好——灵魂的罗曼史》

Rainer Schandry: *Biologische Psychologie*
莱纳·沙德利:《生物心理学》

Friedemann Schulz von Thun: *Miteinander reden 1+2*
弗里德曼·舒尔茨·冯·图恩:《心理学的沟通》(第一二册)

Stefanie Stahl: *Das Kind in dir muss Heimat finden*
史蒂芬妮·斯塔尔:《你内心的小孩必须找到归属》

Claus Vögele: *Klinische Psychologie. Körperliche Erkrankungen kompakt*
克劳斯·沃格勒:《临床心理学——身体的疾病(精华版)》

Jürg Willi: *Die Zweierbeziehung*
于尔格·威利:《两性关系》

名词索引

A

ACE 研究（童年负面经历）218-222

安东尼奥·达马西奥 139

安非他命 203

安娜·弗洛伊德 130

案例

- 边缘型人格障碍 116-120
- 产后抑郁 176-180
- 创伤后应激障碍 184-192
- 家谱图 45-50
- 惊恐发作 140-146
- 强迫症 151-154
- 抑郁症 166-170

B

巴甫洛夫反射 66

白细胞介素－1 225

白细胞介素－6 226，227

柏拉图 213

彼得·科恩 206

彼得·米尔纳 202

表观遗传学 58

剥夺 77

博览群医症 211

不可预见性 157

布鲁斯·亚历山大 204

C

成瘾性物品、依恋对象的替代品与毒品 201

成瘾性障碍 199

- 毒品与成瘾性障碍 204

持续性抑郁 172，173

仇恨言论 196

传递介质 31，202

创伤后愤懑障碍（PTED）192-196

创伤后应激障碍（PTSD）61，78，121，133，184，186，191，192

创伤经历 55，56

催产素 22，29-31，37，164，244，268，269

- 压力荷尔蒙与催产素 30，31

D

大脑 7-9，17-18，32，59，154

- 边缘系统 16，18，19，36，37，91，136，230，233，244
- 大脑的比色仪 90
- 大脑的可塑性 61
- 大脑皮层 15，16
- 伏隔核 201-203，222
- 腹内侧前额叶皮层 165
- 海马区 137，140，156，164，171，186，265，273
- 免疫系统与大脑 213，225
- 模板与大脑 85，86
- 脑干 16，36
- 内侧前额叶皮层 171
- 前额叶皮层 165
- 前扣带皮层 230-234
- 丘脑 137
- 人生经历与大脑 164
- 体感皮层 230
- 消化道与大脑 213
- 心脏与大脑 269
- 杏仁体 136-140，144，146，156-158，186，265，273
- 幽默与大脑 90
- 整合皮质 90

大卫·拉尔森 271

蒂姆·厄本 134

东德转型的牺牲者 196

毒品/吸毒 24，30，95，115，147，203-206，258-259
- 成瘾与毒品 204
- 双相情感障碍与毒品 175
渡渡鸟假说 239
对失败的焦虑 103
多巴胺 22-24，201，202，204
- 毒品与多巴胺 203
多轴心理障碍 100

E

儿茶酚胺 215

F

烦人的思绪 277
防御机制 129
放大躯体感觉 229
非一致性 68，69
分离焦虑 107
否认 131
弗朗辛·夏皮罗 260
符合图式的信息 160

父母/父辈 50-54
- 父母离婚 54

G

GABA 31
感性/情绪 20，210
感知 275
- 评价与感知 161
格哈德·罗特 240
个人边界被践踏的经历 114
关系 268，269
关系测试 116
关系图式 86，91
广场恐惧症 146
过度补偿 96
过度的压力 109
过度肥胖 218，219
过滤泡 88

H

HPA 轴 181，185，186
哈利·哈洛 76-77

海洛因 203

合理化 131

赫布定律 99

患者自控镇痛术 79

伙伴关系 270

J

积极的自我幻想 72

基本信仰 195

基本需求 69-71

- 对安全感的基本需求 83

- 对掌控的基本需求 80，83，195

- 愿望与基本需求 70

基因 58，59

- DNA 与基因 59

- 个人经历与基因 39

- 个性特征与基因 38

基因组印记 60，61

及时行乐的猴子 134

集中注意力 134

- 负面情绪与注意力 161

脊髓 36

记忆 138，139，185-187

家谱图 45

贾亚克·潘克塞普 83-84，171

减压 280

健康

- 心理健康 72

- 宗教与健康 271

奖励系统与控制冲动 222-223

奖励中心 30

焦虑/恐惧 136-138，140，146-149，155-158

焦虑系统与边缘系统 156

焦虑症 10，28，140，144

- 广泛性焦虑症 148，149

解离 132，133

近现代医学 210

禁毒政策 205

经典条件反射 66，80

精神分析 248，249

精神痛苦 55

拒绝无趣 82

— 追求快乐与拒绝无趣 83，203

K

卡尔·罗伯特·萨默 274

抗利尿激素 31

抗抑郁药物 256

可的松 226

可卡因 203

克服策略（因应）91

— 屈从 93，94

— 逃避 94，95

— 补偿 96，97

克劳斯·格拉维 70，71，82，233，234

恐慌/悲痛模式 171

惊恐发作 140-146

恐慌系统 83

恐慌症 140-147

L

拉尔夫·阿道夫斯 83

兰花型孩子 39，40

灵魂 5，11，13，63，127，207，235

— 冠心病与灵魂 217-218

— 基本需求与灵魂 69

— 记忆与灵魂 9

— 精神健康与灵魂 10

— 灵魂的平衡 68

— 免疫系统与灵魂 224-227

— 人格品质与灵魂 97

— 肉体与灵魂 213-216

— 心脏与灵魂 217

灵魂的兴奋剂 72

灵验 270，271

鲁道夫·魏尔肖 210

罗伯特·安达 220

罗伯特·沃尔丁格 267

氯胺酮 256，258

M

MDMA 258

马丁·塞利格曼 80

马太效应 92

吗啡 24，203

米夏埃尔·林登 192-193，196

免疫系统 225

- 皮质醇与免疫系统 226，227

面包冥想 276-277

冥想 273

母婴关系 75-77

N

内啡肽 / 内源性阿片类物质 24，164，199，244

P

皮质醇 22，26-28，43，60，181-183，226

- 树突与皮质醇 181

疲劳综合征 108，122

品性的养成 39

Q

强迫思维 154，155

强迫症 107，150-151

轻度日常恍惚 132

氢化可的松（皮质醇）183

屈从他人的压力 109

去甲肾上腺素 22，28，29，174，215

确认偏误 89

R

人格品质 97-100

人格障碍 100-125

- 被动攻击型人格障碍 112-113

- 边缘型人格障碍 114-121

- 表演型人格障碍 110-111

- 回避型人格障碍 104-105

- 混合型人格障碍 114

- 偏执型人格障碍 113-114

- 强迫型人格障碍 107-109

- 人格品质与人格障碍 101

- 自恋型人格障碍 102-104

- 自杀风险与人格障碍 103

认知三角 161

认知失调 131

S

赛洛西宾 257，258

色氨酸 26

闪现 185

社会学习模型 51

社交技能训练 248

社交恐惧症 147-148

身体标记 139，140，151

身体的过激反应 216

深层心理学 249-250

神经递质 22，254

神经官能症 67

神经可塑性 34，241

神经元 22

肾上腺素 215

生活满意度 80

失去掌控 79，145

适应性策略 91

双心医学 216，268

双重抑郁 173

睡眠障碍 108，109

T

胎儿编程 60

胎盘屏障 60

唐纳德·赫布 99

逃避行为 147

逃避者 80

特定性恐惧症 147，148

疼痛 230-233

- 慢性疼痛 232

- 莫名的疼痛 230

疼痛记忆 232

疼痛矩阵 230

疼痛系统 83

童年创伤经历 221

投射 130

图式 160

- 灵魂的图式 87

- 认知图式 86，87

图式治疗 125，259

W

玩耍的乐趣 83

威廉·詹姆斯 89

文森特·费利蒂 201，218-220

稳态 65

- 标准状态与动态平衡 92

物理医学 209

X

西格蒙德·弗洛伊德 7，8，9，70，130，160，212，248，249

享乐主义 82

心理创伤 184，219

心理神经免疫学 227

心理卫生学 274，275

心理训练 274

心理治疗 237

- EMDR（眼动脱敏和再处理疗法）259-264

- IRRT（表象修编组合再生疗法）264-266

- 辩证行为疗法 121，248，259

- 过程导向研究 239

- 结果导向研究 239

- 治疗要素 240-241

心理治疗师 250

- 治疗费用 245，250

- 治疗师的专长领域 259-260

心身医学 109，212，227

心脏神经官能症（心脏恐惧症）145

新生儿期 32

信仰 272

行为疗法 245-248

- 标准化行为疗法 248

- 认知行为疗法 160

需求 84

- 精神类疾病与需求 71

- 追求快乐的需求 82

酗酒/酒精 26，56，95，114，115，147，218，219，221，222，271

- 双相情感障碍和酗酒 174

选择性血清素再摄取抑制剂 254，255

血脑屏障 26

血清素 22，25，26，164，171，174，244，254

- 基底核 244

Y

压力 40，60，144，149，229
- 背部疼痛与压力 231
- 慢性压力 28

压力荷尔蒙 224，244

压痛点 232

压抑 130，131，135

亚伯拉罕·马斯洛 271

亚伦·贝克 160，161

厌恶反应系统 83

养育者 37，38，39

药物 254-256

一致性 68，130

伊莱·帕里泽 88

伊万·巴甫洛夫 66，67，80

依恋关系 43，75
- 成瘾与依恋 205
- 破裂的依恋关系 82
- 失去依恋关系 82
- 厌恶反应系统与依恋 85
- 依恋需求 76

依恋关系的经历 77

乙酰胆碱 31

抑郁症 28，61，106，159，164，171
- 产后抑郁 175，176
- 动脉粥样硬化与抑郁 224
- 甲状腺功能衰退与抑郁 159
- 焦虑症与抑郁 171
- 皮质醇与抑郁 182，273
- 前扣带皮层与抑郁 233-234
- 死亡风险与抑郁 224
- 维生素 B6 不足与抑郁 159
- 心肌梗死的概率与抑郁 218
- 选择性血清素再摄取抑制剂与抑郁 255
- 压力荷尔蒙与抑郁 218
- 胰岛素抗性与抑郁 159
- 职业倦怠与抑郁 197
- 自我价值感与抑郁 73

印记 61

婴儿的皮质醇水平 43

拥抱护理服务 78

忧心忡忡 144

瑜伽 273

预期性焦虑 149

原生家庭 52，53

约瑟夫·勒杜 136

Z

躁狂症的发作 174

詹姆斯·奥尔兹 202

战斗或逃跑反应 27，42，93，186

战争

- 战争的间接损伤 55-58
- 战争的社会心理创伤 55

章鱼壶心肌症 214-216

障碍

- 并发症 192
- 心身障碍 106
- 双相情感障碍 173，174
- 心理障碍 155
- 心身症 228，230

知识模板 85

脂质斑块 217

职业倦怠 106，197，198

- 人格解体与职业倦怠 199

治疗联盟 241，244

治疗师与患者的关系 247

注意力涣散 109

专注力 90，276

自卑 103

自恋 102

- 脆弱型自恋 103
- 坚强型自恋 104

自我调节机制 66

自我价值 72，74，94，198

- 自我价值的部分体现 74
- 自我价值的来源 75
- 自我价值的需求 86，198

自我价值感 73，94

- 心理健康与自我价值感 73
- 自我价值感的提高 130

自我评价 72

自我认知 94

自我失调 122

自我图式 86，89，92

自我效能感 80

自我协调 124

自我信任度 80

自我应验预言 105

自主性 81，82，114

图书在版编目（CIP）数据

心理医生来看我 ／（德）扎比内·韦里·冯·利蒙著；黄超谟译. -- 上海：文汇出版社，2022.9
ISBN 978-7-5496-3754-6

Ⅰ.①心… Ⅱ.①扎…②黄… Ⅲ.①心理学-通俗读物 Ⅳ.① B84-49

中国版本图书馆 CIP 数据核字（2022）第 116918 号

Original title: Das geheime Leben der Seele: Alles über unser unsichtbares Organ by Sabine Wery von Limont
© 2018 by Wilhelm Goldmann Verlag,
a division of Penguin Random House Verlagsgruppe GmbH, München

版权登记图字 09-2022-0218

心理医生来看我

作　　者／	〔德〕扎比内·韦里·冯·利蒙
译　　者／	黄超谟
责任编辑／	苏　菲
特邀编辑／	袁　悦　崔倩倩　孙　腾　李茗抒
装帧设计／	李照祥
内文制作／	田小波
出　　版／	文汇出版社
	上海市威海路 755 号
	（邮政编码 200041）
发　　行／	新经典发行有限公司
电　　话／	010-68423599　邮　箱／ editor@readinglife.com
印刷装订／	山东韵杰文化科技有限公司
版　　次／	2022 年 9 月第 1 版
印　　次／	2022 年 9 月第 1 次印刷
开　　本／	1168×850　1/32
字　　数／	222 千
印　　张／	10

ISBN 978-7-5496-3754-6
定　　价／　49.00 元

敬启读者，如发现本书有印装质量问题，请与发行方联系。